Ökonomische Instabilität und staatliche Stabilisierung

Ralf Pauly

Ökonomische Instabilität und staatliche Stabilisierung

Auf dem Weg der Krisen zum Staatskapitalismus

2., Überarbeitete und erweiterte Auflage

Ralf Pauly
Institut für Empirische Wirtschaftsforschung
Universität Osnabrück
Osnabrück, Deutschland

ISBN 978-3-658-24508-5   ISBN 978-3-658-24509-2 (eBook)
https://doi.org/10.1007/978-3-658-24509-2

Die Deutsche Nationalbibliothek verzeichnet diese Publikation in der Deutschen Nationalbibliografie; detaillierte bibliografische Daten sind im Internet über http://dnb.d-nb.de abrufbar.

Springer Gabler
© Springer Fachmedien Wiesbaden GmbH, ein Teil von Springer Nature 2015, 2019
Das Werk einschließlich aller seiner Teile ist urheberrechtlich geschützt. Jede Verwertung, die nicht ausdrücklich vom Urheberrechtsgesetz zugelassen ist, bedarf der vorherigen Zustimmung des Verlags. Das gilt insbesondere für Vervielfältigungen, Bearbeitungen, Übersetzungen, Mikroverfilmungen und die Einspeicherung und Verarbeitung in elektronischen Systemen.
Die Wiedergabe von Gebrauchsnamen, Handelsnamen, Warenbezeichnungen usw. in diesem Werk berechtigt auch ohne besondere Kennzeichnung nicht zu der Annahme, dass solche Namen im Sinne der Warenzeichen- und Markenschutz-Gesetzgebung als frei zu betrachten wären und daher von jedermann benutzt werden dürften.
Der Verlag, die Autoren und die Herausgeber gehen davon aus, dass die Angaben und Informationen in diesem Werk zum Zeitpunkt der Veröffentlichung vollständig und korrekt sind. Weder der Verlag, noch die Autoren oder die Herausgeber übernehmen, ausdrücklich oder implizit, Gewähr für den Inhalt des Werkes, etwaige Fehler oder Äußerungen. Der Verlag bleibt im Hinblick auf geografische Zuordnungen und Gebietsbezeichnungen in veröffentlichten Karten und Institutionsadressen neutral.

Springer Gabler ist ein Imprint der eingetragenen Gesellschaft Springer Fachmedien Wiesbaden GmbH und ist ein Teil von Springer Nature
Die Anschrift der Gesellschaft ist: Abraham-Lincoln-Str. 46, 65189 Wiesbaden, Germany

Für Catherine

Vorwort zur ersten Auflage

In den letzten Jahren habe ich mich damit beschäftigt, die jüngste Wirtschaftskrise zu verstehen. Ich habe noch einmal Keynes gründlich studiert und habe mit viel Gewinn Minsky gelesen. Neuere Literatur wie Rajan (2010), Krugman (2012), Admati und Hellwig (2013) sowie Piketty (2013) und Koo (2015) haben mein ökonomisches Verständnis erweitert. Zudem haben mich zahlreiche Artikel der britischen Wochenzeitschrift „The Economist" auf dem Laufenden gehalten.

Mittlerweile habe ich meine eigenen Gedanken zu Papier gebracht. Von Beginn an hat Jens Fricke die Entstehung des Manuskripts durch zahlreiche Diskussionen und vielfältige Anregungen unterstützt. Dafür möchte ich ihm herzlich danken.

Köln   Ralf Pauly
im April 2015

Vorwort zur zweiten Auflage

Nach der Veröffentlichung meines Buches in 2015 ist mir klar geworden, dass die ökonomischen Konzepte von Adam Smith (1723–1790) und von Joseph Schumpeter (1883–1950) nach wie vor aktuell sind ebenso wie die Vorstellungen des Wirtschaftshistorikers Karl Polanyi (1886–1964). Ihre Ansätze stellt in Grundzügen das neue 2. Kapitel „Rückblick auf die Geschichte der Wirtschaft und ihrer Konzepte: Der Wandel ist eine Konstante" vor. Die Lektüre von Scheidel (2017) zeigt, dass die Ausbeutung eine uralte menschliche Geschichte ist. Seine Darlegungen lassen Pikettys historische Analyse zur Ungleichheit im kapitalistischen System in einem anderen Licht erscheinen. Zurzeit wird die Globalisierung von einem wieder hoch kommenden nationalen Merkantilismus bedroht. Er beeinträchtigt die weltweite Kooperation. Sie ist, wie das neue 2. Kapitel ausführt, die Basis für die Arbeitsteilung im Produktionsprozess und letztlich die Basis des wirtschaftlichen Fortschritts und diese Basis gilt es weiter zu stärken. Ausführungen zu Scheidels Studie und zur Globalisierung sowie weitere Ergänzungen sind im alten 3., nun neuen 4. Kapitel eingefügt.

Das neue 2. Kapitel macht deutlich, dass die Wirtschaft sich ständig transformiert: von der landwirtschaftlichen zur industriellen Revolution, von der Bodennutzung zur Kapitalakkumulation, von der Tauschwirtschaft zur Marktwirtschaft mit Kreditschöpfung. Heutzutage dominiert die Finanzwirtschaft mit ihrer sich ständig ausweitenden Fremdfinanzierung die Wirtschaft und macht diese instabil. Um die instabile Wirtschaft zu stabilisieren, müssen Zentralbanken profitable Rahmenbedingungen schaffen. Dazu senken sie die Finanzierungskosten und übernehmen massiv Marktrisiken. Ihre Stabilisierungsmaßnahmen verbessern die Gewinnsituation für Unternehmen und vergrößern die soziale Ungleichheit, die zu enormen Spannungen zwischen Gesellschaft und Markt führen kann.

Für eine kritische Durchsicht der 1. Auflage möchte ich Günter Bamberg danken.

Köln Ralf Pauly
im September 2018

Inhaltsverzeichnis

1 **Prolog: Sichtweisen auf die aktuelle Wirtschaftslage** 1
   1.1   Sichtweisen auf die aktuelle Wirtschaftskrise 1
   1.2   Wirtschaftsentwicklung in den USA – Wettbewerbsvorteile
         durch Innovation 5
   1.3   Wandel in der Wirtschaft 7
   1.4   Die Krise in den Euro-Ländern 11
   1.5   Wirtschaftskrise und ihre Stabilisierung 15
   1.6   Keynes' und Minskys ökonomischer Ansatz 17
   1.7   Kernthesen 20
   Literatur 23

2 **Rückblick auf die Geschichte der Wirtschaft und ihrer Konzepte:
Der Wandel ist eine Konstante** 25
   2.1   Landwirtschaftliche Revolution 25
   2.2   Kapitalakkumulation, Wirtschaftswachstum und industrielle
         Revolution (Smith) 29
   2.3   Globalisierung versus nationalem Merkantilismus 33
   2.4   Markt und Marktgesellschaft (Polanyi) 34
   2.5   Grundelemente der Mikroökonomie (Walras und Debreu) 35
         2.5.1   Gleichgewicht, Preismechanismus,
                 Wettbewerb und Gewinne 35
         2.5.2   Konstitutive Elemente der Mikroökonomik
                 und ihre kritische Würdigung 39
   2.6   Wirtschaftskrise und staatliche Stabilisierung der
         Kreislaufwirtschaft (Keynes) 42
   2.7   Wirtschaftliche Entwicklung durch Innovation und durch
         Kreditschöpfung (Schumpeter) 45
   2.8   Ökonomische Instabilität durch dominanten Finanzmarkt (Minsky) 49
   2.9   Wachstumsschwäche und soziale Ungleichheit 50

	2.10	Stabilisierungspolitik der Zentralbanken bei Wachstumsschwäche, Instabilität und Ungleichheit	52
	2.11	Der Mensch und die Wirtschaft	53
	2.12	Zusammenfassung	55
	Literatur		55
3	**Keynes' und Minskys Makroökonomik**		**57**
	3.1	Grundzüge der Keynesianischen Makroökonomik	58
		3.1.1 Grundkonzeption	58
		3.1.2 Gütermarkt und Gleichgewichtskurve IS im ISLM-Modell	60
		3.1.3 Geldmarkt, Gleichgewichtskurve LM und Unterbeschäftigungsgleichgewicht im ISLM-Modell	65
		3.1.4 Staatsintervention zur Stabilisierung des Güter- und Arbeitsmarktes: Fiskal- und Geldpolitik	69
		3.1.5 Kritische Würdigung des ISLM-Modells und der staatlichen Stabilisierungspolitik	73
		3.1.6 Das ISLM-Modell und die Macht der Vereinfachung	75
		3.1.7 Dynamik auf mikroökonomischer Ebene, Fremdfinanzierung, Gewinne und Erwartungen	77
		3.1.8 Keynes-Minsky-Momentum	80
	3.2	Grundzüge der Minskyschen Makroökonomie	83
		3.2.1 Grundelemente	83
		3.2.2 Interdependenz zwischen Gewinn und Investition	86
		3.2.3 Der Mark-up-Ansatz und das Preisniveau	91
		3.2.4 Würdigung des formalen Minsky Ansatzes	93
		3.2.5 Finanzmarkt: Privatbanken, Fremdfinanzierung und Instabilität	94
		3.2.6 Minskys Ansatz und der Wandel der Zeit	97
	3.3	Zusammenfassung	102
	Literatur		103
4	**Ausblick auf den Wandel der Marktwirtschaft und ihrer Stabilisierung**		**105**
	4.1	Zinsen Z: Ihr Effekt auf die Π-I-Dynamik, auf Ungleichheit und auf die künftige Zentralbankpolitik	106
	4.2	Ungleichheit im Einkommen und im Vermögen	109
	4.3	Piketty zur Ungleichheit im Einkommen und im Vermögen	114
	4.4	Scheidel zur Ungleichheit	117
	4.5	Privatbanken: Eigenkapitalquote, Geschäfte, Risiken und Regulierung	119
		4.5.1 Eigenkapitalquote	119
		4.5.2 Bankdienstleistungen und –geschäfte	124

		4.5.3	Risiken und Risikohandel	126
		4.5.4	Basel-Bankenregulierung und EU-Bankenunion	130
	4.6		Fremdfinanzierung und Risiken: Gute Zeiten und schlechte Zeiten	131
	4.7		Inflation und Deflation: Gute Zeiten und schlechte Zeiten	137
	4.8		Kapital, Wachstum und Wachstumsschwäche	139
	4.9		Globalisierung: Gute Seiten und schlechte Seiten	141
	4.10		Wirtschaftsabläufe und ihre Analyse	144
		4.10.1	Ebenen wirtschaftlicher Abläufe	144
		4.10.2	Quantitativ numerische Analyse	147
		4.10.3	Verstehen mit Partialmodellen	153
		4.10.4	Formal quantitative, qualitative Analyse	154
	4.11		Stabilisierungspolitik in der Post-Keynes Ära	155
		4.11.1	Zentralbankpolitik	155
		4.11.2	Geld- und Fiskalpolitik im Euro-Raum	160
	4.12		Folgen des Wandels und der Stabilisierung: Instabilität und Ungleichheit	164
	4.13		Zusammenfassung	167
	Literatur			168
5	**Epilog: Stabilisierung durch ordnungspolitische Institutionen und eine wieder wirksam werdende Fiskalpolitik sowie innovative kooperative Staaten**			**171**
	5.1		Instabilität und deren Stabilisierung	172
	5.2		Auf dem Weg der Krisen zum Staatskapitalismus	176
	5.3		Von kompensatorischen keynesianischen zu innovativen kooperativen Staaten	179
	Literatur			181

Abkürzungsliste und Symbolverzeichnis

Abkürzungsliste

ABS	Asset Backed Securities
ARM	Adjustable Rate Mortgage
BRICS-Staaten	Brasilien, Russland, Indien, China und Südafrika
CAE	Conseil d'analyse économique
CDS	Credit Default Swaps
CDO	Collateralized Debt Obligations
DB	Deutsche Bank
EFSF	Europäische Finanzstabilisierungsfazilität
EKQ	Eigenkapitalquote
ESM	Europäischer Stabilitätsmechanismus
EZB	Europäische Zentralbank
Fed	Federal Reserve System
GuV	Gewinn- und Verlustrechnung
IMF	International Monetary Fund
OMT	Outright Monetary Transaction Program
QE	Quantitative Easing
SKS	Vertrag über Stabilität, Koordinierung und Steuerung in der Wirtschafts- und Währungsunion (Fiskalvertrag)
VaR	Value at Risk
VGR	Volkswirtschaftliche Gesamtrechnung
ZB	Zentralbank

Symbolverzeichnis

A_p	Arbeitsproduktivität
C	Konsumnachfrage der Privaten Haushalte
c	Konsumneigung
D	Schuldenstand
Df	Staatsdefizit
D_g	Schuldenstand des Staates
de	Durchschnittseinkommen
Exü	Exportüberschuss
F(N,K,TF)	Produktionsfunktion
G	Staatsverbrauch
Gk	Ginikoeffizient
$Gk^* = (\alpha - 1)/\alpha$	Maximaler Ginikoeffizient
g	Wachstumsrate der volkswirtschaftlichen Produktion, des volkswirtschaftlichen Einkommens Y
I	Investitionsnachfrage der Unternehmen
IER = Gk/Gk*	Inequality extraction ratio
i	Marktzinssatz
K	Volkswirtschaftliches Produktionskapital
$L_1(Y)$	Geldnachfrage für Transaktionskasse
$L_2(i)$	Geldnachfrage für Liquidität bzw. für Spekulation
M	Geldangebot der Zentralbank
$M^d = L(Y,i) = L_1(Y) + L_2(i)$	Geldnachfrage der Privaten Haushalte
m	Gewinnaufschlag
min	Existenzminimum
N	Arbeitskräfte
P	Preisniveau
p_Σ	Wertzuwachs des Volkswirtschaftlichen Vermögens Σ
Q	Produktionsmenge
r	Volkswirtschaftliche Rendite
r_p	Projektrendite
r_e	Eigenkapitalrendite
rz	Risikozuschlag
S	Ersparnis der Privaten Haushalte
s	Sparneigung
T	Steuereinnahmen des Staates
TF	Technischer Fortschritt
Tr	Transferzahlungen des Staates
W	Lohnsatz
Ws	Lohnsumme

v	Fremdfinanzierungsgrad
Y	Volkswirtschaftliches Einkommen, Volkswirtschaftliche Produktion
Yv	Verfügbares Einkommen der Privaten Haushalte
Z	Zinszahlungen
Z_g	Zinszahlungen des Staates
Δ	absolute Änderung
Π	Gewinn
Σ	Volkswirtschaftliches Vermögen
$\alpha = de/min$	Überschusskennziffer

Prolog: Sichtweisen auf die aktuelle Wirtschaftslage

Zusammenfassung

Die Wirtschaftsprozesse wandeln sich im Laufe der Zeit, und damit ändern sich auch die theoretischen Konzepte zu ihrer Erklärung. Die Innovation ist nach Schumpeter der entscheidende Faktor für den Wandel in ökonomischen Prozessen. Innovationen erbringen auf dem internationalen Markt Wettbewerbsvorteile und Wachstum. Innovationen sind unter den konkurrierenden Ländern nicht gleichverteilt. Dennoch wollen alle am Wachstum teilhaben. Politiker vieler Länder sehen in der keynesianischen Defizitpolitik eine Möglichkeit, das Wachstum ihres Landes zu fördern. Ihre permanent angewandte Defizitpolitik lässt die Staatsschulden ansteigen, erhöht die Fremdfinanzierung und schwächt die Wirkung der Fiskalpolitik. Und in der mittlerweile stark fremdfinanzierten Ökonomie sieht Minsky die Quelle wachsender ökonomischer Instabilität. Die geschwächte Fiskalpolitik muss in zunehmendem Maße der Geldpolitik das Feld der Stabilisierung überlassen. Die Zentralbanken treffen Maßnahmen, um den Gewinnfluss zu stärken und die Vermögensbestände zu stützen. Dadurch begünstigen sie die ökonomische Ungleichheit. Instabilität und Ungleichheit rufen verstärkt nach staatlichem Eingriff ins Wirtschaftsgeschehen. Und die Interaktion zwischen Markt und Staat führt letztendlich zum Staatskapitalismus. Denn zur Stabilisierung muss der Staat in der instabilen Wirtschaft profitable Rahmenbedingungen für Unternehmen schaffen.

1.1 Sichtweisen auf die aktuelle Wirtschaftskrise

Die jüngste Weltwirtschaftskrise beginnt 2006 in den USA. Ein längerer Anstieg in Immobilienpreisen endet mit einem Preiseinbruch. Insolvenzen von Hausbesitzern lassen Kreditausfallrisiken steigen und Kurse hypothekengesicherter Anleihen einbrechen.

Wertberichtigungen von Finanzvermögen in Bilanzen von Banken folgen und lassen ihre Eigenkapitalquote schrumpfen und damit ihr Risikopuffer. Die Immobilienkrise schwappt auf den amerikanischen Finanzmarkt über und findet 2008 ihren Höhepunkt in der Insolvenz der Lehman Brothers Bank. Das gesamte Finanzsystem steht vor dem Zusammenbruch. Verhindert haben ihn massive geldpolitische Maßnahmen der amerikanischen Zentralbank Fed und erhebliche fiskalpolitische Interventionen der US-Regierung. Mit den zunehmenden Kreditausfallrisiken steigen auch die Risikoaufschläge für Staatsanleihen von weniger wettbewerbsfähigen Ländern der Euro-Zone und sorgen so für ansteigende Kurse von Kreditausfallversicherungen, von Credit Default Swaps (CDS-Papieren), und für fallende Anleihekurse. Die amerikanische Immobilien- und Finanzkrise mündet in Europa in eine Staatsschulden- und Euro-Krise und bedroht den Zusammenhalt der Euro-Länder und schließlich die gesamte Weltwirtschaft.

Die Weltwirtschaftskrise beendet eine lang andauernde globale Prosperität, gekennzeichnet durch eine Deregulierung in den 80er und 90er Jahren und durch eine Phase fallender Marktzinssätze. Die Krise dauert länger als bisherige Krisen nach dem zweiten Weltkrieg, und trotz drastischer staatlicher Intervention zeichnet sich auch nach einer langjährigen Krise noch keine rasche und dauerhafte Erholung ab, vor allen Dingen ist keine deutliche Wende auf Arbeitsmärkten erkennbar, insbesondere nicht in Europa. Und hier ist eine besonders hohe Jugendarbeitslosigkeit zu beklagen.

Zu Wirtschaftskrisen haben sich zahlreiche Ökonomen zu Wort gemeldet. Sie beschreiben die Entstehung der Krisen meist unterschiedlich und sind sich auch oft in ihren Ratschlägen zur ihrer Überwindung uneinig. Das liegt zum einen an der Komplexität des wirtschaftlichen Geschehens – Interdependenz, Dynamik, Wandel, Instabilität, Unsicherheit und Ungleichheit kennzeichnen es – und zum anderen an den verschiedenen Blickwinkeln darauf.

Der indisch-amerikanische Ökonom R. Rajan geht in seinem viel beachteten Buch (Rajan 2010) „Fault lines" zur jüngsten Wirtschaftskrise von der sozialen Ungleichheit in den USA aus. Er verweist mit dem Untertitel „How hidden fractures still threaten the world economy" auf drohende Brüche in der Weltwirtschaft, die er durch internationale Kooperation verhindert sehen will.

Die Ursache für die wachsende Einkommensungleichheit der USA in den letzten 25 Jahren sieht Rajan im amerikanischen Ausbildungssystem. Der Zugang zur teuren Ausbildung für hoch qualifizierte Tätigkeiten in Industrie, im Handel, bei Banken und beim Staat wird für einen großen Teil der Bevölkerung, der in der Einkommensentwicklung zunehmend zurückfällt, immer weniger erschwinglich. Der soziale Aufstieg ist erschwert, und die Chancengleichheit eingeschränkt.

Erhöhter Konsum kann den Nachteil in der Einkommensentwicklung mildern: Private US-Haushalte sorgen weniger vor und können somit einen größeren Anteil von ihrem Einkommen ausgeben. Das gilt nicht nur für die unteren Einkommensgruppen. Die Zinsen sind niedrig – die langfristigen Zinssätze fallen seit 1981 von fast 14 auf 2 % im Jahr 2014, und somit ist der Anreiz zum Sparen, zur Vorsorge, geringer. Zudem lassen hohe Wachstumsraten die Einkommen sowie auch die Aktienkurse steigen und damit auch das Vermögen. Niedrige Zinsen und höherer Wohlstand – die Ökonomen sprechen vom „Wealth-Effekt" – lassen allgemein die Konsumneigung der US-Haushalte größer werden, und so wird der Konsum zu einer immer wichtigeren Größe im US-Wirtschaftskreislauf.

Niedrige Zinssätze, insbesondere niedrige Anfangszinssätze für Hypotheken (*adjustable rate mortgage,* ARM) machen auch den Kauf eines Hauses erschwinglich, für das man weniger ansparen muss. Wichtige Barrieren wie die Eigenkapitalquote und die Belastungsquote halten nicht mehr vom Hauskauf ab, und zwar die 10 % Eigenkapitalquote am Kaufpreis und die 45 % Belastungsquote der monatlichen Schuldentilgung am laufenden Einkommen. Der Kauf eines Hauses mindert erheblich den Zwang, für eine unsichere Zukunft vorzusorgen, und lässt den Wunsch nach Eigentum, nach Vermögen, wahr werden. Die steigende Einkommensungleichheit wird in ihrer Wahrnehmung dadurch gemildert, dass sich Haushalte der unteren Schicht trotz relativ niedrigem Einkommen mehr leisten können, und vor allen Dingen einen Hauskauf, ein viel gehegter Wunsch.

Die amerikanische Politik hat nicht nur durch Deregulierungen den Hauserwerb begünstigt. Diesen Erwerb haben zudem die beiden staatlichen Finanzinstitute Fannie Mae und Freddie Mac erleichtert. Mit dieser Politik soll eine breite Bevölkerungsschicht, die in der Einkommensentwicklung zurückfällt, dennoch an der allgemeinen Wohlstandsentwicklung teilhaben können. Das klappt anfangs sehr gut. Haushalte erfreuen sich nach dem Hauskauf an steigenden Hauspreisen, die wiederum weitere Haushalte zum Kauf anregen. Die mit dem Kauf verbundenen Hypothekendarlehen werden weiter verkauft an andere Banken. Diese kreieren neue Finanzpapiere, indem sie Hypotheken mit unterschiedlichem Risiko zu sogenannten abgesicherten Schuldverschreibungen (*asset backed securities,* ABS, allgemeiner: *Collateralized Debt Obligations,* CDOs) bündeln, die dann auf einem neuen Markt für diese Papiere weltweit vermarktet werden, besonders bekannt sind die sogenannten Subprime-Papiere. Diese gebündelten Schuldverschreibungen, in denen Hypotheken mit hohen Risiken stecken, sind trotzdem mit der Bestnote AAA bewertet. Die Bewertung fußt auf der Einschätzung, dass trotz einzelner sehr hoch riskanter Schuldverschreibungen die Bündelung zu einer deutlichen Risikominderung für das neukreierte Finanzpapier führen wird – nach dem Grundsatz, dass Streuung das Risiko erheblich vermindern kann, allerdings nur, wenn die Ausfallrisiken der gebündelten Schuldbriefe voneinander wenig abhängen; statistisch ausgedrückt, wenn sie nicht hoch positiv korreliert sind.

Diese amerikanische Politik, die darauf abzielt, die Ungleichheit in den USA zu reduzieren, fußt auf einer Allianz von Staat, Banken, Bauindustrie und Hauskäufern. Das Ergebnis kann sich anfangs sehen lassen: der Immobilien- und der Subprimemarkt boomen. Bis beginnend mit 2006 die Immobilienpreise sinken und die Zinsen steigen. Die Zinsen sind variabel, und das ist das Verhängnis. Wie aus der Immobilienkrise 2006–2008 bekannt, lässt ein Zinsanstieg beide Märkte zusammenbrechen mit verheerenden Folgen für die Hauskäufer der unteren amerikanischen Einkommensschicht, die man an sich besser stellen wollte, und auch für Finanzinvestoren weltweit. Die Immobilienkrise mündet 2008 schnell in eine Finanzkrise mit erheblichen Rückwirkungen auf die Weltwirtschaft. Denn über hohe Fremdfinanzierungen ist die reale Wirtschaft weltweit mit dem globalen Finanzmarkt verzahnt.

In den USA hat man weniger versucht, über eine staatliche Ausbildungspolitik der wachsenden Einkommensungleichheit, die zu sozialer Unzufriedenheit führen kann, entgegen zu wirken, als vielmehr versucht, über die Ausgabenseite die Erwerbsmöglichkeiten der Haushalte zu verbessern. Und hierbei hat man insbesondere für eine breite in der Einkommensentwicklung zurückgebliebene Schicht die Bedingungen günstiger gestaltet, ein Haus zu erwerben. Diese Art der Sozialpolitik ist kläglich gescheitert. Auch die mit dem Häuserkauf eng verbundene Innovation der Subprime-Papiere hat sich als Fehlkonstruktion erwiesen und hat auch andere Finanzinnovationen in Misskredit gebracht. Der Ruf der Ratingagenturen, die offensichtlich leichtfertig Subprime-Papiere mit AAA bewertet haben, hat ebenfalls gelitten. Möglicherweise haben sie in ihrer Bewertung die Korrelation viel zu niedrig angesetzt.

Der amerikanische Wirtschaftsnobelpreisträger P. Krugman erzählt die Geschichte anders. Er nimmt in seinem Buch „End this depression now!" Krugman (2012) die staatlichen Finanzagenturen eher in Schutz und weist vielmehr darauf hin, dass das kaum regulierte „Shadow banking" in erster Linie die Geschäfte mit den Subprime-Papieren betrieben hat. Wie immer es sei, die Allianz von Staat, Banken, Bauindustrie und Hauskäufern hat sich in den USA als fatal erwiesen. Anfangs funktioniert sie, später dann nicht mehr, sehr auf Kosten von Haushalten mit erheblicher Fremdfinanzierung, aber ebenfalls zum Leidwesen der Finanzinvestoren, auch aus dem Ausland, zum Beispiel aus China und aus Deutschland, wo beispielsweise die IKB Bank durch den Kauf von Subprime-Papieren in die Zahlungsunfähigkeit abgeglitten ist.

Das Finanzwesen hat mit den *„asset backed securities"*, den ABS-Papieren, eine geniale Finanzinnovation kreiert. Zum einen entledigen sich Banken der Risiken, die in den stark fremdfinanzierten Hauskäufen stecken, und auch der kostspieligen Kreditüberwachung vor Ort und zum anderen profitieren sie an den weltweit verkauften Papieren mit dem AAA-Gütesiegel der Ratingagenturen: ein Schelm, der Böses dabei denkt.

Der *Economist* weist in seinen Mitte September 2013 beginnenden fünf Übersichtsartikeln zur aktuellen Wirtschaftskrise darauf hin, dass die vor der Krise lange Phase der Prosperität mit stabilen Preisen und niedrigen Marktzinssätzen die Übernahme riskanter Bankgeschäfte begünstigt hat. Die Niedrigzinssätze veranlassen Privatbanken auf der Suche nach höheren Renditen ihr Geld in riskanteren Papieren mit höherer Verzinsung anzulegen und diese Finanzinvestitionen in zunehmendem Maße fremd und damit riskanter zu finanzieren. Die Banken können so ihre Eigenkapitalrendite und ihren Marktwert steigern, wesentliche Zielgrößen für das Bankenmanagement. Fremdfinanzierte riskante Geschäfte verstärken die Anfälligkeit von Banken in Krisen. Die dann auftretenden Verluste erfordern Wertberichtigungen im Anlagevermögen der Bankbilanzen. Dadurch schrumpft die Eigenkapitalquote und somit der Puffer, um weitere Verluste auffangen zu können. Diese Risikoanfälligkeit bedroht wegen der starken Verflechtung der Finanzmarktakteure untereinander die Stabilität des Finanzsystems und auch die

Stabilität der realen Wirtschaft. Denn diese ist über die Fremdfinanzierung eng verbunden mit der Finanzwirtschaft.

Der *Economist* weist zudem daraufhin, dass Zentralbanken zur Stabilisierung der Wirtschaft zum einen in traditioneller Weise über den Refinanzierungszinssatz und zum anderen in unkonventioneller Weise ins Marktgeschehen eingreifen, und zwar, indem sie Anleihen aufkaufen und indem sie den Marktakteuren über Zielvorgaben zur angestrebten Arbeitslosenquote und zu akzeptablen Inflationsraten Signale für ihre künftige Erwartungswertbildung senden. Zentralbanken stützen durch den Kauf von Anleihen ihren Kurs. Sie bewahren mit der Übernahme von Marktrisiken Anleger vor Kursverlust und damit vor Vermögensverlust. Sie begünstigen dadurch die Vermögenden und die Entstehung von Ungleichheit. Die Übersichtsserie des *Economist* beginnt mit dem Artikel „The origins of the financial crisis" und endet mit dem Artikel „Making banks safe", vgl. The Economist (2013a–e).

1.2 Wirtschaftsentwicklung in den USA – Wettbewerbsvorteile durch Innovation

Die internationale makroökonomische Lage hat ebenfalls die zunehmende Ausgabenneigung der Privaten Haushalte in den USA begünstigt. In dem Vierteljahrhundert vor der Finanzkrise haben die hohen amerikanischen Wachstumsraten die Renditen in den USA im internationalen Vergleich steigen lassen. Die hohen Renditen haben Geld aus aller Welt angezogen, insbesondere aus asiatischen Ländern wie China und Japan. Dieses Geld ist eine wichtige Finanzquelle für amerikanische Investitionen und hat die durch die abnehmende amerikanische Spartätigkeit geringer sprudelnden inländischen Finanzquellen ausgeglichen. Die amerikanische Deregulierungspolitik hat zusammen mit der amerikanischen Innovationskraft im realen wie im finanziellen Wirtschaftssektor zu hohen Wachstumsraten in den USA und zu niedriger Arbeitslosigkeit geführt. Hohes Wachstum stabilisiert die kapitalistische Wirtschaftsentwicklung, die bei Stagnation zur Instabilität neigt.

Über einen längeren Zeitraum ist die wirtschaftliche Lage in den USA gekennzeichnet durch hohe Wachstumsraten und Renditen sowie niedrige Arbeitslosigkeit, ferner durch hohen Konsum und, was die Kehrseite davon ist, niedriges Sparen. Die relativ hohen Renditen haben, wie wir wissen, ausländisches Geld angezogen, und der Kauf von amerikanischen Finanztiteln sind für China und Japan lohnende Finanzanlagen. Diese Anlagen ermöglichen es den USA, wie gesagt, ihre heimischen Investitionen durch das Ausland finanzieren zu lassen und, wie wir gesehen haben, über die Subprime-Papiere auch den politisch gewollten Häuserkauf. Fehlendes Geld aus inländischem Sparen ist ersetzt durch ausländische Geldanlagen, und der erhöhten Nachfrage nach Gütern im Inland steht ein vermehrtes Angebot ausländischer Güter gegenüber.

Die geschilderte ökonomische Konstellation ist aus amerikanischer Sicht günstig. Denn über einen langen Zeitraum hat sie den Amerikanern ermöglicht, mehr Güter zu konsumieren als sie in ihrem Land produzieren und ihre Investitionen durch das Ausland finanzieren zu lassen. Verkürzt gesprochen, hat das Ausland über den Export Güter für den hohen amerikanischen Konsum bereitgestellt und die amerikanischen Investitionen über den Kauf von amerikanischen Finanztiteln finanziert, und zwar beides in erheblichem Ausmaß. Diese Konstellation ist aus amerikanischer und auch aus ausländischer Sicht vorteilhaft gewesen, sonst wäre sie in der Welt des Handelns mit Angebot und Nachfrage nicht zustande gekommen.

Was ist nun die Grundlage für diese günstige Konstellation? Ein wesentlicher Bestandteil darin ist in der amerikanischen *Innovationskraft,* in der *Dynamik* ihrer Wirtschaft, zu sehen. Sie hat die wirtschaftliche Entwicklung im Schumpeterschen Sinne durch neue Produkte und neue Produktionsprozesse vorangetrieben und für die hohen Wachstumsraten und die niedrige Arbeitslosigkeit gesorgt. Zu denken ist hier etwa an neue Produkte und neue Prozesse im Bereich der Informatik und der Telekommunikation, aber auch im Finanzbereich. Beispiele sind die High-Tech-Unternehmen Apple, Microsoft, Google, Yahoo oder Facebook und im Finanzbereich Optionspapiere, abgesicherte Schuldverschreibungen (CDO-Papiere) und Kreditausfallversicherungen (CDS-Papiere). Die IT-Technik lässt neue Marktstrukturen entstehen, zu nennen ist der Online-Handel und hier Amazon als E-Handelsplattform. Dank ihrer Innovationskraft streichen die USA somit eine Rendite ein, die darin besteht, dass das Ausland freiwillig Güter für den amerikanischen Markt produziert und so den amerikanischen Wohlstand vermehrt. Auf der anderen Seite sorgt die weltweite Prosperität auch für den Aufstieg der sogenannten BRICS-Staaten, vor allen Dingen von China.

Ähnlich wie Banken mit den CDO-Papieren ihre Risiken aus dem amerikanischen Immobiliengeschäft veräußern, so können sie mit den CDS-Papieren ganz allgemein ihr Kreditausfallrisiko an Dritte abgeben. Der Markt für die CDS-Innovationen verzeichnet von 2000 an einen rasanten Anstieg, und mit den CDS-Papieren für Staatsanleihen verschärft diese Innovation die Euro-Krise. Die Innovation ist ein Versicherungspapier. Mit zunehmendem Risiko steigt sein Preis, wohingegen der Kurs der Anleihe fällt. Wegen dieser gegenläufigen Entwicklung dient das CDS-Papier zur Absicherung eines Kursverlustes, zum Hedgen. Dazu kauft die Privatbank beim Zeichnen einer Anleihe gleichzeitig ein CDS-Papier auf diese Anleihe. Erhöht sich der Credit-Spread, der Risikozuschlag, dann fällt der Anleihekurs. Den Verlust kann der Preisanstieg des CDS-Papiers ausgleichen. Die Bank entledigt sich mit dem Kauf eines CDS-Papiers des Marktrisikos und letztlich auch des Kreditausfallrisikos. Mit der Absicherung kann die Privatbank weitere Risiken eingehen. Das Absicherungsgeschäft begünstigt ein Moral-Hazard-Verhalten.

Auch wenn sich die einzelne Privatbank ihres Risikos entledigen kann, so steckt das Risiko im gesamten CDS-Markt. Dieser Markt führt schnell ein Eigenleben mit Angebot und Nachfrage wie jeder andere Markt. Spekulieren Marktteilnehmer auf künftig steigende CDS-Preise, so kaufen sie CDS-Papiere, gegebenenfalls fremdfinanziert mit hohem Leverage. Die CDS-Innovation ist sehr erfolgreich. Das Marktvolumen wächst beträchtlich und damit das in ihm steckende Risiko, das nur noch gesamtwirtschaftlich getragen werden kann. Zwar kann man statistisch untersuchen, wie es beispielsweise die Deutsche Bundesbank macht, ob die CDS-Preise den Credit-Spreads zeitlich vorlaufen und ob der Anstieg dieser Risikogrößen fundamental in der realen Wirtschaft begründet ist oder nicht (siehe Deutsche Bundesbank 2011). Entscheidend ist aber die Frage, ob diese Risikogrößen nicht fundamentale Ungleichgewichte überzeichnen. Dafür spricht das Keynes-Minsky-Momentum, das wir noch ausführlich behandeln werden. Kommt es zum Tragen, dann ist das Funktionieren der Wirtschaft gefährdet. Die Politik muss eingreifen und die Kosten muss gegebenenfalls die Gesellschaft tragen.

Ein anderer wesentlicher Bestandteil für die günstige US-amerikanische Konstellation ist in der *Verflechtungsstruktur* der USA mit dem Ausland zu sehen. Was die Güter angeht, so steht der amerikanischen „Übernachfrage" *(excess demand)* ein „Überangebot" *(excess supply)* aus dem Ausland gegenüber, und was die Finanztitel betrifft, so steht dem „Überangebot" aus den USA eine ausländische „Übernachfrage" gegenüber. Rajan spricht hier von „Ungleichgewicht" *(imbalance),* wir sprechen lieber von internationaler Verflechtung, von internationaler Arbeitsteilung, die zu gegenseitigen ökonomischen Abhängigkeiten auf dem Weltmarkt führt. Für die Entwicklung eines störungsfreien Weltmarkts ist es wichtig, dass sich die „Ungleichgewichte" bei den Gütern und den Finanztiteln ausgleichen und sie sich im Laufe der Zeit nicht abrupt ändern.

Für die wirtschaftliche Symbiose zwischen den USA und China hat der amerikanische Historiker N. Ferguson zusammen mit dem deutschen Ökonom M. Schularick in Anlehnung an die Chimäre das Wort „Chimerica" geprägt, einem „Mischwesen", dem möglicherweise kein langes Leben gegönnt ist. Der *Economist* sieht, dass sich das Zweierverhältnis zwischen USA und China zu einem Dreiecksverhältnis mit Europa wandelt, vgl. The Economist (2014a).

Neuerdings zeigt sich, dass die Symbiose zwischen den USA und China gefährdet ist. China ist auf dem Weg von einem Entwicklungsland zu einer technologischen Supermacht und bedroht die Dominanz der USA. Der globale Wettbewerb um die Macht lässt dann aus Kooperation Konfrontation entstehen. Der *Economist* weist auf das Misstrauen zwischen den USA und China hin und auf die Gefahr, dass diese Symbiose, die eine Stärke für die geopolitische Stabilität ist, zerbrechen kann, und dass die Kräfte zurück zum nationalen Merkantilismus stärker werden können, vgl. The Economist (2018): „Relations between America and China are built an mutual suspicion", „It might also shove the world economy back towards mercantilism and competing spheres of economic influence", und „A world of mutually beneficial trade could turn into one in which there are no winners without losers, and no victory without conflicts". Wir gehen auf die Globalisierung und die Rückkehr zum nationalen Merkantilismus in Abschn. 4.9 *„Globalisierung: Gute Seiten und schlechte Seiten"* näher ein.

1.3 Wandel in der Wirtschaft

Die Allianzen unterliegen einem Wandel, mitunter einem abrupten Wandel, einem Umbruch. Nach dem *Economist* vom November 2012 hat China den bevorzugten Platz als US-Handelspartner von Japan und Kanada übernommen und wird ihn nach einer

Prognose des US Department of Commerce im Jahre 2018 an Mexiko abtreten, siehe The Economist (2012). Mit den BRICS-Staaten entstehen neue Zentren der Weltwirtschaft, sicherlich begünstigt durch die weltweit niedrigen Marktzinssätze und die Globalisierung der Wirtschaft. Die Logistik ermöglicht die rentable Verzahnung der weltweiten Produktion und die global agierenden Banken ihre Finanzierung.

Auch die kapitalistische Wirtschaft wandelt sich. Sie entwickelt sich nach Schumpeter in Schüben. Innovationsprozesse laufen nicht gleichmäßig ab. Neues verdrängt Altes, was zu längerfristigen Schwankungen führen kann. Dazu gesellen sich noch Schwankungen konjunktureller Art, die auf kurzfristigere Nachfrageänderungen zurückzuführen sind. Eine längerfristige Unternachfrage auf dem Gütermarkt und Arbeitsmarkt kann nach J.M. Keynes eine lang andauernde Arbeitslosigkeit entstehen lassen. Und um dieses gesellschaftliche Übel zu beseitigen, soll nach Keynes der Staat seine Ausgaben erhöhen.

Für diese keynesianische Ausgabenpolitik macht sich in der jüngsten Krise Krugman stark. Zudem soll nach Krugman die amerikanische Zentralbank Fed eine expansive Geldpolitik betreiben. Sie soll das Finanzwesen stabilisieren. Denn ein funktionierendes Finanzwesen ist eine conditio sine qua non für eine prosperierende Wirtschaft. Krugman will die expansive Fiskal- und Geldpolitik zudem mit Schuldenerleichterungen kombiniert sehen. Er bescheinigt der amerikanischen Politik, die richtigen Maßnahmen ergriffen zu haben, aber in einem ungenügenden Ausmaß. Er ist sich sicher, dass Ökonomen das Wissen und auch die geeigneten Instrumente haben, diese aktuelle Krise überwinden zu können. Allein der Mut fehlt, in einem deutlich stärkeren Maße in die Wirtschaft einzugreifen.

Krugmans sicheres Urteil über die notwendigen staatlichen Maßnahmen zur Überwindung der aktuellen Krise könnte erwarten lassen, dass es auf fundierten quantitativen ökonomischen Datenanalysen basiert. Das ist aber nicht der Fall. Die numerisch-quantitative Abschätzung staatlicher Eingriffe in den Wirtschaftsprozess erweist sich als schwierig und unsicher. Woran liegt es? Zum einen an der Wechselwirkung, der Interdependenz ökonomischer Variablen, und zum anderen an der zeitlich verzögerten Wirkungsweise, an der Dynamik interdependenter Beziehungen. Beides erlaubt nur unzureichend, die Realität in mit Daten geschätzten Modellen zuverlässig abzubilden. Zudem dürfte in einer Wirtschaft in ständigem Wandel die für statistische Analysen erforderliche Strukturkonstanz fehlen. Diese Skepsis kommt in Keynes Kritik an Tinbergens empirischer Wirtschaftsanalyse zum Ausdruck. Die darin geäußerten Vorbehalte sind nach wie vor stichhaltig. Wir gehen später detaillierter darauf ein.

Krugman geht in seinen Ausführungen zum Krisenmanagement ausführlich auf die fremdfinanzierten Ausgaben sowie die damit verbundene Verschuldung ein und schließt dabei Erörterungen der beiden amerikanischen Ökonomen I. Fisher (1933) und H. Minsky (1986) zur Verschuldung ein. Sie weisen darauf hin, dass die Unternachfrage auf dem Gütermarkt und Arbeitsmarkt vom Finanzmarkt ausgelöst und verstärkt werden kann. Nach Minsky kommt es zu einer Unternachfrage, wenn die Zahlungsverpflichtungen aus fremdfinanzierten Ausgaben die Einnahmenströme schmälern und die Ausgabenneigung sinken lassen. Ein Auslöser dafür kann, wie in der jüngsten Krise in den USA, vom Immobilienmarkt kommen.

In einer expansiven Phase, die in einen Boom mündet, kaufen viele Haushalte auf Kredit Häuser. Die Situation ist günstig: die kurzfristigen Zinsen sind niedrig, die Hauspreise steigen, Banken gewähren bereitwillig Anschlussfinanzierungen bei fälligen Krediten. Die Haushalte fühlen sich trotz hoher Fremdfinanzierung wohlhabend. Zahlreiche andere Haushalte wollen in dieser Situation nicht abseits stehen und möchten ebenfalls die Gunst der Stunde nutzen und Vermögenswerte schaffen. Auch sie verschulden sich, um sich ebenfalls den Traum von den eigenen vier Wänden zu erfüllen. Kippt die Situation – die Preise fallen, die kurzfristigen Zinsen steigen, dann entpuppt sich die Fremdfinanzierung als riskant. Die Zuversicht schlägt um in Angst. Das ist das sogenannte Keynes-Minsky-Momentum. Steigende Zinsen erhöhen die Zinszahlungen, Banken verwehren bei fallenden Immobilienpreisen die Anschlussfinanzierung bei fälliger Tilgung – sie erschweren oder verweigern gar eine Umschuldung, eine Refinanzierung der Schulden, eine bis dahin übliche Fortführung der Kredite *(to roll over the debt)* – und kürzen so den Privaten Haushalten den Geldzufluss, die sich unerwartet gezwungen sehen, ihre Ausgaben einzuschränken, ihre Schulden abzubauen und gegebenenfalls ihre Vermögenswerte zu veräußern, was die Abwärtsspirale noch weiter nach unten dreht.

Fisher warnt in seinem Aufsatz „The debt-deflation theory of great depressions" davor, dass in einer Depression mit Überschuldung *(over-indebtedness)* trotz Schuldenabbau die Deflation die *reale* Schuldenlast steigen lassen kann. Er fasst seine Warnung in der prägnanten Formulierung zusammen: „The more the debtors pay, the more they owe". Die Gefahr einer Deflation mag den USA und Europa drohen. Auf jeden Fall ist die Argumentationsweise Fishers interessant. Er verknüpft eine Reihe ihm wichtig erscheinender ökonomischer Variablen mittels seiner bekannten Verkehrsgleichung, welche die Geldmenge und ihre Umlaufgeschwindigkeit mit der Gütermenge und dem Preisniveau in Beziehung setzt, und kann darüber die Wirkungsweise der ausgewählten Größen strukturieren. Ähnlich geht Minsky vor, der seine Vorstellung über die Instabilität der Ökonomie anhand zweier zentralen Beziehungen darlegt. Hierauf gehen wir noch genauer ein.

Wie schon betont, stabilisiert das Wachstum die kapitalistische Wirtschaftsentwicklung. Denn bei Stagnation droht Instabilität, die sich in Arbeitslosigkeit und Insolvenzen bemerkbar macht. Stabiles Wachstum will die Wirtschaftspolitik in jedem Land sichern. Was aber ist zu tun, wenn sich keine weittragenden und länger andauernden Innovationen in einem Land zeigen?

Um trotz fehlender lang tragender Innovationen das Wachstum zu fördern, eröffnen sich vermeintlich zwei Wege, und zwar die Exportorientierung und die Ausweitung der Staatsausgaben. Nicht jedes Land hat die Innovationskraft der USA, die diesem Land über einen langen Zeitraum eine bevorzugte ökonomische Konstellation einräumt. Andere, weniger privilegierte Länder wollen dennoch am Wachstum teilhaben.

China setzt seit geraumer Zeit auf den Export, der seit Jahren zu einem Großteil von den USA absorbiert wird. Hier steht dem amerikanischen „Excess demand" der chinesische „Excess supply" gegenüber. Das Spiegelbild ist, wie uns bekannt, auf dem

Finanzmarkt zu sehen. Hier akkumuliert China in beträchtlichem Maße Forderungen gegenüber dem Ausland und wird so zu einem Hauptgläubiger für den Rest der Welt. Längerfristig wird sich China zu einem neuen Weltfinanzzentrum entwickeln. Anders als in den alten Finanzzentren London und New York, wo die Geschäftsbanken das Sagen haben, ist die chinesische Staatsbank das Machtzentrum. Staat und Marktwirtschaft haben zusammen die chinesische Erfolgsstory geschrieben. Bei dieser engen Allianz kann man durchaus von Staatskapitalismus sprechen. Aber auch in westlichen Industrienationen greift der Staat verstärkt ins Wirtschaftsgeschehen ein, sei es zur Stabilisierung einer instabilen Ökonomie, sei es zur Sicherung sozialer Mindeststandards oder von Vermögenswerten. Der Staat wird dort ebenfalls zum zentralen Akteur im Wirtschaftsgeschehen.

Bei China und den USA kann man trotz nicht flexibler Wechselkurse von einem freiwilligen profitablen „Ungleichgewicht" sprechen. Die Export- und Importinteressen zwischen China und den USA ergänzen sich und lassen über die Jahre eine starke Wirtschaftsverflechtung entstehen. Ähnlich die Situation von Japan und auch von Deutschland, wenn auch hier die Exportbeziehung zu einem bestimmten Land nicht so stark einseitig fixiert ist. Japan ist in den siebziger und achtziger Jahren des vergangenen Jahrhunderts erfolgreich gewesen mit der Exportstrategie, China in den letzten zwanzig Jahren bis auf den heutigen Tag. Ähnliches gilt für Deutschland. Japan gleitet allerdings seit den 90er Jahren in eine Phase der Stagnation. Trotz einer fortgesetzten Defizit-Politik mit einer enorm hohen staatlichen Verschuldung kann sich Japan aus der Stagnation nicht befreien.

Wie insbesondere die Situation zwischen den USA und China zeigt, geht mit der Exportorientierung eine starke Abhängigkeit einher (*dependence* nach Rajan, wir betonen die Verflechtung und sprechen daher lieber von *interdependence*). Ändert sich die günstige amerikanische Konstellation, von der auch China bei seinem rasanten ökonomischen Aufbau profitiert, dann ist das für beide Länder bestehende „labile Gleichgewicht" gefährdet, sowohl was den Güteraustausch als auch was die Finanzverflechtungen angeht. Es entstehen, wie der Buchtitel von Rajan sagt, Bruchlinien, deren Verwerfungen die Weltwirtschaft gefährden können.

Was die günstige ökonomische Situation in den USA angeht, so kann man nur hoffen, dass sie noch länger andauert, d. h., dass sie ihre Innovationskraft noch länger behält und dass sich drohende Brüche in ihrer Verflechtungsstruktur vermeiden lassen. Allerdings erinnert dieses Hoffen an den Ausspruch Napoleons Mutter, die auf die Nachricht der Siegesserien ihres Sohnes mit dem Ausspruch *„Pourvu, que ça dure!"* (frz.: „Möge es andauern!") reagierte. Wir wissen, die Serie riss. Auch dürfte die Serie der US-amerikanischen Innovationen mal reißen, und irgendwo anders lassen neue vorteilhafte Wirtschaftskonstellationen andere Verflechtungsstrukturen entstehen.

Verwerfungen und Umbrüche sind die Zeit von Populisten, und dann sucht man auch schnell nach Schuldzuweisungen und Sündenböcken. Umso wichtiger ist es, eine nüchterne Analyse der Gegebenheiten zu erstellen, einfache Zusammenhänge klar zu machen und in internationaler Kooperation faire Lösungen für die Verflechtungen in der

Weltökonomie zu suchen – bereits der ordnungspolitische Ökonom F.H. von Hayek hat für einen internationalen Zusammenschluss plädiert, dessen zentrales Ziel es sein sollte, Schädigungen der Staaten untereinander zu unterbinden. Rajan empfiehlt, internationale Organisationen wie den „International Monetary Fund" (Internationaler Währungsfonds, IMF) zu stärken. In Europa empfiehlt es sich, das Euro-Stabilitätssystems solider zu basieren, d. h. das fiskalische Regelwerk des Maastricht-Vertrags neu auszurichten und neue Institutionen zu gründen, wie beispielsweise den Europäischen Stabilitätsmechanismus ESM, dessen Aufgabe es sein sollte, das Euro-Währungssystem zu stabilisieren und die Einhaltung der fiskalischen Verpflichtungen zu sichern.

Nicht jedes Land kann die Exportstärke ausspielen, um die ökonomische Stabilität zu sichern. Leichter zugänglich für jeden Staat ist es, seine Ausgaben zu erhöhen, was bekanntlich schnell, aber wahrscheinlich nicht nachhaltig das Wachstum fördert. Die Rechtfertigung für eine Ausgabenerhöhung finden die Politiker leicht bei Keynes. Sie identifizieren rasch Unternachfragen als konjunkturell verursacht und sehen in der Erhöhung des Staatsverbrauchs ein scheinbar probates Mittel, schnell das Wachstum anzukurbeln. Es lässt sich darüber streiten, ob die Vielzahl der identifizierten Unternachfragen in den letzten Jahren wirklich konjunktureller Natur gewesen ist. Auf jeden Fall führt diese Vielzahl zu Staatsverschuldungen, die nach Einschätzung von Ratingagenturen und auch nach impliziten Ausfallwahrscheinlichkeiten der Credit Default Swaps Staatsinsolvenzen wahrscheinlich werden lassen. Wie immer man zu diesem neueren Finanzprodukt stehen mag, unstrittig dürfte sein, dass sie zusammen mit dem Zinsanstieg von europäischen Staatsanleihen unhaltbare Überschuldungen in Europa aufgezeigt haben und eine Änderung in der europäischen Fiskalpolitik angestoßen haben.

1.4 Die Krise in den Euro-Ländern

Schauen wir uns die Lage in der Euro-Zone und speziell in Griechenland näher an. Vor der Euro-Einführung haben die Unterschiede in der Wettbewerbsfähigkeit zu einer Reihe von Abwertungen beispielsweise gegenüber der DM geführt. Diese Abwertungen haben die Exportchancen der betreffenden Länder erhöht, ohne den Wohlstand im Landesinnern gravierend zu schmälern. Mit dem Eintritt in die Euro-Zone haben sich die Euro-Länder ein für alle Mal für einen festen Wechselkurs von ihrer Landeswährung zur neugeschaffenen europäischen Währung Euro entschieden. Sie haben damit auf die Flexibilität verzichtet, ihre Währung abzuwerten. Bei der niedrigen Arbeitskräftemobilität und der geringen fiskalischen Integration sind sie nach Krugman so in die Euro-Falle *(euro trap)* getappt. Europäische Politiker haben das seinerzeit anders gesehen. Der Euro sollte ein Mittel zur europäischen Integration sein. Und in dem Maastricht-Vertrag haben sie die europäische Fiskalpolitik als ausreichend geregelt erachtet.

Griechenland ist nicht getragen von der Innovationskraft der USA und kann auch kein Wachstum durch eine Exportorientierung seiner Wirtschaft wie Deutschland erzielen. Mit dem Eintritt in die Euro-Zone nimmt es sich die Möglichkeit, durch Abwertung seiner Währung international wettbewerbsfähig zu bleiben. Scheinbar verbleibt dem griechischen Staat noch eine Möglichkeit, für Wachstum zu sorgen, nämlich die Ausweitung seiner Staatsausgaben. Hiervon macht er ausgiebig Gebrauch, obwohl er sich über den Maastricht-Vertrag verpflichtet hat, die Defizitgrenze von 3 % und die Verschuldungsgrenze von 60 % einzuhalten. Das ist möglich, denn Banken räumen anfangs Griechenland bereitwillig Kredite zu günstigen Konditionen ein – ein Währungsrisiko müssen Banken vorerst nicht mehr einpreisen. Und keine Euro-Instanz schreitet ein und verhängt Sanktionen. Nicht verwunderlich, denn Griechenland ist kein Einzelfall. Die Mehrzahl der Euro-Länder hat sich in eine ähnliche Lage manövriert und will diese kurzfristig günstige Konstellation nicht gefährden.

Der Maastricht-Vertrag sieht zwar die Gefahr einer systematischen Verletzung seiner Regeln zum Staatsverbrauch und glaubt mit der „No-Bail-Out"-Klausel (Nichtbeistandsklausel) und den möglichen Sanktionen, die Einhaltung der Regeln absichern und dadurch das Euro-System stabil halten zu können. Eine hohe Staatsverschuldung auch weit über 60 % muss nicht gravierend sein, solange die damit einhergehenden Zinszahlungen, die die eigentliche Belastung sind, geleistet werden können. Hier ist man vermutlich in Griechenland und auch in anderen Euro-Ländern davon ausgegangen, dass der Zinssatz ähnlich wie in Deutschland längerfristig auf einem niedrigen Niveau verbleiben wird.

Griechische Regierungen haben aus ihrer Sicht die Gunst der Stunde genutzt und die staatlichen Ausgaben in erheblichem Maße fremdfinanziert, ohne sich um die Maastrichter Fiskalregeln zu kümmern. Ähnlich wie bei Privaten Haushalten auf dem Immobilienmarkt in den USA und auch in Spanien sowie Irland kippt nach einer Weile die Situation und das Keynes-Minsky-Momentum tritt ein. Die CDS zeigen 2010/2011 implizit für Griechenland eine hohe und steigende Ausfallwahrscheinlichkeit an, was die Zinsen stark ansteigen lässt und die Zahlungsfähigkeit Griechenlands bedroht, was wiederum die Ausfallwahrscheinlichkeit weiter steigen lässt und die akute Gefahr der Staatsinsolvenz entstehen lässt. Die großen Ratingagenturen stufen griechische Staatsanleihen auf Ramschniveau runter. Die Kurse ihrer Anleihen stürzen ab und damit steigen die Zinssätze sprunghaft an. Die erhöhten Zinszahlungen kann Griechenland nicht mehr leisten. Kann man Griechenland in dieser Situation alleine lassen und auf die „No-Bail-Out"-Klausel pochen? Nein! Die „No-Bail-Out"-Klausel entpuppt sich als inhaltsleer. Sie ist unrealistisch und nicht anwendbar. Das Faktische bricht die vertraglichen Regeln. Zu viel steht auf dem Spiel, wollte man sie anwenden. Die Anwendung hätte für einen Schock auf dem internationalen Finanzmarkt gesorgt und der europäischen Integration geschadet. Trotz internationaler Unterstützung durch die EU sowie den IMF und trotz eines beträchtlichen Schuldennachlasses sieht sich Griechenland gezwungen, seine Ausgaben in vielen Bereichen zu kürzen. In der Folge schrumpft die Wirtschaft, und die Arbeitslosigkeit steigt. Im Innern treten soziale Spannungen auf, das Funktionieren der Marktwirtschaft wird infrage gestellt und eine Bevormundung durch das Ausland beklagt.

1.4 Die Krise in den Euro-Ländern

Zwischen Gläubigern und Schuldnern besteht eine ambivalente Beziehung. Sie kann man mit einem Keynes zugesprochenen Satz verdeutlichen: „If I owe you a pound, I have a problem; but if I owe you a million, the problem is yours", vgl. beispielsweise The Economist (2011). Er macht deutlich, dass Quantität in Qualität umschlagen kann und dass sich damit auch die Gläubiger-Schuldner-Beziehung schlagartig ändern kann, beispielsweise in einer Krise, wenn Zinszahlungen und Tilgungen ins Stocken geraten. Dann kann man einen großen Schuldner nicht mir nichts dir nichts fallen lassen, ohne dass dies zu Erschütterungen führt. Admati und Hellwig (2013, S. 41) weisen darauf hin, dass Schuldner in der Not besonders fordernd sein können: „Specially, they may be excessively reckless, excessively calling for debt reductions and financial aids." Nun schuldet Griechenland Banken der Euro-Zone so hohe Summen, dass eine Insolvenz Griechenlands eine Bankenkrise nicht nur im europäischen Finanzsystem erzeugt hätte. Griechenland muss also geholfen werden. Das Faktische, man kann auch sagen der Markt, hat vertragliche Regeln, die „No-Bail-Out"-Klausel, außer Kraft gesetzt. Allerdings muss man hervorheben, dass die europäischen Politiker wegen fehlender Sanktionsbereitschaft dies erst ermöglicht haben. In der unzureichend funktionierenden europäischen Fiskalpolitik ist eine Ursache der europäischen Schulden- und der damit verbundenen Finanzkrise zu sehen.

Es lässt sich trefflich streiten, ob die „No-Bail-Out"-Klausel für ein Gemeinschaftsprojekt überhaupt sinnvoll ist oder nicht. Aber bei den Regeln zu den Staatsausgaben ist die Forderung nicht von der Hand zu weisen, dass man Politiker, die an kurzfristigem Wachstum interessiert sind, nicht darüber entscheiden lassen darf, wann und in welchem Umfang Sanktionen zu verhängen sind, wenn vertragliche Regeln verletzt werden. Denn oft sehen Politiker – das kann man als Fazit aus der wachsenden Staatsverschuldung ziehen – gerade in der Staatsausgabentätigkeit ein probates Mittel, die Wirtschaft ihres Landes auf dem Wachstumspfad zu halten, und erachten somit die Übertretung der von ihnen selbst erstellten Regeln meist als wenig gravierend.

Die Politiker sind in einer Zwickmühle, sie stehen in einem Interessenkonflikt. Aus kurzfristigen nationalen Interessen sind sie unfähig, die Sanktionsregeln, die der supranationale Maastricht-Vertrag vorsieht, wirksam werden zu lassen – manche Ökonomen sprechen nicht nur von einem Dilemma sondern von einem „Trilemma" zwischen supranationalen Regeln, Demokratie und nationalstaatlichen Interessen. Der *Economist* sieht in „Trilemmas" eine Quelle ökonomischer Instabilität, vgl. The Economist (2014b).

In den meisten Euro-Staaten steigt die Verschuldung an, ohne dass eine Sanktion verhängt worden wäre. Dadurch haben die Euro-Staaten die Stabilität des Euros leichtfertig aufs Spiel gesetzt. Die Ratingagenturen und der Finanzmarkt, hier insbesondere der CDS-Markt haben das Fehlverhalten von Euro-Staaten sanktioniert. Sie haben die Politiker in den Euro-Ländern spüren lassen, dass die Verletzung der Schuldenkriterien im Maastricht-Vertrag ökonomisch gravierende Folgen hat. Jetzt sind sie die Getriebenen und müssen schnell reagieren. Und wie haben sie reagiert? Mit Besonnenheit? Keine Spur! Wie aufgescheuchte Hühner! Von allen Seiten flattern unterschiedlichste Lösungsvorschläge und Schuldzuweisungen für zu spätes und nicht ausreichendes Handeln durch die

Gegend. Wie bekannt, raffen sich Berlin und Paris auf und erstellen im Juni 2011 für die akute griechische Gefährdung einen Rettungsplan, die Europäische Finanzstabilitätsfazilität EFSF, und organisieren unter Beteiligung europäischer Banken und Versicherungen einen Schuldennachlass, um Griechenland zu retten und damit die Gefahr zu bannen, die eine Insolvenz Griechenlands im globalen Finanzsystem hätte auslösen können.

Ist damit die Gefahr tatsächlich gebannt? Keineswegs! Griechenland ist bekanntlich nicht das einzige Euro-Land, das die Schuldenkriterien des Maastricht-Vertrages verletzt. Die Mehrheit hat es getan – kein Wunder, dass diese Länder unfähig sind, die notwendigen Sanktionen bei Verletzung der Schuldenkriterien zu verhängen. Die Insolvenzgefahr droht, auf alle Euro-Länder überzuspringen. Die Europäische Zentralbank (EZB) kauft nach griechischen Staatsanleihen auch italienische und spanische. So will sie einen befürchteten Dominoeffekt abwenden. Von der Macht des Faktischen unterstützt, erweitert sie ihren Aufgabenbereich und übernimmt Aufgaben, die sich aus der verfehlten europäischen Fiskalpolitik ergeben. Es stellt sich allerdings die Frage, ob die EZB langfristig Stabilität erbringen kann und welchen Preis ihre Intervention hat.

Durch den Kauf dieser Anleihen weicht die EZB nicht nur noch weiter die Maastricht-Verträge auf, sondern sie übernimmt mit dem Kauf von Anleihen Zahlungsverpflichtungen, die später – in welcher Höhe auch immer – von den Euro-Ländern eingelöst werden müssen. Sicherlich nur wenn das gemeinsame Währungsprojekt schiefgeht. Doch das Risiko besteht grundsätzlich. Demnach untergräbt die EZB Rechte, die primär den Parlamenten vorbehalten sind.

Anders als die Politiker ursprünglich haben glauben lassen, haben die Akteure auf dem Finanzmarkt die „No-Bail-Out"-Klausel im Maastricht-Vertrag nicht ernst nehmen müssen. Ihnen ist klar gewesen: Im entscheidenden Moment, wo die Klausel wirksam werden müsste, wird man sie für null und nichtig erklären. Denn sonst sprengt ihre Wirkung den Euro, unterminiert den europäischen Einigungsprozess und erschüttert das Finanz- und Wirtschaftssystem weltweit.

Was die Einhaltung der Maastrichter Schuldenkriterien angeht, so ist zu erkennen, dass eine Selbstverpflichtung nicht ausreicht und dass auch die Bereitschaft, Sanktionen bei Verletzungen zu verhängen, nicht gegeben ist. Dem stehen Interessen der politischen Akteure gegenüber. Denn, wie dargelegt, sehen Politiker vieler Euro-Länder in den Staatsausgaben ein geeignetes Mittel, ihr Land auf dem Wachstumspfad zu halten. Das wird auch in Zukunft so bleiben, denn die keynesianische Ausgabenpolitik ist nach wie vor in vielen Augen attraktiv.

Wie wir gesehen haben, ist die Schuldenpolitik eng verknüpft mit dem Finanzmarkt, und die Insolvenz selbst eines kleinen Staates wie Griechenland kann über den CDS-Markt Versicherungszahlungen auslösen, die eine akute Krise verstärken kann – kein Wunder, dass der damalige EZB-Präsident Trichet beim Schuldennachlass für Griechenland händeringend vor dem Eintreten eines Versicherungsfalls auf dem CDS-Markt gewarnt hat. Über den Kauf von CDS will eine Bank, den Zahlungsausfall seiner Staatsanleihen, beispielsweise seiner griechischen, absichern. Und diese Absicherungspapiere werden im großen Umfang *innerhalb* des Finanzwesens gehandelt. Dadurch kann, wie von Trichet befürchtet, ein Ausfall der Versicherungsleistung Zahlungsschwierigkeiten im Finanzsystem auslösen und über einen Dominoeffekt den internationalen Innerbankenhandel ins Stocken geraten lassen.

1.5 Wirtschaftskrise und ihre Stabilisierung

Anders als die EZB, welche in erster Linie für die Preisstabilität in der Euro-Zone zu sorgen hat, hat sich die amerikanische ZB Fed zudem um das US-Wirtschaftswachstum zu kümmern, im Einzelnen um „high growth (sustainable employment) and stable prices (low inflation) as well as financial stabiliy". Sie setzt die Refinanzierungszinsen für Finanzinstitute praktisch auf Null. Gleichzeitig reduziert sie indirekt die Zinszahlungen und damit das Defizit des US-Haushalts, indem sie über das *„Quantitative Easing"* (QE) US-Schatzanweisungen zu Niedrigzinsen kauft. In 2014 bekräftigt sie mehrmals, dass sie bis mindestens 2014 an ihrer Niedrigzinspolitik festhalten wird und die langfristigen Zinsen niedrig halten will; sie verknüpft die Beibehaltung ihrer Politik unter anderem mit der Zielvorstellung einer 6,5 % Arbeitslosigkeit.

Die Arbeitslosenquote ist in den USA Ende 2014 unter 6 % gefallen. Jedoch anders als in vorangegangenen Krisen sinkt in der aktuellen Krise die Erwerbstätigenquote *(labour-force-participation rate)* von über 65 auf unter 63 %, vgl. The Economist (2014c), chart 3 „Many are no longer seeking work", bzw. von 67 auf 63 %, vgl. The Economist (2014d). Das mag zusammen mit den für die USA niedrigen Wachstumsraten der volkswirtschaftlichen Produktion ein Grund dafür sein, dass die Fed ihre QE-Politik auch 2015 fortsetzen will. Der taiwanische Ökonom Koo (2015) verweist in seiner Kritik an der QE-Politik der Fed darauf hin, dass viel Geld davon in Vermögensbestände und weniger in die laufende Nachfrage nach Konsum- und Investitionsgüter fließt. Damit stimuliert die QE-Politik eher die Rendite als die Wachstumsrate. Und der französische Ökonom Piketty (2013) belegt, dass in Phasen, in denen die Rendite die Wachstumsrate übersteigt, die Ungleichheit wächst. Somit dürfte die QE-Politik zulasten der Ungleichheit gehen.

Die Deregulierung in den USA hat nicht nur den Häusermarkt boomen lassen, sondern hat auch die dortige Expansion des Finanzmarkts begünstigt. Dort wie in Großbritannien haben Finanzinnovationen neue Produkte entstehen lassen, die nach Rajan ein asymmetrisches Charakteristikum aufweisen. Sie ergeben anfangs hohe Renditen und erst später zeigen sich die großen Risiken – die sogenannten „Tailrisks". Bei den Finanzinstituten haben daher die Macher neuer Produkte den Vortritt und den Vorrang vor den Risikokontrolleuren. Die Asymmetrie erschwert zudem auch staatliche Regulierungen, seien sie national oder international. Denn gerade von Neuem gehen unbekannte Risiken aus, die anfangs nicht in vollem Umfang erkennbar und damit regulierbar sind. Dieses Neue treibt aber den Innovationsprozess an, und Innovationen sind auf der anderen Seite wieder die Grundlage für prosperierende ökonomische Entwicklungen.

Die von den USA ausgelöste Schockwelle auf dem internationalen Finanzmarkt hat zu einem Umdenken in der europäischen Fiskalpolitik geführt. Um keine weitere Kreditwürdigkeit zu verlieren, überdenken europäische Länder zunehmend ihre Fiskalpolitik und bemühen sich um einen beschleunigten Schuldenabbau. Allerdings erweist sich die konkrete Umsetzung als langwierig und voller Hindernisse. Und zudem nimmt die QE-Politik der Zentralbanken Politikern viel Druck, wirtschaftliche Strukturreformen einzuleiten. Hier bestätigt sich die skeptische Einschätzung Rajans (2010, S. 208 und 210) zur internationalen Koordinierung nationaler Politiken:„Politics is always local, there is no constituency for the global economy". „Change will come only when countries are forced to change, or decide it is in their best interest to do so, but that process may be too costly, or too slow, for the global economy".

Die Krisen haben zu Neuerungen geführt. Die G7- ist zu einer G20-Konferenz erweitert worden. Ökonomische Probleme können nun international diskutiert und wirtschaftspolitische Maßnahmen global abgestimmt werden. Doch langfristige Perspektiven sind hiervon nicht zu erwarten. Die Skepsis gegenüber einer internationalen Koordinierung nationaler Interessen steht dem entgegen. In Europa ist im Anschluss an die temporäre EFSF mit dem permanenten ESM eine neue Institution entstanden. Sie kann ausgebaut werden zu einem Euro-Stabilitätsfond mit dem Auftrag, im Sinne des Maastricht-Vertrags die Euro-Stabilität zu sichern. Sie kann einerseits in Koordination und auch in Konkurrenz mit dem IMF laufend die Lage der Weltwirtschaft analysieren und ihre Analysen dem breiten Publikum erläutern. Andererseits kann sie ihre finanzielle Unterstützung an Bedingungen knüpfen und gezielt Projekte unterstützen, die eine Neuausrichtung der europäischen Wirtschaftspolitik – weg von dem agrarpolitischen Fokus hin zu einer innovativen Ausrichtung – fördern und die Wettbewerbsfähigkeit in den Euro-Staaten stärken kann. Über die Entwicklung des Gesamtfonds hätten die betroffenen europäischen Parlamente abzustimmen, sodass die Parlamente letztendlich ihre Haushaltsrechte in vollem Umfang behielten. Dafür kann der neue Stabilitätsfond flexibel und zielgerecht agieren, um über eine vertiefte europäische Fiskalpolitik die Euro-Zone zu stabilisieren. Die jüngste Krise hat Schwächen in der europäischen Konstruktion sichtbar werden lassen. Sie hat aber auch mit dem ESM eine supranationale Institution entstehen lassen, die die europäische Integration fördern kann. Sie kann sich in Zukunft als Eckstein in dem europäischen Gebäude herausstellen, der ihr bisher gefehlt hat.

Die EZB kann sich dann, wie es sein sollte, auf ihre eigentliche einfache Zielsetzung der Preisstabilität konzentrieren. Europa hätte so zwei Institutionen mit klar umrissenen Kompetenzen und einfacher Zielsetzung: Die EZB als Garant der Preisstabilität und der ESM als Agentur zur Stabilisierung des Euro und der Euro-Zone. Beide Institutionen, die EZB und auch der ESM, können als ordnungspolitische Einrichtungen im Sinne von Hayek angesehen werden, denn ihr Handeln ist allgemeinen Regeln verpflichtet. Ordnungspolitiker werden einwenden, dass sich die EZB in Krisenzeiten Kompetenzen aneignet, die ihr an sich nicht zustehen. In der Tat lässt sich ihr selbst erteiltes Mandat, unbegrenzt Staatsanleihen von Euro-Ländern auf dem Sekundärmarkt aufzukaufen, nicht von ihrer primären Zielsetzung der Preisstabilität ableiten. Ordnungspolitisch kann man einwenden, dass die EZB eigenmächtig ihre Befugnisse ausweitet, wenn sie ihr Anleiheprogramm *„Outright Monetary Transactions"* (OMT) damit begründet, dass das Auseinanderdriften der Zinssätze in den Euro-Ländern ihrer Zinspolitik zuwider laufe. Damit gesteht sie ein, dass sie sich ähnlich wie die Fed auch für Wachstum verantwortlich sieht. Zudem nimmt sie sich das Recht, über die Anleihekäufe Druck auf die Wirtschaftsreformen und die Haushaltskonsolidierung sowie die Festigung des Bankensektors auszuüben. Somit verknüpft die EZB ihre eigentliche Aufgabe, für Preisstabilität zu sorgen, mit einer europäischen Umstrukturierungs- und Fiskalpolitik. Lakonisch hat das Deutsche Verfassungsgericht im Zusammenhang mit seinem Urteil über den europäischen Stabilisierungsmechanismus zur Wahrung der Finanzmarktstabilität in Europa („Euro-Rettungsschirm") 2011 zur EZB festgestellt: „Auch die EZB ließ sich in den neuen Ansatz – gemeint ist der Rettungsschirm – einbeziehen, indem sie ein ‚Programm für die Wertpapiermärkte' beschloss" (Bundesverfassungsgericht 2011, S. 6). Es verliert interessanterweise kein Wort darüber, ob damit die EZB langfristig die Haushaltsrechte der Parlamente aushöhlt. Allerdings sieht das Verfassungsgericht die Situation mittlerweile anders und spricht 2014 von einem „Ultra Vires Akt" der EZB, einer eigenmächtigen Kompetenzanmaßung der EZB, vgl. Bundesverfassungsgericht (2014). Darüber später mehr.

1.6 Keynes' und Minskys ökonomischer Ansatz

Ökonomen nehmen, wie wir gesehen haben, unterschiedliche Perspektiven auf das Wirtschaftsgeschehen ein und unterscheiden sich auch in ihren wirtschaftspolitischen Empfehlungen. Viele berufen sich auf Keynes. Er gilt insofern als revolutionär als er nachgewiesen hat, dass die Marktkräfte längere Zeit versagen können. Marktversagen kann zu einer Unternachfrage auf dem Gütermarkt führen und in der Folge tritt, wie sich in der Weltwirtschaftskrise Anfang des vergangenen Jahrhunderts dramatisch gezeigt hat, eine gesellschaftlich nicht hinnehmbare Arbeitslosigkeit auf. Daher soll nach Keynes der Staat korrigierend in den Wirtschaftsprozess eingreifen und die Nachfragelücke schließen. Er soll seine Ausgaben ausweiten und soll den Ausgabeneffekt auf die Gesamtnachfrage durch Kreditfinanzierung erhöhen. Die Kreditfinanzierung pumpt zudem Geld in den Wirtschaftskreislauf und stabilisiert so auch noch das Finanzsystem. Mit seinem Deficit-Spending-Ansatz hat Keynes damals ein neues Paradigma in die Wirtschaftspolitik eingeführt: den Keynesianischen Staatsinterventionismus. Dieses Konzept hat sich weltweit durchgesetzt – kein Wunder, es ist ja verlockend für Politiker, denn sie können Geld ausgeben und müssen sich anders als bei steuerfinanzierten Ausgaben dafür nicht beim Wähler rechtfertigen – und kommt nicht nur zum Einsatz, um konjunkturelle Marktversagen zu überwinden. Als permanentes Deficit-Spending setzen es Politiker ein, um nationales Wirtschaftswachstum zu fördern. Sie akkumulieren mit ihrer fremdfinanzierten Ausgabenpolitik allerdings über Jahre hinweg Schulden in erheblichem Ausmaß, die ihrseits, wie aus der aktuellen Krise hervorgeht, Wirtschaftskrisen auslösen und verstärken können. In diesem negativen Effekt offenbart sich, so könnte, wenn er noch lebte, der ordoliberale Ökonom Hayek – Keynes damaliger Gegenspieler in England – argumentieren, die Gefahr interventionistischer Wirtschaftspolitik, die ständig in den Wirtschaftsprozess eingreift. Der Preis der Staatsintervention ist demnach eine größere Krisenanfälligkeit der Wirtschaft.

Die permanente Deficit-Spending Politik hat über die Anhäufung der Schulden die Fiskalpolitik zu einer stumpfen Waffe im Kampf für eine stabile Wirtschaft mit Vollbeschäftigung werden lassen. Sie muss zunehmend der Geldpolitik das Feld überlassen. Diese kann allerdings mittels ihrer Niedrigzinspolitik nur indirekt und mit Verzögerung auf die Beschäftigung einwirken. Nach Keynes sind die Beschäftigungseffekte der Geldpolitik gering. Auch die Zielsetzung wird bescheidener. Sie beschränkt sich nun in erster Linie darauf, das Finanzsystem zu stabilisieren und das Vermögen vor dem Verfall zu retten. Nach dem Motto „Soll die Wirtschaft funktionieren, dann muss der Verkehr und der Strom fließen und in der modernen Ökonomie zudem die Kommunikation und das Geld" sorgt die Zentralbank für den Fluss billigen Geldes. Ohne das billige Geld kommt heutzutage kein Staat mehr aus. Billiges Geld soll den Innerbankenhandel beleben, die Kreditvergabe fördern und die Wertpapierkurse stützen. Der Kauf von Staatsanleihen soll die Staatsfinanzierung verbilligen – in der Euro-Zone zudem den Zusammenhalt der Euro-Staaten sichern – und der Kauf von hypothekengestützten Wertpapieren die Unsicherheit auf dem Immobilienmarkt reduzieren. Die Geldpolitik übernimmt Risiken und schützt vor Vermögensverlusten. Sie schützt ferner vor Deflation und begünstigt die Inflation, und indirekt erhöht sie über sinkende Währungsparitäten die Exportchancen. Die Politik des billigen Geldes ist somit auch eine „Beggar-my-neighbour-Policy", die Namensgebung geht auf die britische Ökonomin Joan Robinson (1903–1983) zurück.

Zudem kann man vorbringen, dass eine dauerhafte Deficit-Spending-Politik nicht nur Schulden auftürmt, sondern im selben Ausmaß auch Forderungen, aus denen in erheblichem Umfang Zinseinkünfte fließen. Staatsanleihen kaufen nicht die Armen, die kaum über die Runden kommen. Die Zinsen fließt den Reicheren zu, und diese Geldquelle gäbe es für sie bei steuerfinanzierten Ausgaben nicht. Die permanente Deficit-Spending-Politik verstärkt somit die Ungleichheit im Einkommen und Vermögen. Und diese gefährdet den sozialen Konsens und somit das Fundament der Marktwirtschaft. Die Ärmeren können nicht mehr ausreichend persönlich für sich vorsorgen, und der Staat übernimmt in zunehmendem Maße die Grundversorgung bei Krankheit und im Alter.

Stark fremdfinanzierte Ausgaben beschränken sich nicht nur auf den Staat allein, auch Konsum- und Investitionsausgaben, sei es für Real- oder Finanzinvestitionen, sind in erheblichem Maße kreditfinanziert. Durch die daraus resultierende Verschuldung sehen Fisher und Minsky die wirtschaftliche Stabilität gefährdet. Kein Wunder, dass der Keynesianer Krugman sich in der aktuellen Krise nicht nur einsetzt, dass der Staat die private Ausgabenlücke schließen und das Finanzsystem stabilisieren soll, sondern auch dafür, dass er auch noch für eine Schuldenerleichterung sorgen soll.

Die Weltwirtschaftskrise nach dem 1. Weltkrieg mit ihrer länger fortwährenden Arbeitslosigkeit findet ihren theoretischen Niederschlag in Keynes' Werk „The General Theory" (Keynes 1936). Darin formuliert er das Unterbeschäftigungsgleichgewicht mit *Stromgrößen*. Das ökonomische System sieht er als grundsätzlich stabil an. Das ökonomische Gleichgewicht kann aber gestört sein. Die geringe Flexibilität auf dem Arbeitsmarkt kann dazu führen, dass eine Unternachfrage auf dem Güter- und dem Arbeitsmarkt länger andauern kann, mit der Folge einer anhaltenden Arbeitslosigkeit, die gesellschaftlich nicht akzeptabel ist und auch die gesellschaftliche Akzeptanz der freien Marktwirtschaft gefährden kann. Die Arbeitslosigkeit muss auch nicht als naturgegeben hingenommen werden. Der Staat kann das Problem „Arbeitslosigkeit" lösen. Dazu muss er die auf dem Gütermarkt entstehende Nachfragelücke nur durch zusätzliche Staatsnachfrage schließen, um die Arbeitslosigkeit zu beseitigen; besonders wirksam ist eine fremdfinanzierte Ausgabenpolitik, die sogenannte Defizitpolitik.

Im Wandel der Zeit hat sich das Wirtschaftsgeschehen grundlegend geändert, die herrschende ökonomische Theorie dagegen weniger. Der damals neuartige Keynesianische Ansatz von 1936 ist in wesentlichen Teilen veraltet. Er trägt heutzutage nicht mehr. Ausgehend von Keynes hat Minsky (1986) ein neues tragfähigeres makroökonomisches Paradigma geschaffen.

Minsky sieht die Wirtschaft als grundsätzlich instabil an. Die Instabilität resultiert zum einen aus der Schumpeterschen Dynamik der ökonomischen Entwicklung, in der ständig Neues Altes verdrängt, und zum anderen aus der Fremdfinanzierung der Wirtschaft, die Banken aus Profitinteresse ständig bemüht sind auszuweiten. Die Fremdfinanzierung verzahnt den Finanzmarkt mit der realen Wirtschaft und damit kann die Instabilität des Finanzsystems leicht auf die reale Ökonomie überschwappen. Das Hauptaugenmerk Minskys liegt auf der Erörterung der Instabilität. Er sieht sich ebenfalls in der Nachfolge von Keynes. Dessen formale Adaption in dem neoklassischen ISLM-Modell erachtet er aber als unzureichend. Er entwickelt für die reale Wirtschaft zwei zentrale ökonomische Beziehungen und widmet sich ausführlich der Fremdfinanzierung und der Rolle der Banken.

Die IS-Beziehung aus dem ISLM-Modell, die die Übereinstimmung von Investition I und Sparen S im Gütermarktgleichgewicht herausstellt, richtet er mit seiner Gewinn-Investitionsdynamik nach vorne in die Zukunft aus. Mit dieser Neuausrichtung kommen Erwartungen über das künftige Wirtschaftsgeschehen ins Spiel, die auch für das sogenannte Keynes-Minysky-Momentum der Instabilität wesentlich sind. Die zweite zentrale Beziehung ist seine Preisaufschlaghypothese. Mit ihr rückt er von der traditionellen These ab, dass die Geldmenge M die Inflation steuert. Ferner greift ihm das keynesianische LM-Konzept auf dem Geldmarkt, das auf dem Geldangebot der Zentralbank und der Geldnachfrage der Privaten Haushalte basiert, zu kurz. Denn das Geld kommt zwar von der Zentralbank, aber die Privatbanken schleusen es in den Wirtschaftskreislauf, und sie sind somit zentrale Akteure im Wirtschaftsgeschehen. Sie fördern aus Eigeninteresse mit allen Mitteln die Fremdfinanzierung, die das Risiko und die Instabilität anwachsen lässt.

Privatbanken sind in der Kreditvergabe renditeorientiert und risikobewusst. Ihre Ziele müssen sich nicht mit der Zielsetzung der Zentralbanken decken. Billige Kredite werden Privatbanken erst nach sorgfältigem Rendite- und Risikokalkül an Unternehmen und Private Haushalte weiter geben.

Banken fehlen meist in makroökonomischen Ansätzen, obwohl ihre Aktivität die modernen Wirtschaftsabläufe in zunehmendem Maße prägt. Admati und Hellwig (2013) stellen Bankaktivitäten und ihre Wirkung auf die Wirtschaft in den Mittelpunkt ihrer Betrachtung. Die von Banken ausgehende Instabilität führen sie auf die zu geringe Eigenkapitalbasis zurück, anders ausgedrückt auf die hohe Fremdfinanzierung, auf die hohe *„leverage ratio"*. Sie plädieren für eine deutliche Erhöhung der Eigenkapitalquote, welche die Risikohaftung erhöht und so im Eigeninteresse zu weniger riskanten Entscheidungen führt. In ihren Bilanzbetrachtungen rücken *Bestandsgrößen* wie Forderungen und Schulden in den Vordergrund, deren Werte sich im Laufe des ökonomischen Prozesses dramatisch schnell ändern können. Die Chancen auf hohe Eigenkapitalrenditen im Aufschwung – *„bright side of debt financing"* – wandeln sich abrupt zu Risiken im Abschwung – *„dark side of debt financing"*. Dieser Umschwung ist bereits mit dem Namen „Minsky-Momentum" belegt. Wir sprechen vom Keynes-Minsky-Momentum, denn den Impuls zu einem Wechsel in der wirtschaftlichen Einschätzung und den daraus resultierenden Entscheidungen hat Keynes bereits ausführlich in seinem zentralen Werk „The General Theory" erörtert. Was die Bestandsgrößen wie Vermögen und Schulden angeht, so sind sie symptomatisch für einen Wandel in der ökonomischen Theorie. Ihnen kommt zunehmende Bedeutung zu. In ihnen spiegelt sich zum einen die wachsende Fremdfinanzierung mit ihrer Instabilität der ökonomischen Prozesse wider und zum anderen sind sie die Quelle steigender Ungleichheit. Instabilität und Ungleichheit bedrohen beide die Akzeptanz der kapitalistischen Marktwirtschaft und lassen die Öffentlichkeit verstärkt nach staatlichen Interventionen rufen.

1.7 Kernthesen

Die Wirtschaftsprozesse ändern sich im Wandel der Zeit und damit auch die theoretischen Konzepte zur Erklärung ihrer Abläufe. Darauf deuten die Unterschiede in den Sichtweisen zur jüngsten Wirtschaftskrise hin. Koo führt dazu in seinem Vorwort aus: „The wide discrepancy in the views of purported experts suggests we are experiencing not only an economic crisis but also a crisis in economics", Koo (2015, S. XX). Piketty äußert sich konkret skeptisch zur Grenzproduktivität, vgl. Piketty (2013, S. 52 und 524). Wir werden auf grundlegende ökonomische Konzepte eingehen und uns kritisch zu ihrer Tragfähigkeit äußern.

Wir beginnen mit einem Rückblick auf die Geschichte der Wirtschaft und ihrer Konzepte, der eine längere historische Perspektive gewährt. Dann kommen wir zu dem von Keynes inspirierten makroökonomische ISLM-Modell. Wir führen in Minskys neuartiges Denkmuster ein, das das gängige, aber überkommene makroökonomische ISLM-Konzept ablöst. Dabei besprechen wir ausführlich Minskys Erörterung zur Stabilisierung instabiler Ökonomien und erweitern Minskys Ansatz. Hier treten die Instabilität und die Ungleichheit im Wandel der ökonomischen Prozesse und ihrer staatlichen Stabilisierung in den Vordergrund. Bei der staatlichen Stabilisierung zeigt sich allgemein, dass ihren kurzfristigen Erfolgen gravierende Folgekosten gegenüber stehen. Denn langfristig verstärkt sie die Instabilität sowie die Ungleichheit und beeinträchtigt nachhaltig das Funktionieren der Marktwirtschaft.

Das ISLM-Modell bildet den formalen Rahmen, um die keynesianische Defizitpolitik zur Konjunkturstabilisierung zu erörtern. Unter den damaligen Bedingungen zeigt es sich, dass der Markt versagen und ein länger andauerndes Unterbeschäftigungsgleichgewicht mit gesellschaftlich intolerabler Arbeitslosigkeit erzeugen kann. In einem ersten Fazit zur Staatsintervention können wir festhalten: Der Markt kann versagen und der Staat kann's richten. Er kann das Marktversagen auf dem Güter- und Arbeitsmarkt beheben, weniger die Geldpolitik als vielmehr die Fiskalpolitik.

Minsky löst sich von dem ISLM-Modell. In seinem neuen makroökonomischen Denkmuster ersetzt er das Gütermarktgleichgewicht „Investition I = Sparen S" durch die in die *Zukunft* gerichtete Investition-Gewinn-Dynamik. Künftige Gewinnerwartungen tragen letztendlich die heutigen Investitionsentscheidungen. Mit der Gewinnausrichtung ändert sich der Ursachenkomplex für das Investieren. Die *Gewinne* Π ergeben sich aus dem Verkaufserlös minus *den variablen* Arbeitskosten, die sich aus der Nachfrage nach *weniger qualifizierten* Arbeitnehmer N ergeben. Demnach enthalten die Gewinne Π auch die hohen *fixen* Kosten für *hochqualifizierte* Arbeitnehmer. Minsky weist mit seiner Unterscheidung in weniger und höher qualifizierte Arbeitnehmer ähnlich wie Rajan auf bildungsbedingte Ungleichheit hin.

Mit den Gewinnen Π lenkt Minsky nicht nur den Blick auf die ökonomische Ungleichheit. Er rückt damit zudem von der traditionellen geldmengenbestimmten Inflation ab. Gewinne sichern Unternehmen nach Minsky über einen Gewinnaufschlag m = Π/WN auf die variablen Arbeitskosten WN, und er ist eine wesentliche Determinante für das Preisniveau P und damit für die Inflation.

Von der keynesianischen Gleichgewichtsbedingung LM auf dem Geldmarkt rückt Minsky ebenfalls ab. Denn das Zentralbankgeld M schleusen die Privatbanken in den Wirtschaftskreislauf. Sie sind in Minskys Ansatz zentrale Akteure. Sie greifen in vielfältiger Weise in den Wirtschaftsprozess ein und forcieren dabei die *Fremdfinanzierung* der Wirtschaft. Diese verursacht nach Minsky die Instabilität des Finanzsystems und durch seine Verflechtung mit dem Gütermarkt die Instabilität der Gesamtwirtschaft.

Weniger günstig als im ISLM-Modell fällt das Fazit zur Staatsintervention in der sich mittlerweile stark gewandelten Welt aus. Das weniger vorteilhafte zweite Fazit lautet: Die Fiskalpolitik weitet die Fremdfinanzierung aus und fördert so die Instabilität. Sie hat durch ihre permanenten Defizite viel von ihrer Wirkung auf die Stabilisierung des Güter- und Arbeitsmarktes verspielt. Die durch die lange Folge von Defiziten aufgebauten Staatsschulden schränken die Handlungsfähigkeit der Fiskalpolitik ein und machen sie abhängig von der Zentralbank. Die aus der Verschuldung resultierenden Finanzvermögen und Zinseinkünfte verstärken die ökonomische Ungleichheit. Als Hauptakteur verbleibt die Zentralbank. Ihr Augenmerk richtet sich auf den Finanzmarkt und auf seine Stabilisierung. Denn sie erachtet das Funktionieren des Finanzmarktes als „conditio sine qua non" für das Funktionieren der Wirtschaft insgesamt. Die Zentralbankpolitik lässt ebenfalls die Ungleichheit ansteigen. Denn ihre Maßnahmen zielen in der Krise darauf ab, die gefährdeten Vermögenswerte zu stützen und den schwächer werdenden Fluss an Gewinnen zu stärken, damit heutige Investitionen sich künftig lohnen können.

Wie die Fiskalpolitik so stärkt auch die Zentralbankpolitik die Fremdfinanzierung, die nach Minsky die Quelle der Instabilität ist. Die jüngsten Markteingriffe der Zentralbank stellen die traditionellen keynesianischen Marktinterventionen in den Schatten. Die Zentralbank setzt mit ihren massiven Aufkaufprogrammen und mit ihrer drastischen Zinssatzsenkung die offene Marktwirtschaft mit freiem Wettbewerb außer Kraft. Sie ist auf dem Finanzmarkt der entscheidende Bestimmungsfaktor. Sie lässt zu, dass Privatbanken das Risiko vermarkten und dass es zu einem systemischen Risiko werden kann, das letztlich die Gesellschaft zu tragen hat. Sie strukturiert künftige Markterwartungen. Signale, die üblicherweise vom Markt ausgehen, sendet verstärkt die Zentralbank. Die Zentralbank ist auch der bestimmende Faktor für die Werteentwicklung auf den Kapitalmärkten. Sie stützt in Krisen die Vermögenswerte. Und mit der Stützung der Wertpapierkurse fördert die Zentralbank ähnlich wie die Fiskalpolitik die ökonomische Ungleichheit.

Wir können ein drittes Fazit ziehen: Die freie Marktwirtschaft zeigt eklatante Schwächen. Sie kann ohne staatliche Unterstützung nicht mehr funktionieren. Die staatlichen Eingriffe verstärken die Instabilität und die Ungleichheit und vertiefen die wechselseitige Abhängigkeit zwischen Markt und Staat.

Die Züge zum Staatskapitalismus sind unverkennbar. Der Staat wird ständig aufgerufen bleiben, stabilisierend in das Wirtschaftsgeschehen einzugreifen, in einen dynamischen und interdependenten Wirtschaftsprozess in ständigem Wandel. Doch wo ist dort der Hebel, um zielgerecht intervenieren zu können? Es gibt ihn nicht! Der Staat müsste mögliche Folgewirkungen seiner Eingriffe, beispielsweise auf Instabilität und Ungleichheit, abschätzen können, wenn er von ungewollten Wirkungen nicht überrascht sein will. Wünschenswert wären quantitative, statistisch abgesicherte Abschätzungen. Dafür fehlt die Grundlage. Keynes' grundsätzliche Bedenken gegen quantitative makroökonomische Analysen, wie er sie in seinem Artikel „Professor Tinbergen's Method" (Keynes 1939) gegen die ökonometrische Analyse des holländischen Nobelpreisträgers Jan Tinbergen (1910–1995) vorgebracht hat, sind trotz erheblicher Fortschritte in der Ökonometrie nach wie vor stichhaltig.

Die staatliche Steuerung der Wirtschaft steht trotz der Unsicherheit ihrer Wirkungsweise unter dem öffentlichen Erwartungsdruck, dass der Staat schnell wirksame Maßnahmen zur Konjunkturstabilisierung des Güter- und Arbeitsmarktes und zur Stabilisierung des instabilen Finanzmarktes treffen kann. Angestrebte Erfolge müssen sich aber nicht rasch einstellen. Es ist unsicher, wie die Maßnahmen wirken. Und langfristig ist nicht auszuschließen, dass sie die Instabilität und die Ungleichheit weiter fördern. Staatliche Stabilisierung ist ein Wagnis, sie ist selbst voller Risiken. Und sie wird längerfristig zu einer stärkeren Interaktion zwischen Wirtschaft und Staat führen. Staatliche Hauptakteure sind die Zentralbanken. Sie übernehmen zunehmend privatwirtschaftliche und fiskalische Risiken, insbesondere die EZB. Mit der verstärkten Übernahme von Risiken vergesellschaften sie potenzielle Verluste.

Die Zentralbank, der Hauptakteur staatlicher Interventionen, ist mittlerweile mit der Instabilität des Finanzmarktes und wegen dessen enger Verzahnung mit der realen Wirtschaft mit der Instabilität der gesamten Ökonomie konfrontiert. Die Zentralbank ergreift eine Reihe von Stabilisierungsmaßnahmen, deren kurzfristiger Erfolg nicht gesichert ist. Die langfristigen Kosten zeichnen sich ab. Die Zentralbank interveniert so massiv auf den Finanzmärkten, dass sie dort die offene Marktwirtschaft mit freiem Wettbewerb faktisch außer Kraft setzt. Mit der Übernahme privatwirtschaftlicher und fiskalischer Risiken strukturiert die Zentralbank die Marktwirtschaft um und wird so zu ihrer tragenden Stütze. Die Zentralbank steigert mit der Fremdfinanzierung weiter die Instabilität. Und mit der Stützung der Vermögensbestände beschönigt sie zum einen die Sicherheit der Privatbanken und zum andern verstärkt sie so die ökonomische Ungleichheit. Ihre Maßnahmen verändern die Mechanismen der Marktwirtschaft und können längerfristig die gesellschaftliche Akzeptanz der kapitalistischen Wirtschaft gefährden.

Aktuell steht die Globalisierung in der Kritik, und Tendenzen nationaler Interessen rücken verstärkt in den Mittelpunkt. Nach Rajan werden sich weitere Brüche in der Weltwirtschaft auftun. Der Abschn. 4.9 „Globalisierung. Gute Seiten und schlechte Seiten" geht ausführlich auf die Effekte der Globalisierung ein.

Noch ein Wort zum Text. Neu aufgenommen ist in der 2. Auflage das 2. Kapitel „Rückblick auf die Geschichte der Wirtschaft und ihrer Konzepte: Der Wandel ist eine Konstante". Die Lektüre dieses Kapitels verschafft dem Leser in komprimierter Form einen Einblick in wesentliche Etappen der Wirtschaftsgeschichte. Damit wird er die Ausführungen in dem 3. und 4. Kapitel, die sich mit neueren ökonomischen Entwicklungen befassen, besser verstehen können. Der Text in diesen beiden Kapiteln erschließt sich auch ohne die formalen Teile 3.1.2, 3.1.3, 3.1.4 sowie 3.2.2, 3.2.3 und 4.1.1. Diese helfen, sich mit dem Thema vertiefend zu beschäftigen. Der Leser kann die formalen Teile erst einmal überspringen und bei Interesse sich damit später befassen.

Literatur

Admati, A.A., Hellwig, M.: The Bankers' New Clothes, Princeton (2013)
Bundesverfassungsgericht, Urteil des Zweiten Senats vom 7. September 2011, 1–28
Bundesverfassungsgericht, Hauptsacheverfahren ESM/EZB: Urteilsverkündung sowie Vorlage an den Gerichtshof der Europäischen Union, 7. Februar 2014, 1–5
Deutsche Bundesbank: Zusammenhang zwischen Renditeaufschlägen und CDS-Prämien. Monatsbericht, Juni 2011, 44–45
Fisher, I.: The Debt-Deflation Theory of Great Depressions. Econometrica 1, 337–357 (1933)
Keynes, J.M.: The General Theory of Employment, Interest, and Money, New York (1936)
Keynes, J.M.: Professor Tinbergen's Method. The Economic Journal XLIX, 558–568 (1939)
Koo, R.C.: Escape from Balance Sheet Recession and the QE Trap, Singapore (2015)
Krugman, P.: End this Depression now!, New York (2012)
Minsky, H.P.: Stabilizing an Unstable Economy, Yale (1986)
Piketty, T.: Le capital au XXIe siècle, Paris (2013)
Rajan, R.G.: Fault Lines, How Hidden Fractures Still Threaten the World Economy, Princeton (2010)

The Economist: Default Options, June 25th 2011, 38
The Economist: Going up in the World. Special Report, November 24th 2012, 1–16
The Economist: The Origins of the Financial Crisis. Crash Course. September 7th 2013a, 56–57
The Economist: The Dangers of Debt. Lending Weight. September 14th 2013b, 66–67
The Economist: Monetary Policy After the Crash. Controlling Interest. September 21th 2013c, 62–63
The Economist: Stimulus v Austerity. Sovereign Doubts. September 28th 2013d, 68–69
The Economist: Making Banks Safe. Calling to Accounts. October 5th 2013e, 68–69
The Economist: Trading Places, April 5th 2014a, 28
The Economist: Three's a Crowd. The Instability that Stems from Trilemmas. July 5th 2014b, 63
The Economist: The Woes of the Average Joe, September 27th 2014c, 38–39
The Economist: The Budget. Deficit? What Deficit?. December 6th 2014d, 39–40
The Economist: Trading Peace for War, Sino-America Interdependence has been a Force for Geopolitical Stability, June 23th 2018, 66

Rückblick auf die Geschichte der Wirtschaft und ihrer Konzepte: Der Wandel ist eine Konstante

2.1 Landwirtschaftliche Revolution

Blicken wir in der Geschichte weit zurück, dann sehen wir wandernde Großfamilien, die sich vornehmlich selbst versorgen. Für ihren Unterhalt jagen sie Wild, fangen Fische und sammeln wildwachsende Pflanzen. Nicht alles ist zum sofortigen Verzehr bestimmt. Einen Teil können sie aufbewahren, etwa Getreidekörner. Die Körner, die sie nicht essen, können sie aufheben und speichern. Damit haben sie Vorräte für Jahreszeiten, wo die Natur nur noch wenig zum Sammeln anbietet. Bei den gesammelten Getreidekörnern, entscheidet die Großfamilie, wie viel sie gleich verbrauchen und wie viel sie für morgen aufbewahren wollen. Die Vorsorge gibt ihnen mehr Sicherheit für die Zukunft. Abb. 2.1 erläutert die Entscheidungssituation der Vorsorge.

Beim Sammeln, Jagen und Vorsorgen kooperieren die Familien. Gemeinsam können sie mehr Wild erlegen. Die Kooperation ist vorteilhaft. Familien sind größtenteils Selbstversorger; nur einen geringen Teil ihres gesammelten Getreides bieten sie anderen Familien an, in erster Linie im Tausch gegen andere Güter, beispielsweise Getreide gegen Vieh.

In der landwirtschaftlichen Revolution werden Sammler und Jäger zu Ackerbauern und Viehzüchtern Der Name Revolution ist irreführend. Die Änderung vollzieht sich nur allmählich. Sie dauert Jahrhunderte und Jahrzehnte. Harari (2013, S. 109), drückt es so aus: „Eine Gruppe von Homo Sapiens, die eben noch Pilze und Nüsse gesammelt und Hasen und Rehe gejagt hatten, zog nicht von einem Tag auf den anderen in Hütten, pflügten Felder, säten Weizen und schleppten Wasser vom Fluss heran. Der Wandel erfolgte in vielen Trippelschritten, von denen jeder nur eine winzige Veränderung des Alltags bedeutete.".

Markante Entwicklungsstufen notiert eine Zeittafel in Scott (2017, S. 4): Um 9000 v. u. Z. finden Archäologen Spuren von Getreideanbau und Viehzucht, um 6000 v. u. Z.

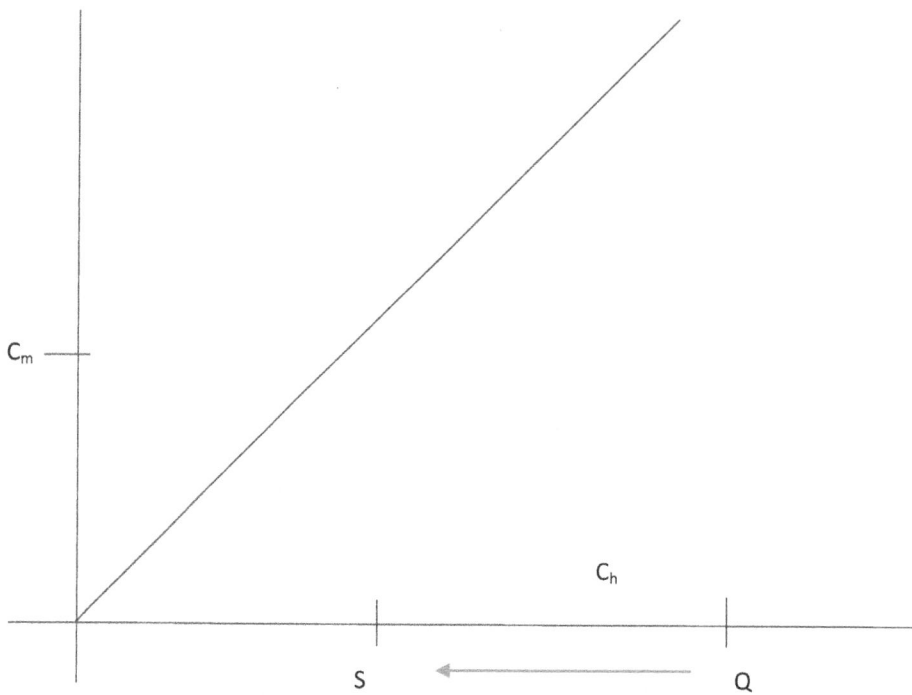

Abb. 2.1 Vorsorgeentscheidung beim Sammeln. Nach heutigem Konsum C_h verbleibt von dem gesammelten Getreide Q ein Vorrat von S, der später konsumiert werden kann, $S = C_m$

Zeugnisse von permanenten Siedlungen, um 5000 v. u. Z. deutliche Belege für Siedlungen mit Ackerbau und Viehzucht und um 3000 v. u. Z. städtische Überreste. Außergewöhnlich ist der Fund eines faszinierenden Bauwerks in der Türkei, das Forscher auf die Zeit um 12000 v. u. Z. datieren. Die Anlage ist eine Kultstätte, erbaut von Sammlern und Jägern, die in der dortigen Gegend bereits sesshaft gewesen sein müssen. Vorübergehend sesshafte Jäger und Sammler haben bereits Brot gebacken, bevor sie Getreide angebaut haben. Darauf weist ein Fund von 14000 Jahre alten Teigkumpen hin, vgl. The Economist (2018b). Das Domestizieren von Wildpflanzen führt nach und nach zum Ackerbau. Der Übergang zur Landwirtschaft hat sich allmählich über viele Jahrhunderte vollzogen.

Mit dem Ackerbau und der Viehzucht werden immer mehr Menschen sesshaft. Sie bauen Hütten, Häuser und Vorratsräume, wo sie ihre Ernten sicherer aufbewahren können. Sie verbessern ihre Werkzeuge, um den Boden zu bearbeiten und so den Ernteertrag zu erhöhen. Sie bauen Weizen, Hirse und Reis an und neben dem Getreide Hülsenfrüchte wie Linsen, Bohnen und Erbsen. Mit der Sesshaftigkeit bilden sich lokale arbeitsteilige Gemeinschaften heraus. Gemeinwesen mit Märkten und Rechtssystemen entstehen und auch kleinere städtische Siedlungen. In der bäuerlichen Zivilisation ändern sich die ökonomischen Lebensbedingungen der Menschen grundlegend, wenn auch, wie gesagt, nur sehr langsam.

2.1 Landwirtschaftliche Revolution

Die Veränderung kommt formal in der Ertragsfunktion der Abb. 2.2 zum Ausdruck. Sie zeigt an, dass mit dem Ackerbau die Menschen gegenüber der früheren Vorratshaltung durch Aussaat auf gut bearbeitetem Boden ihren Ertrag für die kommende Periode steigern können. Die Aussaat und die Bearbeitung des Bodens erhöhen den Ertrag für die nächste Periode. Die Ertragsfunktion liegt über der Winkelhalbierenden. Demnach steigert der Ackerbau gegenüber reiner Vorratshaltung den Ertrag.

Mit dem Bau von Häusern und der Fertigung von Werkzeugen bilden sich Handwerksberufe heraus. Und die Handwerker verfeinern stetig ihre Techniken und tragen damit kontinuierlich zu einer Steigerung der Produktionsleistung bei. Die technologische Entwicklung vollzieht sich von dem Grabstockanbau über den Hack- zum Pfluganbau. Der Wandel geht einher mit dem Fortschritt an Wissen. Wissen und seine technologische Nutzung sind bis heute die Triebfedern des ökonomischen Fortschritts. Heutzutage ist der Änderungsprozess beschleunigt. Die Information lässt sich umfassend speichern, abrufen und zwischen Interessenten austauschen. Heute ist eher von einer Revolution, einer permanenten Revolution, zu sprechen. In großformatiger Werbung bringt das beispielsweise der Autohersteller Hyundai in großen Lettern mit „Change is an attitude" auf den Punkt.

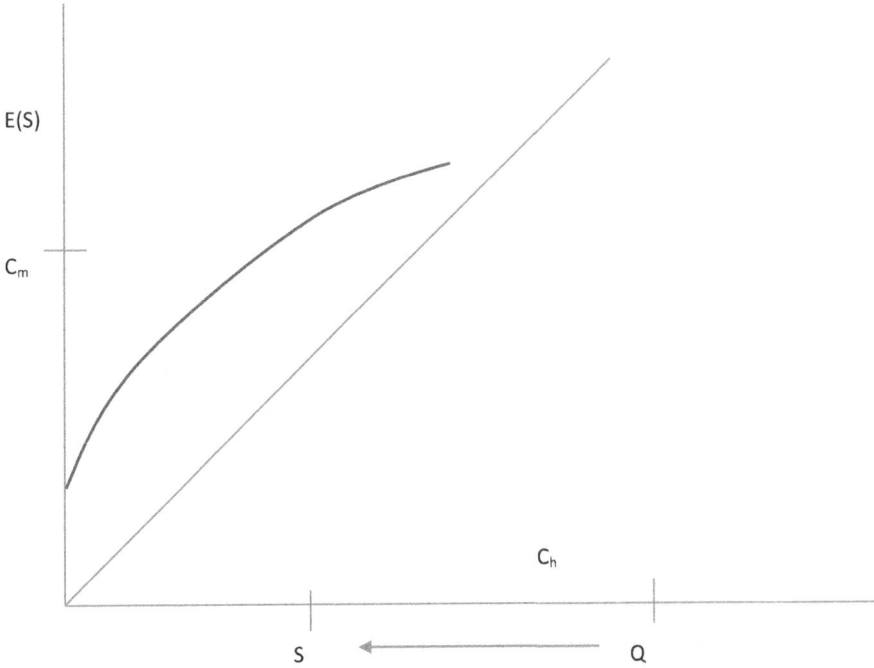

Von der geernteten Getreidemenge Q verbleibt nach Konsum C_h zur Aussaat die Menge S. Sie erbringt gegenüber der Vorratshaltung einen Mehrertrag, $C_m > S$.

Abb. 2.2 Ertragsfunktion E(S) beim Ackerbau durch Aussaat

Formal schlägt sich der Wandel der ökonomischen Bedingungen, die die fortschreitende landwirtschaftliche Revolution mit sich bringt, in einer Verschiebung der Ertragsfunktion nach oben nieder, vgl. Abb. 2.3. Demnach erhöht der Fortschritt den Mehrertrag im Ackerbau weiter.

Der vermehrte Einsatz von Erzeugnissen, die der Bauer von Handwerkern kauft, macht es mitunter nötig, dass er die Käufe mit fremden Mitteln finanziert. Zur Finanzierung dürfte eine Familie oft auf eigene Geldreserven zurückgreifen können. Sie werden allerdings meist nicht ausreichen. Fehlendes Geld kann sie sich leihen, beispielsweise von anderen, meist reicheren Familien, die sich zunehmend aufs Finanzieren spezialisieren – sie agieren als Bank. Der Königsclan fungiert weniger als Geldgeber. Er regelt eher die gesellschaftlichen Belange. Der Königsclan nimmt die gesetzliche Hoheit wahr und ordnet das Geldgeschäft, die Beziehung zwischen Gläubigern und Schuldnern.

Der Mehrertrag durch den intensiveren Ackerbau vergrößert den künftigen Entscheidungsspielraum für die Familien. Sie können ihn nutzen, um morgen mehr Getreide zu konsumieren als bisher oder in verstärktem Maße Getreide gegen andere Güter zu tauschen. Ferner können sie das Mehr an Getreide auf dem Markt gegen Geld, zum Beispiel gegen Silber- oder Goldmünzen, verkaufen, und es für ihren Bedarf in der Zukunft als Reserve und Sicherheit verwahren, eine Funktion des Geldes.

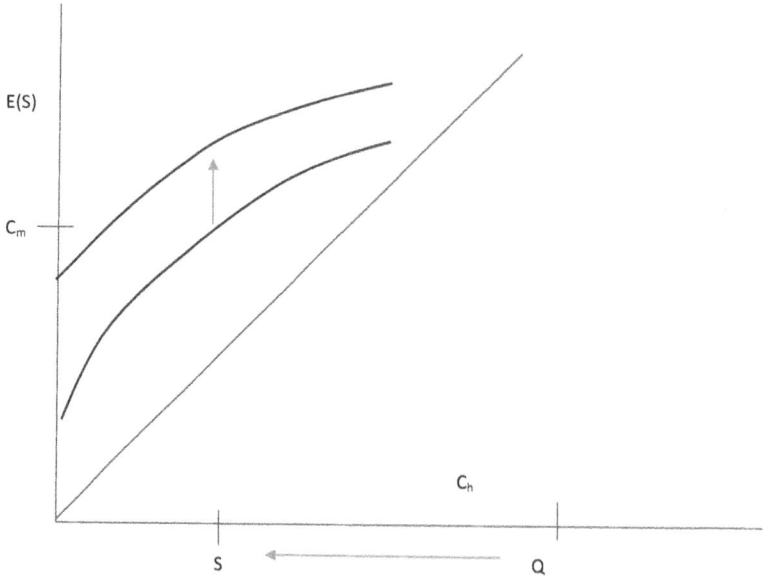

Wie der Pfeil anzeigt, drückt der technische Fortschritt, die Innovation, die Ertragsfunktion nach oben. Demnach erbringt die Bearbeitung des Bodens mit besserem Werkzeug einen weiteren Mehrertrag, der über C_m liegt.

Abb. 2.3 Ertragsfunktion $E(S)$ beim Ackerbau mit technischem Fortschritt

Schlechtes Wetter kann einen Teil der Vorräte verderben lassen, und Schädlinge können zudem den Vorrat dezimieren. Getreide ist verderblich trotz gut geschützter Speicherung. Anders sieht das für Silber und Gold aus. Dieses unverderbliche Geld erfüllt die Funktion als Wertaufbewahrungsmittel besser. Da es allseitig akzeptiert wird, erhält es zudem die Funktion als Tauschmittel. Denn es vereinfacht das Tauschgeschäft. Ferner lässt sich der Warenwert einfach in Einheiten von Silber- und Goldmünzen ausdrücken, womit es auch die Funktion der Recheneinheit hat. Im Laufe der Zeit nimmt das Volumen an Markttransaktionen mit Geld zu. Denn das Geld fördert die Tauschbarkeit. Es stärkt zudem die Kooperation. Denn es bildet auch die Grundlage dafür, dass Menschen in Handel und Herstellung effektiv zusammenarbeiten können, vgl. Harari (2013, S. 228). Nach Harari basiert das Geld auf den beiden universellen Prinzipien der Tauschbarkeit und des Vertrauens. Er führt dazu aus: „Dank dieser beiden Prinzipien können Millionen von Menschen, die einander nie begegnet sind, in Handel und Herstellung effektiv zusammenarbeiten." Dann verweist er darauf, dass, wenn alles tauschbar ist, diese Vorteile auch Schattenseiten haben. Darauf werden wir im Zusammenhang mit Polanyis Marktgesellschaft zu sprechen kommen.

Es beginnt zunehmend eine Transformation im Wirtschaften, in dem die Produktion allmählich immer stärker auf den Markt ausgerichtet ist und die Produktion zunehmend gegen Geld verkauft wird. Die Wirtschaft transformiert sich allmählich, indem die Selbstversorgung zugunsten der Marktproduktion abnimmt. Mit der Transformation spezialisiert sich die Wirtschaft. Aus den Selbstversorgern werden Konsumenten und Produzenten. Die Arbeitsteilung in der Produktion ist der wesentliche Faktor für die Steigerung der Arbeitsproduktivität. Hierbei steigert der Einsatz von Maschinen drastisch die Produktion und führt allmählich zu einem neuartigen Wirtschaftsprozess, der Kreislaufwirtschaft mit den Akteuren Konsumenten, Produzenten und Staat.

2.2 Kapitalakkumulation, Wirtschaftswachstum und industrielle Revolution (Smith)

Nach Adam Smith (1776, S. 109), Book One, Of the causes of improvement in the productive power of labour, and of the order according to which its produce is naturally distributed among the different ranks of people, chapter I, Of the division of labour, ist es die Arbeitsteilung, die die Arbeitsproduktivität erheblich steigert. Die Produktivitätssteigerung ist darauf zurückzuführen, dass mit der Spezialisierung der Unternehmer die individuellen Fertigkeiten der Arbeiter besser nutzen (Spezialisierungseffekt) und dass er dabei die Arbeitsabläufe immer besser koordinieren kann (Vernetzung der Arbeitsabläufe, Kooperation). Vor allen Dingen aber kann er mit dem Einsatz neuer Maschinen die Produktion steigern (Innovation). Denn so kann er den Arbeitsprozess effektiver gestalten. Die immer feiner gestalteten Arbeitsabläufe basieren allerdings auf einer ausgeprägten Kooperationsbereitschaft aller Beteiligten im Unternehmen. Nach M. Tomasello (2010), Warum wir kooperieren, zeigt sich die Kooperationsbereitschaft bei Menschen schon sehr früh bei Kleinkindern. Ob sie vererbt ist, muss dennoch offen bleiben. Sie ist jedenfalls die Basis dafür, dass sich die Menschen immer weiter spezialisieren und dennoch fruchtbar zusammenarbeiten können. Es stellt sich allerdings die Frage, ob diese Kooperationsbereitschaft durch wachsende Ungleichheit, insbesondere in der Entlohnung, nicht zunehmend strapaziert wird. Mit der industriellen Revolution hat sich der Einsatz von Maschinen im Produktionsprozess immer stärker durchgesetzt und die Arbeitsbedingungen der Menschen umgestaltet.

Folgen wir weiter Adam Smith. Nach Book Two, Of the Nature, the accumulation, and employment of stock, chapter III, Of the accumulation of capital, or of productive and unproductive labour, führt der verstärkte Einsatz von Maschinen, die Kapitalakkumulation, dazu, dass die Produktivität steigt und damit das Wirtschaftswachstum. Die Produktion nimmt zwar gemäß Abb. 2.4 *Produktionsfunktion und Wachstum* zu, aber mit abnehmendem Grenzertrag.

Vor der Kapitalakkumulation gehören, so Adam Smith, die Erzeugnisse der Arbeit grundsätzlich dem Arbeiter. Danach muss er sie sich mit dem Besitzer des Kapitalstocks teilen, denn der Kapitaleinsatz will auch entlohnt sein. Damit unterteilen sich nun die Einkünfte aus den Warenverkäufen auf den Lohn der Arbeiter und die Profite des Kapitals, hierauf gehen wir in Abschn. 4.2 „*Ungleichheit im Einkommen und Vermögen*" ein.

Allerdings erhalten in der Praxis auch vor der Kapitalakkumulation die in der Landwirtschaft und im Handwerk tätige Bevölkerung nicht den gesamten Warenwert als Einkünfte. Sie zahlen Abgaben an die Großgrundbesitzer, von denen sie Land geliehen haben, und Steuern an den Königsclan, der sie beschützt. Dieser will sein Heer finanzieren und ein feudales Leben führen. So erscheint es dann auch nicht verwunderlich, dass bereits vor der Kapitalakkumulation die Ungleichheit im Einkommen und Vermögen beträchtlich gewesen ist, hierauf verweist W. Scheidel (2017), The Great Leveler, Violence and the History of Inequality from the Stone Age to the Twenty-First Century. Auch J.S. Scott weist gleich am Anfang seines Buches mit den Worten von Claude Lévi-Strauss darauf hin, dass schon sehr früh in der menschlichen Entwicklung mit der hierarchischen Gesellschaftsform die Ausbeutung begonnen hat, vgl. Scott (2017), Against the Grain. Ähnlich argumentiert bereits Rousseau (1754), vgl. Rousseau (1992, S. 232) und auch The Economist (2018c, S. 55).

Adam Smith unterscheidet produktive Arbeit von unproduktiver. Grob gesprochen ist nach ihm die Arbeit in einer Fabrik produktiv, dagegen die Dienstleistungen von Hausangestellten nicht. Volkswirtschaftliche Gesamtrechnungen machen heutzutage keinen Unterschied, beide Arbeiten tragen zum Volkswirtschaftlichen Einkommen bei und damit auch zu seinem Wachstum. Wir werden später bei der Kapitalakkumulation unterscheiden, ob Geldanlagen produktiv sind oder nicht. Erhöhen sie das Volkswirtschaftliche Produktionskapital (capital), dann sind sie produktiv. Denn sie fördern das gesamtwirtschaftliche Wachstum, das grundsätzlich allen zugutekommen kann; das betont auch Piketty in seiner Formel $r>g$, wo er die Rendite r mit der Wachstumsrate g vergleicht. Dagegen sind andere Geldanlagen, vornehmlich auf dem Immobilien- und

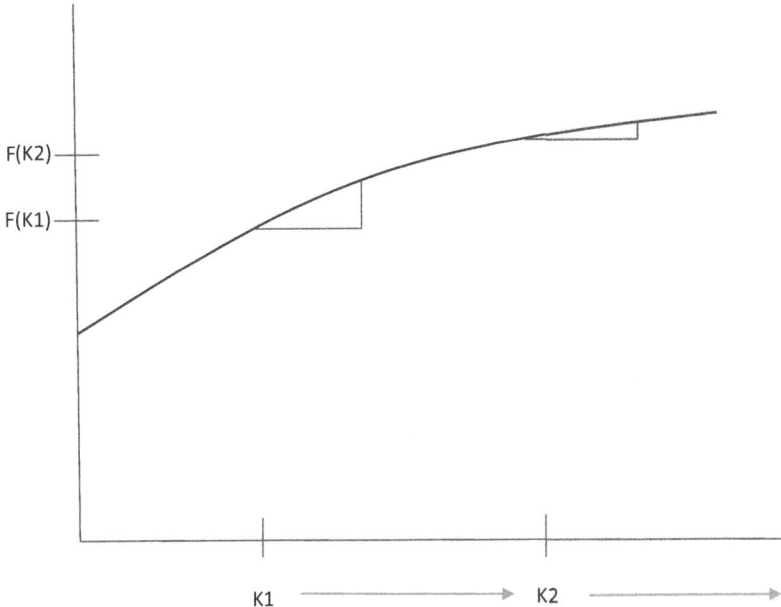

Die makroökonomische Produktionsfunktion F(K), wie wir sie noch später im Ansatz von Solow (1957) kennenlernen werden, hängt neben dem Kapital K vom Arbeitseinsatz L und vom technischen Fortschritt TF ab. Vereinfachend lassen wir die beiden letzten Faktoren außer Acht.

Mit der Kapitalakkumulation orientiert sich die Wirtschaft nun verstärkt in die Zukunft. Ob sich die bisherige Akkumulation lohnt, wird sich erst in den kommenden Perioden zeigen. Der Blick in die Zeit wandelt sich. Anders als in den Abb. 2.1 – 2.3 ist der Pfeil nach rechts in die Zukunft gerichtet.

Die Produktionsfunktion F(K) nimmt mit wachsender Kapitalakkumulation zu, F(K2) > F(K1). Aber wie wir aus dem Zuwachs in K1 und K2 ersehen können, nehmen die Grenzerträge ab. Der Grenzertrag des Kapitals sinkt und damit auch die Profitrate.

Schumpeters Ansatz mit der innovativen Wirtschaft, wo Altes ständig durch Neues ersetzt wird, hat keinen Platz mehr für eine stabile Produktionsfunktion. Das Neue kann auch zu erheblichen Gewinnen und zu zunehmenden Renditen führen.

Abb. 2.4 Produktionsfunktion F(K) und Wachstum

Kunstmarkt, nicht produktiv. Dennoch vergrößern sie das Volkswirtschaftliche Vermögen (wealth). Auf den Unterschied zwischen Produktionspotenzial und Vermögen werden wir bei der Diskussion von der Wachstumsschwäche und der Ungleichheit in der heutigen Zeit zurückkommen, die sich vornehmlich in den westlichen Industrienationen zeigen.

Vom Fortschritt in der industriellen Revolution profitiert auch die Landwirtschaft, speziell von der chemischen Industrie. Sie entwickelt eine neue Art von Dünger, den Kunstdünger. Sein Einsatz steigert den Ernteertrag weiter; in Abb. 2.3 verschiebt sich die Ertragsfunktion weiter nach oben. Immer mehr Landwirte verwenden Kunstdünger.

Sein Kauf erweist sich als gewinnbringend. Es lohnt sich dafür heute Kredite aufzunehmen und zu verschulden, da der künftige Mehrertrag über den Kosten liegt. Damit geht zunehmend die Zukunft ins heutige Kalkül ein. Der Blick richtet sich verstärkt nach vorne.

Der Fortschritt zeigt sich in vielen Bereichen. Er revolutioniert die Textilherstellung. Die Erfindung der Dampfmaschine eröffnet mit der Eisenbahn völlige neue Transportmöglichkeiten auf dem Land und verbessert drastisch die Schifffahrt. Es entstehen Ballungszentren, die immer mehr Menschen anziehen, erst mit Hochhäusern und dann mit immer höheren Wolkenkratzern. Die Erde wird vernetzt. Es ist ein erster Schritt in eine neue Kommunikationswelt, dem viele weitere folgen. Und die Vernetzung der Erde setzt sich mit großem Tempo bis heute fort. Heute sind es Technologieunternehmen wie Google und auch Staatsökonomien wie China, die massiv in internationale Netze investieren. Damals im ersten Schritt ist es ein gewagtes Unternehmen, das Stefan Zweig (1964) als eine der Sternstunden der Menschheit beschreibt. Er setzt mit seiner Erzählung einem mutigen Unternehmer ein Denkmal, und zwar C. W. Field. Zudem stellt er anschaulich die Neuartigkeit des industriellen Fortschritts in der menschlichen Entwicklung heraus.

Er schreibt zu Beginn seiner Erzählung „Das erste Wort über den Ozean", S. 154 und 155, den neuen Rhythmus, der mit der industriellen Revolution anbricht, wie folgt: „Während all der Tausende und vielleicht Hunderttausende von Jahren, seit das sonderbare Wesen, genannt Mensch, die Erde beschreitet, hatte kein anderes Höchstmaß irdischer Fortbewegung gegolten als der Lauf des Pferdes, das rollende Rad, das geruderte oder segelnde Schiff." „Erst das neunzehnte Jahrhundert verändert fundamental Maß und Rhythmus der irdischen Geschwindigkeit. In seinem ersten und zweiten Jahrzehnt rücken die Völker, die Länder rascher aneinander als vordem in Jahrtausenden." Hier hebt er die Errungenschaft durch die Eisenbahn und durch das Dampfboot hervor. Sie beschleunigen die Bewegung auf unserem Planet. Menschen können in bisher nicht gekannten Geschwindigkeiten reisen, und Waren können in großer Stückzahl schneller und billiger transportiert werden. Dieser enorme Fortschritt verblasst aber nach Stefan Zweig gegenüber der Entdeckung der Elektrizität. Ihre Leistung bringt etwas bis dahin Unvorstellbares zustande. Menschen können über Ozeane in Echtzeit miteinander sprechen. Die Verkabelung macht es möglich.

Stefan Zweig erzählt von der ersten Verlegung eines Unterseekabels von Amerika nach England, von dem waghalsigen Unternehmen von C. W. Field. Trotz enormer widriger Umstände und entgegen dem Rat von Experten beginnt er 1857 mit der Verlegung und beendet sie nach Rückschlägen 1866. Ein neues Zeitalter der internationalen Kommunikation hat durch ihn begonnen. Heute basiert sie auf einer umfangreichen Vernetzung der Erde. Ohne sie wäre das moderne Leben undenkbar, auch nicht aktuelle Großprojekt wie die Vernetzung von Dingen, Stichwort 4.0 Industrie, sowie der 5G Mobilfunkstandard, der die Vernetzung der Welt weiter vorantreiben soll, Stichworte Smart Cities, vernetzter automatischer Verkehr, intelligentes Energiemanagement. Field können wir uns als Prototyp eines Unternehmers vorstellen, den Schumpeter später als Wegbereiter der wirtschaftlichen Entwicklung feiert.

2.3 Globalisierung versus nationalem Merkantilismus

Die industrielle Revolution breitet sich weltweit aus und der internationale Handel führt zu einer internationalen Arbeitsteilung, grob gesprochen zu Industriestaaten mit hohem Entwicklungspotenzial und zu Ländern, die vorwiegend Rohstoffe für die dortige Produktion liefern. Der Weg in die Globalisierung ist geebnet, wenngleich regional mit unterschiedlicher Perspektive; vgl. Rodrik (2011), Das Globalisierungsparadox. Die Globalisierung führt nicht nur zu regional unterschiedlicher Entwicklung, sondern auch zu Unterschieden in der gesellschaftlichen Entwicklung in den Industriestaaten.

Nach Smith (1723–1790) begünstigt die Größe des Marktes die Arbeitsteilung und damit die Produktivität und das Wachstum einer Volkswirtschaft. Je größer der Markt, je größer die Arbeitsteilung, desto größer die Chancen auf Wachstum in einer Volkswirtschaft. Rodrik (2011) preist multilaterale Abkommen, die den nationalen Merkantilismus ablösen, der im Imperialismus die nackte Machtpolitik von industriellen Nationalstaaten gezeigt hat.

Die Globalisierung hat nach Milanovic (2016) viele Gewinner in Entwicklungsländern hervorgebracht. Die Mittelschicht in China und Süd-Ost-Asien hat vom internationalen Handel profitiert. Sie braucht keine Entwicklungshilfe mehr. Global gesehen hat sich die ökonomische Ungleichheit reduziert.

Die Kehrseite ist, dass gering qualifizierte Arbeitnehmer in Industriestaaten den Anschluss am Wohlstand in ihrem Land verlieren und sich als Verlierer der Globalisierung sehen. Vor mehr als 50 Jahren hat das Stolper-Samuelson-Theorem schon darauf hingewiesen, dass die Win-Win-Situation im internationalen Handel, wie sie Ricardo (1772–1823) aufgezeigt hat, nicht für alle Menschen im globalen Handel gelten muss. Es gibt Verlierer, und wenn sie zahlreich sind, dann kann es in der von Polanyi (1886–1964) beschriebenen Dichotomie zwischen Politik und Markt zu Spannungen kommen. In der politischen Sphäre können Vorstellungen des nationalen Merkantilismus wieder an Boden gewinnen, die den Austausch von Gütern auf offenen Märkten kritisch sehen und ihn einschränken möchten. Aktuell steht diese Schattenseite der Globalisierung in der Kritik, und Tendenzen zur Betonung nationaler Interessen rücken zunehmend weltweit in den Mittelpunkt.

Märkte können ohne gegenseitiges Vertrauen der Marktteilnehmer nicht funktionieren. Vertrauen und Kooperation sind Grundlagen des Wirtschaftens. Die Kooperation ist die Basis für die Arbeitsteilung und damit letztendlich für den ökonomischen Wohlstand. Bei offenen Märkten kann sich die Kooperation weltweit entfalten und weiter zum Wohl aller Menschen beitragen. Es stellt sich die Frage, wie man diese Entfaltung trotz aktuell auftretender Widerstände weiter sichern kann. Hier könnte ein internationaler Ausgleichsfonds helfen, indem er die Verluste bestimmter Bevölkerungsgruppen in Form einer Kosten-Nutzen- Analyse abschätzt und Benachteiligte finanziell unterstützt. Wir gehen ausführlich auf die Globalisierung in Abschn. 4.9 *„Globalisierung: Gute Seiten und schlechte Seiten"* ein.

2.4 Markt und Marktgesellschaft (Polanyi)

In der arbeitsteiligen Wirtschaft kommt der Innovation, dem Kapitaleinsatz und dem Geld wachsende Bedeutung zu. Und eine weitere Transformation zeichnet sich ab: die Transformation der Zeit. Bei den Sammlern und Jägern und auch in der ersten Phase bei den Ackerbauern und Viehzüchtern bestimmt in starkem Maße die Vergangenheit ihr heutiges Wirtschaften. Der Vorrat an Getreide von gestern ist die Grundlage für den heutigen Konsum. Entsprechend ist beim Ackerbau das aus der Vergangenheit aufgesparte und ausgesäte Getreide die Basis für das Wirtschaften in der nächstfolgenden Periode. Mit der Innovation und dem künftigen Mehrertrag richtet sich im Laufe der Zeit der Wirtschaftsprozess immer mehr auf die Erwartungen in der Zukunft aus. Zudem verkürzt sich die Zeitspanne für wirtschaftliche Entscheidungen, und die wirtschaftlichen Gegebenheiten wandeln sich zunehmend stärker. Diese Transformationen ändern in starkem Maße die Lebensverhältnisse der Menschen und damit das gesellschaftliche Leben.

Polanyi (1944) zeichnet in einer langen historischen Analyse die Transformation ökonomisch-sozialer Systeme nach. Danach mündet die Transformation des Wirtschaftens nach jahrhundertelanger Geschichte mit der *Industriellen Revolution* in eine *Marktwirtschaft,* die das gesellschaftliche Leben prägt; vgl. Polanyi (1944), The Great Transformation, Zweiter Teil, Aufstieg und Niedergang der Marktwirtschaft, 6. Der selbstregulierende Markt und die fiktiven Waren: Arbeit, Boden und Geld. In der sich selbstregulierenden Marktwirtschaft werden Güter nun in erster Linie für den Markt produziert, und die dort erzielbaren Preise lassen Gewinne erwarten, auf die letztendlich die Güterproduktion ausgerichtet ist. Das Konzept des sich selbstregulierenden Marktes ist eine zentrale, vielleicht die Grundlage der Mikroökonomie. Es ist verbunden mit den Ökonomen L. Walras und G. Debreu, der für seine elegante mathematische Basierung 1983 den Nobelpreis für Wirtschaftswissenschaften erhalten hat. Auf die konstitutiven Elemente der Mikroökonomie gehen wir weiter unten ein.

Nicht nur Güter sind dem Preismechanismus des selbstregulierenden Marktes unterworfen, ebenso die in der Produktion benötigten Arbeitskräfte. Der Markt macht somit die Arbeit zu einer Ware, und ebenso Boden und Geld – nach Polanyi uneigentliche Waren. Die Güter werden gebraucht und letztendlich verbraucht und sie sind, solange ihre Produktion Gewinne verspricht, auch vermehrbar. Der Preis für die Arbeit, der Lohn, ist für den Arbeiter die Grundlage für seine Existenz und seiner Familie. Sein Lohn muss ausreichen, sich und seine Familie zu ernähren, seine Wohnkosten zu decken, seine Vorsorge für Gesundheit und Rente zu finanzieren. Sein Leben und das seiner Familie werden aber in der Marktwirtschaft zunehmend abhängig vom Markt. Und hier droht bei Rezession wenig Qualifizierten die Arbeitslosigkeit. Der Boden, allgemeiner die Natur, ist eine begrenzte Ressource. Ihre Ausbeutung bedroht die Menschen durch die immer deutlich werdenden Umweltkrisen. Die Geschäftsbanken vervielfältigen Geld, indem sie Giralgeld, Kredite schaffen und dafür Märkte kreieren, wo sie Kredite und damit Risiken handelbar machen. Heutzutage hat sich der Markt für Boden und Geld zum gewichtigen Immobilien- und Finanzmarkt weiter entwickelt, die mittlerweile zahlreiche Wirtschaftskrisen ausgelöst haben. Die dortigen Risiken machen die gesamte Wirtschaft instabil. Hierauf werden wir im Zusammenhang mit Minskys Ausführungen zur Instabilität ausführlich eingehen.

Der Markt lässt eine Marktgesellschaft entstehen. Darin und nicht in der Industriegesellschaft sieht Polanyi eine Schwäche für die Gesellschaft, vgl. Polanyi (1944, S. 331). Der selbstregulierende Markt stellt eine gewichtige autonome Einheit in der Gesellschaft dar. Er bildet gegenüber der politischen eine eigenständige wirtschaftliche Sphäre, vgl. Polanyi (1944, S. 106). Daraus entsteht eine gesellschaftliche Dichotomie. Auf der einen Seite steht der Markt und die Marktmacht, das Geld und Vermögen, und auf der anderen Seite die politische Macht, in der Demokratie legitimiert durch die Wahl, den Willen des Volkes. Spannungen zwischen den beiden Seiten dauern an und zeigen sich aktuell in der Euro-Krise.

Im Folgenden stellen wir konstitutive Elemente einer sich selbst regulierenden Wirtschaft zusammen.

2.5 Grundelemente der Mikroökonomie (Walras und Debreu)

2.5.1 Gleichgewicht, Preismechanismus, Wettbewerb und Gewinne

Die Mikrotheorie ist eine von zwei Säulen der marktwirtschaftlichen Theorie, die Studierende der Wirtschaftswissenschaften weltweit lernen. Darin treten zwei Hauptakteure auf, und zwar Haushalte und Unternehmen. Davon gibt es jeweils eine Vielzahl. Jeder von ihnen erstellt unabhängig voneinander nach seinem Eigeninteresse seine Wirtschaftspläne. Die Nachfrage nach Gütern und Dienstleistungen resultiert aus der Maximierung des individuellen Nutzens der Haushalte und das Angebot aus der Gewinnmaximierung der Unternehmen, die eine Kostenminimierung ihrer Güterproduktion beinhaltet. Darin ergeben die variablen Kosten in Form der Grenzkosten das Angebot in Abhängigkeit des Güterpreises, und sie sind für den Preismechanismus von zentraler Bedeutung. Die Mikrotheorie behandelt die optimale Nutzung knapper Ressourcen aus der Sicht einzelner Haushalte und Unternehmen.

Die allgemeinen Kosten, die Fixkosten, spielen in der Theorie nur eine untergeordnete Bedeutung. Sie legen über die Durchschnittskosten lediglich den eigentlichen Beginn der Angebotskurve fest, und zwar in der Abb. 2.5 den Beginn der Angebotskurve im Punkt (p_0, q_0). Die Angebotskurve ergibt sich aus den Grenzkosten. Diese Kurve gibt in fetter Linie schematisch die angebotene Menge q in Abhängigkeit vom Preis p an. Die Menge q ist bis zum Preis p_0 gleich Null und springt im Preis p_0 auf die Menge q_0, um dann stetig mit p anzusteigen.

In Abb. 2.6 ist der ansteigende Ast der Angebotsfunktion aus Abb. 2.5 übernommen, und hinzugefügt ist die aus dem Nutzenkalkül resultierende Nachfragefunktion. Der Schnittpunkt beider Funktionen ergibt den Gleichgewichtspreis p_0 mit der Gleichgewichtsmenge q_0.

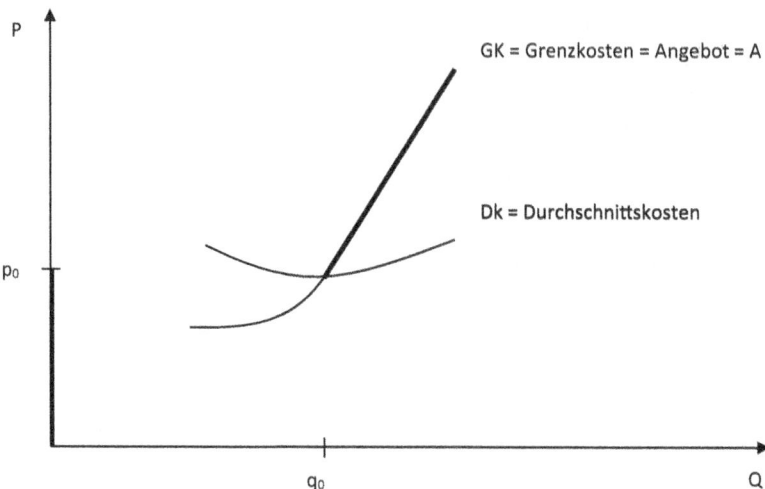

Abb. 2.5 Durchschnittskosten und Grenzkosten = Angebot

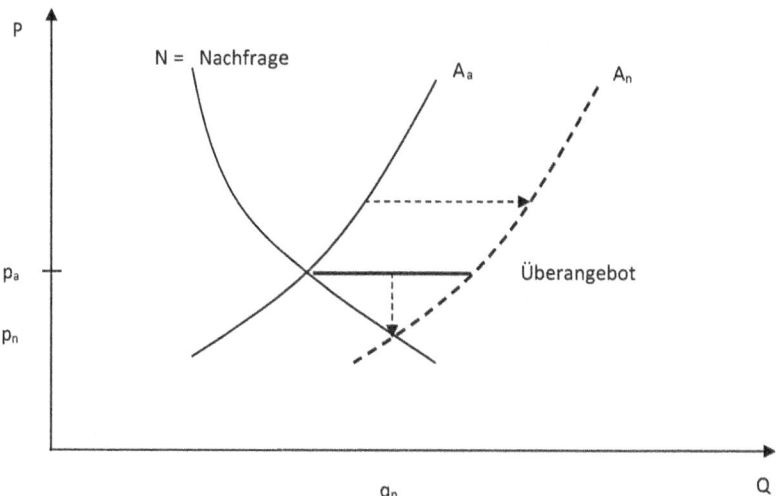

Abb. 2.6 Angebot und Nachfrage mit Gleichgewichtspreis p_a und Verschiebung der Angebotsfunktion mit neuem Gleichgewichtspreis p_n

Verschiebt sich die Angebotskurve nach rechts, wie in der Abb. 2.6 ausgewiesen, dann entsteht bei dem alten Preis p_a ein Überangebot, das den Preis sinken lässt, sodass nach einem Anpassungsprozess ein neuer Gleichgewichtspreis p_n resultiert.

Abb. 2.6 veranschaulicht eine Hauptaussage der Mikroökonomie für die Marktwirtschaft: Die Gleichgewichtsaussage. Danach gibt es eine Preiskonstellation auf den Märkten, bei dem sich die voneinander unabhängig erstellten Nachfrage- und die

2.5 Grundelemente der Mikroökonomie (Walras und Debreu)

Angebotspläne entsprechen. Es existiert also ein Gleichgewicht auf den Gütermärkten, und darin hat dann keiner der Akteure ein Interesse, seine Pläne zu ändern. Alle sind im Gleichgewicht zufrieden mit dem Ergebnis. Im Gleichgewicht kommt es somit zu einem Ausgleich der Interessen.

Eine zweite Kernaussage – die Aussage zur vollständigen Konkurrenz – ist, dass Gewinne auf einem offenen Markt mit freiem Marktzutritt durch neu hinzutretende Unternehmen verschwinden werden. Denn sie erhöhen das Angebot und lassen dadurch die Preise sinken und infolge Gewinne schrumpfen.

Die Abb. 2.6 macht den Vorgang deutlich. Beim alten Gleichgewichtspreis p_a entstehen Gewinne. Diese locken zusätzliche Unternehmen auf den betreffenden Markt und dadurch entsteht eine Erweiterung des Angebots – ausgewiesen durch die nach rechts verschobene Angebotskurve A_n. Beim alten Preis p_a herrscht durch das Hinzutreten weiterer Unternehmen ein Überangebot und dieses lässt den Preis sinken und auch die Gewinne. Beim niedrigeren Preis p_n ergibt sich ein neues Gleichgewicht.

Die formale Ausgestaltung der Mikrotheorie geht auf die Lausanner Schule zurück und ist eng verknüpft mit dem Franzosen Léon Walras (1834–1910). Ihre allgemeine mathematische Ausformulierung hat der französische Ökonom Gérard Debreu (1921–2004) erbracht. Die Attraktivität der Theorie liegt in ihren beiden zentralen Aussagen. Zum einen existiert danach ein *Marktgleichgewicht:* Ein Preissystem koordiniert eine Vielzahl von Nachfrage- und Angebotsplänen, die getrennt voneinander erstellt werden. Es bedarf somit keines zentralen Koordinators, der Informationen über Pläne von einer Vielzahl von Wirtschaftssubjekten sammelt, um diese – wie auch immer – in Einklang zu bringen. Zum anderen sorgt, wie die Abb. 2.6 zeigt, bei Gewinnen der *freie Wettbewerb* für eine Angebotserweiterung. Das dabei entstehende Überangebot lässt die Preise fallen und *die Gewinne schrumpfen.* In der Abb. 2.7 zeigen die Pfeile an, dass der Preismechanismus bei Überangebot und bei Übernachfrage für eine Bewegung zum Gleichgewichtspreis p_g sorgt.

Mit dem Überangebot und der daraus resultierenden Preissenkung haben wir einen Prozess angesprochen, der wiederum zu einem Gleichgewicht führen kann. Entsprechendes gilt bei einer Übernachfrage, hier steigen nach Abb. 2.7 die Preise. Ein Beispiel dafür ist der Wein *„Chateau Lafite Rothschild"*. Die Übernachfrage lässt den Preis innerhalb von zehn Jahren von 2000 bis 2009 um das Mehrfache steigen. Der Grund liegt insbesondere in der gestiegenen Nachfrage aus China. Sie schiebt die Nachfragefunktion stark nach oben. Das Weingut möchte seinen Wein nach wie vor in höchster Qualität anbieten und erhöht die Produktion nicht, das Angebot bleibt somit konstant. Es entsteht bei dem alten Gleichgewichtspreis eine erhebliche Übernachfrage. Der Wein wird knapp und die Knappheit lässt den Preis nach oben schnellen. Unter den Weinen ist der Wein *„Chateau Lafite Rothschild"* ein Produkt mit besonderen Eigenschaften. Sie geben dem Produkt eine zusätzliche Attraktivität. Das besondere Image macht das Produkt zur Marke, schützt vor der Konkurrenz und sichert dem Weingut Gewinne. Das Markenimage erbringt die Gewinne.

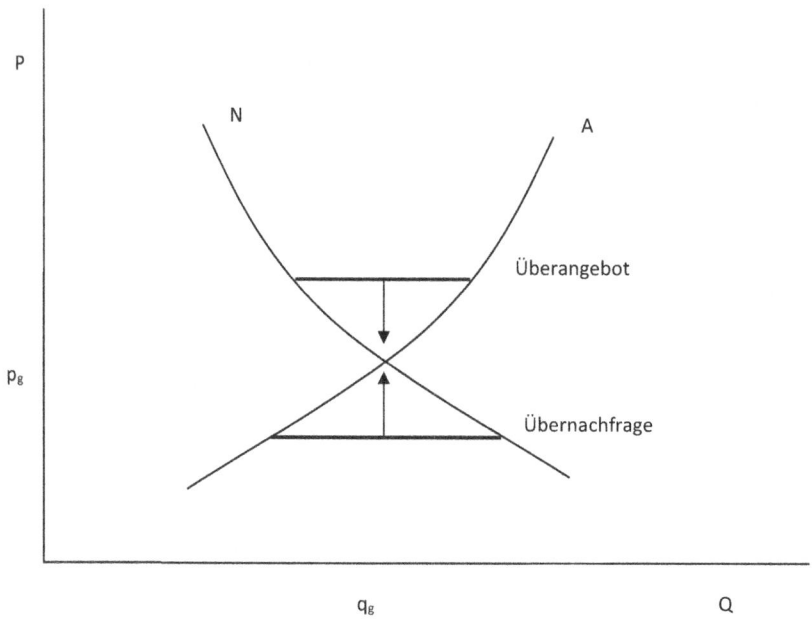

Abb. 2.7 Überangebot und Übernachfrage mit Gleichgewichtspreis p_g

Der *Preismechanismus* stellt ein weiteres zentrales Element der Marktwirtschaft dar. Offene Märkte mit freiem Marktzutritt und funktionierendem Preismechanismus sind das tragende Fundament der Marktwirtschaft. Der Preismechanismus muss aber nicht ein Gleichgewicht ergeben. Dennoch wird er herangezogen, um dem marktwirtschaftlichen System Stabilität anzupreisen.

In einem länger andauernden gravierenden Ungleichgewicht wird man allerdings nicht umhin kommen können, von einem Marktversagen zu sprechen und externe staatliche Eingriffe in den marktwirtschaftlichen Prozess zu erörtern, die zu dessen Stabilisierung geeignet erscheinen. Historisch ist mit Marktversagen der Name des britischen Ökonomen John Maynard Keynes (1883–1946) verbunden. Er weist ein Unterbeschäftigungsgleichgewicht in einem makroökonomischen Rahmen nach, das Politikern oft zu Rechtfertigung dient, um die Staatsausgaben auszuweiten und mittels dieser sogenannten „Deficit-Spending-Politik" die Marktwirtschaft zu stabilisieren, d. h. über die Konjunkturstabilisierung eine Unterbeschäftigung auf dem Arbeitsmarkt zu verhindern und Wachstumsimpulse zu setzen. In der Folge einer permanenten Deficit-Spending-Politik türmen Politiker Staatsschulden auf, deren Finanzierung allerdings langfristig die Stabilität auf dem Finanzmarkt gefährdet und zudem die Einkommensungleichheit begünstigt. Hierauf werden wir noch zu sprechen kommen, denn hier zeigt sich eine gravierende Asymmetrie in der Zeit auf: Der anfänglichen Stabilisierung des Güter- und Arbeitsmarktes folgt mit großer Verzögerung eine Instabilität des Finanzmarktes und ferner eine wachsenden ökonomische Ungleichheit.

2.5.2 Konstitutive Elemente der Mikroökonomik und ihre kritische Würdigung

Vor dem Übergang zur Makroökonomie – der zweiten Säule der marktwirtschaftlichen Theorie – werfen wir noch einen kritischen Blick auf konstitutive Elemente der Mikrotheorie. Die Güter auf den Märkten sind mit ihren Eigenschaften *wohl bekannt,* und dort *funktioniert* auch der Wettbewerb. *Innovationen,* der Motor der *Dynamik* im modernen Wirtschaftsgeschehen, bleiben *unberücksichtigt.* Unternehmen entwickeln *keine neuen* Güter mit bisher *unbekannten* Eigenschaften, welche die Nachfrage der Haushalte ändern. Freier Marktzutritt ist gesichert. Unternehmen haben hier keine Rechtsabteilung, die über ihre Patentrechte wacht und gegebenenfalls ihre Marktposition verteidigt, auch keine Marketingabteilung, die ein Produkt zur Marke stilisiert, um sie von der Konkurrenz abzuschotten. Zudem ersetzen Innovationen keine etablierten Produktionsprozesse, sie ändern nicht die Kostenstruktur und damit das Angebot. Fortwährende Innovationen erlauben es nicht, der Konkurrenz einen Schritt voraus zu sein. Der Staat spielt nur eine untergeordnete Rolle, er sorgt für die wirtschaftlichen Rahmenbedingungen und greift nicht in den Wirtschaftsprozess, in das Marktgeschehen, ein.

Die Mikroökonomie ist, wie aus der grafischen Analyse hervorgeht, eine *komparativ-statische* Theorie. Sie isoliert den Preismechanismus. Die Zeit spielt keine wesentliche Rolle. Innerhalb eines fest gefügten Rahmens von Angebot und Nachfrage denken wir uns eine Preisbewegung hin zum Gleichgewicht. Dabei vergeht zwar Zeit, sie hat aber keinen Einfluss auf die ökonomischen Entscheidungen von Haushalten und Unternehmen. Diese sind fest gefügt in den Nachfrage- und Angebotsfunktionen, und beide bleiben unverändert. In den jeweils *konstanten* Angebots- und Nachfragemustern funktioniert der Preismechanismus, wie in Abb. 2.7 dargestellt. Kein einzelner Haushalt und kein einzelnes Unternehmen hat die Macht, das Marktgeschehen zu seinen Gunsten zu beeinflussen.

Mit fortlaufenden Innovationen wandelt sich das feste Muster. Neue Produkte verändern das Nutzenkalkül und damit die Nachfragestruktur, neue Produktionsverfahren die Kostenstruktur und somit die Angebotsstruktur. Es erheben sich demnach erhebliche Zweifel, ob der Marktmechanismus, der für eine Anpassung vom Überangebot oder von der Übernachfrage zum Gleichgewichtspreis sorgt, in einer dynamischen Wirtschaft funktioniert.

Die ökonomische Dynamik geht von Innovationen aus. Innovation bedeutet Veränderung, sie birgt Chancen und Risiken zugleich und erbringt Gewinne und Verluste. Innovative Prozesse rücken bei dem österreichischen Ökonomen Joseph Schumpeter (1883–1950) in das Zentrum der ökonomischen Analyse. Innovationen bewirken in einem Prozess kreativer Zerstörung, dass Altes durch Neues ersetzt wird, und treiben so die wirtschaftliche Entwicklung, die ökonomische Dynamik, voran, sei es, dass Güter mit neuen Eigenschaften angeboten werden oder sei es, dass veraltete Produktionsprozesse durch effizientere ersetzt werden oder sei es, dass die Logistik für eine internationale Arbeitsteilung und Vernetzung in der Produktion sorgt.

Gewinne müssen auch trotz freiem Marktzutritt nicht schrumpfen, wenn innovative Unternehmen mit neuartigen Gütern der Konkurrenz laufend einen Schritt voraus sind und wenn es Marketingexperten gelingt, Güter zu Marken hoch zu stilisieren und so vor der Konkurrenz abzuschotten.

Die Auswirkung der Innovation auf den künftigen Gewinn, die Triebfeder der Investition in neue Güter und Produktionstechniken, ist unsicher. Es bleibt Unternehmern angesichts der Unsicherheit nichts anderes übrig, als ihre Entscheidungen auf Erwartungen zu basieren und dabei auf Änderungen gefasst sein, die ihre heutige Kalkulation von künftigen Kosten- und Einnahmenströme obsolet werden lassen kann. Damit ist jede unternehmerische Entscheidung mit Risiko verbunden und sie muss ständig den neuen Gegebenheiten angepasst werden. Ähnlich argumentieren Keynes (1936) und auch Minsky (1986). Wir werden hierauf später beim Keynes-Minsky-Momentum zurückkommen.

Der amerikanische Nationalökonom Hyman Minsky (1919–1994) rückt von dem für die marktwirtschaftliche Theorie zentralen Preismechanismus ab. Weniger den Grenzkosten als den Durchschnittskosten kommt größere Bedeutung zu. Minsky betont in seinem dynamischen Ansatz die Gewinn-Investition-Beziehung. Sie ist letztlich der Kern der kapitalistischen Marktwirtschaft. Investitionen treiben seine Dynamik voran, und Unternehmen tätigen sie in einem unsicheren Umfeld, um in der Zukunft Gewinne zu erzielen. Und in Minskys Gewinn-Investition-Dynamik spielen weniger die variablen Produktionskosten als vielmehr die allgemeinen Kosten, wie die Kosten der Entwicklungs-, der Informatik-, der Logistik-, der Werbe- und der Rechtsabteilung und, hinzufügen kann man, vor allen Dingen die Kosten des Managements eines Unternehmens, eine zentrale Rolle im ökonomischen Prozess. Ähnlich sieht das auch der *Economist:* „Most jobs will not be on the factory floor but in the offices nearby, which will be full of designers, engineers, IT specialists, logistics experts, marketing staff and other professionals." (vgl. The Economist 2012, S. 13). Somit gewinnen *Allgemeinkosten* gegenüber den *variablen Kosten* zunehmend an Bedeutung. Nach Minsky setzen die Unternehmer den Preis, und zwar über einen Gewinnaufschlag auf die variablen Lohnkosten. Der Preisaufschlag sichert den Unternehmern Gewinne, die sie sich mit dem Angebot neuer Produkte erhoffen können. Diese Gewinne sind nach Minsky das letztendlich entscheidende Motiv fürs Investieren. Und *Investitionen und Gewinne* sind das *Fundament der kapitalistischen Wirtschaftsentwicklung*. Später mehr zur Gewinn-Investition-Interdependenz und zur Preisaufschlaghypothese, welche die Inflation anders als die traditionellen Geldmengenansätze erklärt.

Fassen wir die wesentlichen Elemente zusammen, die theoretisch das optimale Funktionieren der Märkte mit dezentralen Entscheidern sichern, so können wir hervorheben:

- Vollkommene Information der Marktteilnehmer über die Güter, die auf den Märkten gehandelt werden
- Wettbewerb, der das Güterangebot steuert und den Gewinn durch Markteintritt neuer Unternehmen verschwinden lässt
- Eine Tendenz zum Gleichgewicht, wenn Märkte ins Ungleichgewicht geraten

2.5 Grundelemente der Mikroökonomie (Walras und Debreu)

Hat Keynes noch grundsätzlich auf die Marktkräfte hin zum Gleichgewicht vertraut, so stellt Schumpeter sie in seinem ökonomischen Entwicklungsprozess mit Innovationen infrage; ebenso Minsky, der die ökonomische Instabilität durch die ausufernde Fremdfinanzierung der Privatbanken betont. Nach der Finanzkrise Anfang dieses Jahrhunderts dominieren die Zentralbanken die Finanzmärkte und setzen dort die Marktkräfte außer Kraft. Wir präsentieren die Grundgedanken von Keynes und von Minsky in Abschn. 3.1 *Grundzüge der Keynesianischen Makroökonomik* und in Abschn. 3.2 *Grundzüge der Minskyschen Makroökonomik* und kommen in Abschn. 4.11 *„Stabilisierungspolitik in der Post-Keynes Ära"* auf die aktuelle Zentralbankpolitik zu sprechen.

Schumpeter hebt die Gewinne als Ergebnis des Innovationsprozesses hervor und weist darauf hin, dass die Innovatoren alles Mögliche daran setzen werden, um die Gewinnströme langfristig zu erhalten. Unternehmen setzen nach ihm vielfältige Mittel wie Produktdifferenzierung und Werbung ein und scheuen selbst nicht vor aggressiven Aktionen gegen Konkurrenten zurück. Friedman propagiert gar, dass die Erzielung von Gewinnen eine soziale Verantwortung der Unternehmen ist, vgl. Friedman (1970). Und die Entwicklung in jüngster Zeit zeigt, dass Unternehmen Gewinne machen, die lange Zeit unvorstellbar gewesen sind. Peter Thiel, der Mitbegründer von PayPal, wird der Satz zugeschrieben, dass der Wettbewerb etwas für Verlierer ist, vgl. The Economist (2016d), S. 5. Wir gehen auf die Gewinne ausführlicher in Abschn. 4.9 *„Globalisierung: Gute Seiten und schlechte Seiten"* ein, wo wir auch ihre Auswirkung auf die Ungleichheit aufzeigen werden.

Akerlof (1970) stellt infrage, dass die Marktteilnehmer gleich gut über die Güterqualität informiert sind; vgl. auch The Economist (2016b). Er veranschaulicht die asymmetrische Information bei Anbietern und Nachfragern anhand eines fiktiven Marktes für Automobile. Ein gebrauchter Wagen kann von guter oder schlechter Qualität sein. Der Verkäufer weiß um den wahren Zustand, die Käufer dagegen nicht. Sie misstrauen dem Preissignal des Verkäufers, der Autos in gutem Zustand teurer anbietet als im schlechten. Sie kaufen die teureren Autos nicht, und der Verkäufer bleibt auf ihnen sitzen. Hier hat der Verkäufer Nachteile. Meist ist es umgekehrt. Dafür sorgen beispielsweise Experten wie Produktdesigner und Marketingspezialisten. In neuerer Zeit werden viele Finanzprodukte angeboten, deren Qualität für Nachfrager, selbst für Spezialisten in Ratingagenturen, nicht leicht zu durchschauen ist. Wir werden im Folgenden an mehreren Stellen auf die wachsende Bedeutung von Experten im modernen Wirtschaftsprozess eingehen.

Die asymmetrische Information sorgt dafür, dass die Preise nicht die Grenzkosten widerspiegeln. Die asymmetrische Information spricht somit gegen ein durch den vollständigen Wettbewerb generiertes allgemeines Gleichgewicht.

Mit den großen Wirtschaftskrisen Anfang des 20. Jahrhunderts treten vermehrt Zweifel an der Wirksamkeit des Preismechanismus in dem sich selbst regulierenden Markt auf. Die Krise ruft nach einer staatlichen Intervention. Die theoretische Basis dafür legt Keynes (1936). In seinem Konzept spielen weniger die Preise als vielmehr Stromgrößen, wie der Konsum der Haushalte und die Investition der Unternehmer, eine wichtige Rolle.

2.6 Wirtschaftskrise und staatliche Stabilisierung der Kreislaufwirtschaft (Keynes)

In Wirtschaftskrisen ist die Wirtschaft aus dem Gleichgewicht. Der Preismechanismus und damit die Selbstregulierung der Marktwirtschaft versagen. Der Wirtschaftskreislauf stockt. Die Güternachfrage fällt unter das potenziell erreichbare Niveau in der Volkswirtschaft. Die Unternehmer fragen weniger Arbeitskräfte nach als angeboten werden. Diese Unternachfrage kann andauern, und über einen längeren Zeitraum finden Arbeiter keine Arbeit und werden arbeitslos. Die Arbeitslosigkeit wird zu einem individuellen und gesellschaftlichen Problem.

Hier kommt Keynes ins Spiel. Er vertraut zwar den Marktkräften. Sie haben bei ihm nach wie vor eine natürliche Tendenz zum Gleichgewicht. Ihre Bewegung dahin kann aber lange dauern, zu lange. Denn die damit einhergehende Arbeitslosigkeit ist nicht hinnehmbar. Daher soll der Staat in den Wirtschaftskreislauf eingreifen und für Vollbeschäftigung sorgen. Der Staat soll in der Krise kurzfristig seine Staatsnachfrage ausweiten und so die Unternachfrage im Privaten Bereich ausgleichen und wieder stimulieren. Keynes geht, wie gesagt, von einer stabilen Wirtschaft aus, die nur kurzfristig gestört ist. Ist die Störung beseitigt, dann kann der Staat seine Intervention einstellen. Der Staat soll hier kurzfristig in die Bresche springen und dann wieder den Marktkräften die weitere Entwicklung überlassen.

Keynes isoliert in seinem neuartigen Konzept geschickt die für seine Analyse nötigen wichtigen ökonomischen Bereiche und als zentrale ökonomische Variable führt er Stromgrößen ein. Von der Kapitalakkumulation und der Produktionsfunktion, die für das Wirtschaftswachstum bedeutende Faktoren sind, sieht er beispielsweise ab. Denn sein Blick ist auf das kurzfristige Wirtschaftsgeschehen gerichtet. Auf die isolierende Betrachtungsweise werden wir im methodischen Teil im Abschn. 4.10 *„Wirtschaftsabläufe und ihre Analyse"* näher eingehen.

Sein Kreislaufmodell betrachtet die Wirtschaft auf der makroökonomischen Ebene und behandelt das Gleichgewicht auf dem Güter- und dem Geldmarkt, ein partielles stationäres Gleichgewichts ohne Arbeits- und ohne Finanzmarkt, das später in Form des ISLM-Modells formal ausgearbeitet worden ist. Hauptakteure sind Haushalte und Unternehmer. Sie sind jeweils zu einem Sektor zusammengefasst und treten in seinem Ansatz insgesamt als Nachfrager und Anbieter auf. Dem gesamten Güterangebot der Unternehmen stehen die gesamte Nachfrage nach Konsumgütern der Haushalte und die gesamte Investitionsgüternachfrage der Unternehmen gegenüber. Dem Wert der von den Unternehmern produzierten Güter entsprechen Einkommen/Einnahmen in gleicher Höhe bei den Haushalten. Diese bestimmen die Konsumnachfrage. Nicht konsumierte Güter sind gleich der Ersparnis. *Die Einnahmen, die nicht für den Konsum verwendet werden, also die Ersparnis, fließen in dem Kreislaufmodell an Unternehmen zur Finanzierung ihrer Investitionen.* Die Investitionsentscheidungen der Unternehmen hängen vom

2.6 Wirtschaftskrise und staatliche Stabilisierung der ...

Marktzinssatz ab. Die Höhe der Ersparnis und die Investition bestimmen sich simultan auf dem Güter- und Geldmarkt. Im Gleichgewicht ist die Ersparnis gleich der Investition. Das Gleichgewichtseinkommen/die Gleichgewichtsproduktion und der Gleichgewichtszinssatz bringen die Ersparnis der Haushalte und die Investition der Unternehmen zum Ausgleich. Der Gleichgewichtszinssatz ergibt sich auf dem Geldmarkt, wo das Geldangebot der Zentralbank auf die Geldnachfrage der Haushalte trifft. Die Abb. 2.8 *Kreislaufschema* erläutert das Kreislaufmodell.

So weit, so gut. Partiell ist alles in Ordnung. Aber nicht überall, und zwar nicht auf dem Arbeitsmarkt. Dort ist Ungleichgewicht. Dort tritt Arbeitslosigkeit auf, ein individuelles und gesellschaftliches Übel, das auch die gesellschaftliche Akzeptanz der Marktwirtschaft gefährdet. Das Übel muss auf jeden Fall beseitigt werden. Und dazu soll, wie gesagt, der Staat intervenieren.

Was führt zu der Arbeitslosigkeit? Wie ausgeführt, kann auf dem Güter- und Geldmarkt ein partielles Gleichgewicht herrschen und auf dem Arbeitsmarkt ein Ungleichgewicht. Das Güterangebot liegt unter dem Niveau der Volkswirtschaft, das potenziell erreicht werden könnte, wenn alle Arbeit im Produktionsprozess eingesetzt würde. Aber das ist eben nicht der Fall, sodass es zu einer unfreiwilligen Arbeitslosigkeit kommt. Die Unternehmer wären bereit, mehr Arbeit nachzufragen, wenn der Lohnsatz fiele. Er ist aber nicht flexibel. Der Preismechanismus funktioniert nicht in vollem Umfang. Stichworte wie „sticky wages" und „rigid wages" stehen dafür. Wie wir aus Polanyis Ausführungen wissen, ist die Arbeit keine eigentliche Ware. Denn ihr Preis bestimmt das Einkommen und damit die Lebensgrundlage vieler Menschen. Und sie werden dafür kämpfen, dass der Lohn nicht unter eine kritische Grenze fällt, die ihre Existenz gefährdet. Die Friktionen zwischen Markt und Politik werden offensichtlich.

In dem Kreislaufmodell finanzieren sich die Investitionen aus den laufenden Einnahmen. Unternehmen finanzieren also ihre Investitionen nicht durch Kredite. Kredite spielen keine Rolle, und damit treten auch keine Geschäftsbanken auf, die in Interaktion mit Unternehmen einen Einfluss auf die Bildung des Zinssatzes nehmen könnten.

Keynes entfernt sich in seinem Kreislaufansatz von dem Preismechanismus, der in der Klassik und Neoklassik zum allgemeinen Gleichgewicht führt. Er rückt Stromgrößen und deren interdependente Beziehung in den Vordergrund, die nicht mehr zu einem allgemeinen Gleichgewicht führen müssen, zumindest kurzfristig. Und dieses kurzfristige Marktversagen stellt ein intolerables gesellschaftliches Problem dar, das der Staat vor allen Dingen durch fiskalpolitische Maßnahmen lösen kann. Auch wenn langfristig das Say´sche Gesetz gelten mag, nach dem das Angebot seine Nachfrage erzeugt, so ruft doch das Übel der Arbeitslosigkeit nach einer kurzfristigen staatlichen Intervention.

Auf den Keynesianischen Ansatz, der vielfach noch heute Politikern als wichtige theoretische Vorlage dient, gehen wir ausführlich im Abschn. 3.1 *„Grundzüge der Keynesianischen Makroökonomie"* ein.

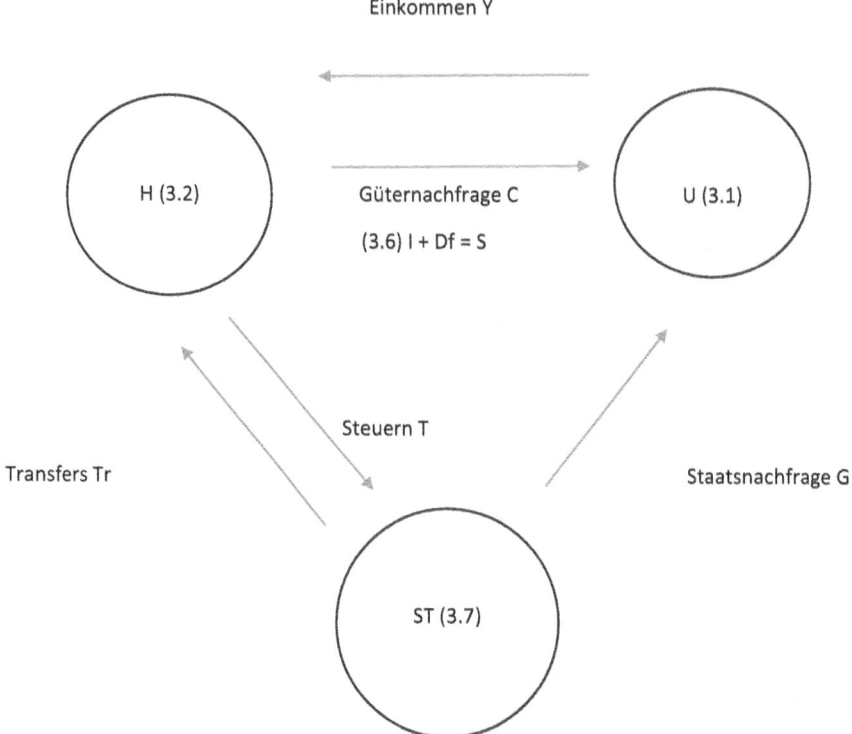

Die Nummerierung bezieht sich auf die Formeln im Abschnitt 3.1 „Grundzüge der Keynesianischen Makroökonomik". Die Pfeilrichtung gibt die Geldstromrichtung an.

Budgetgleichungen:

(3.1) $Y = C + G + I$, Unternehmen U, Gesamtproduktion Y, Investitionen I

(3.2) $Y_v = Y + Tr - T$, Haushalte H, Verfügbares Einkommen Y_v

(3.7) $Df = G + Tr - T$, Staat ST, Staatsdefizit Df

Partielles Gleichgewicht auf dem Gütermarkt:

(3.6) $I + Df = S$, Ersparnisse S

Keynesianische Staatsintervention: Mit fremdfinanzierten zusätzlichen Staatsdefiziten Df steigt der Staatsverbrauch G und damit die Gesamtnachfrage Y in (3.1). Um der gestiegenen Gesamtnachfrage nachkommen zu können, fragen die Unternehmer mehr Beschäftigte nach, was die Arbeitslosenzahl sinken lässt. Damit ist das Stabilisierungsziel erreicht.

Abb. 2.8 Kreislaufschema mit Gleichgewicht auf dem Gütermarkt

2.7 Wirtschaftliche Entwicklung durch Innovation und durch Kreditschöpfung (Schumpeter)

Schumpeter skizziert den Weg der Wirtschaft in die Moderne. Sein Nachhall in der ökonomischen Literatur wäre größer gewesen, hätte sich sein Ansatz besser mathematisch ausformulieren lassen können.

Er interessiert sich für die wirtschaftliche Entwicklung in der kapitalistischen Marktwirtschaft. Sein Interesse gilt der Dynamik in den ökonomischen Prozessen, die das Wachstum in der kapitalistischen Wirtschaft erzeugt. Sie basiert auf Innovationen. Innovative Unternehmer, die Entrepreneurs, sorgen dafür, dass sich Innovationen in der Wirtschaft durchsetzen; mit C. W. Field haben wir einen Unternehmer im Sinne Schumpeters kennengelernt. Er ist mit seiner Verkabelung der beiden Erdteile Amerika und Europa den ersten Schritt gegangen, der in vielen weiteren zu einer Vernetzung der Erde führt und das Wirtschaften grundlegend umgestaltet hat.

Bisher beruhte das Wachstum, wie wir wissen, auf der Kapitalakkumulation. Sie hat das Produktionspotenzial erhöht. Formal können wir uns das so vorstellen, dass sie die Produktionsfunktion weiter nach rechts verlängert, siehe Abb. 2.4. Bei dem Schumpeterschen Ansatz müssen wir von dem bisherigen Konzept einer stabilen Produktionsfunktion Abschied nehmen. Sie kann somit, wie wir sie in Abb. 2.4 *Produktionsfunktion und Wachstum* kennengelernt haben, keine tragende Rolle mehr spielen, um das Wachstum zu erklären.

Mit der drastischen Änderung der Produktionsverhältnisse hebelt die Innovation das für die Klassik und insbesondere für die Neoklassik grundlegende Gesetz des abnehmenden Grenzertrags aus. Je schneller die Innovation fortschreitet, desto kürzer gilt das zentrale ökonomische Gesetz des abnehmenden Grenzertrags und verliert somit viel von seiner Bedeutung für die Erklärung ökonomischer Phänomene; nach Schumpeter (1939), S. 89: „What should be said is that the old total or marginal curve is destroyed and a new one put in its place each time there is an innovation.".

Die Innovationen ändern die Güterproduktion und das Güterangebot Die Entrepreneurs ebnen dem neuen Güterangebot den Weg in den Kreislauf des bisherigen Wirtschaftskreislaufs. Dadurch wandeln sie die Güterströme um und zerstören das bisherige Gleichgewicht. Schumpeter betont, dass dieser Wandlungsprozess „lopsided, discontinous, disharmonious" ist (Schumpeter 1939, S. 102). An die Stelle des Alten tritt etwas Neues.

Wie gelangt nun das Neue in den bisherigen Wirtschaftskreislauf? Unterstützung finden die Entrepreneurs bei den Geschäftsbanken. Sie schaffen die Kredite, die die Entrepreneurs brauchen, um die Produktion ihrer neuen Güter finanzieren und vermarkten zu können, frei nach Schumpeter (1939), S. 111: „Credit creation is the complement of innovation." Die Kreditgeschäfte zwischen innovativen Unternehmen und Geschäftsbanken werden zum bestimmenden Faktor für die Marktzinsbildung. Und Geschäftsbanken sind an der Ausweitung ihres Kreditgeschäfts interessiert. Denn so können sie ihre Gewinne vermehren. Innovationen ändern nicht nur die Güterströme, sondern auch die Bildung des Marktzinssatzes auf dem Finanzmarkt. Zudem lassen Innovationen beträchtliche Gewinne entstehen, die die Einkommens- und Vermögensverhältnisse in der Gesellschaft drastisch ändern.

Mit der Kreditschöpfung wollen wir uns näher beschäftigen. Sie zeigt zum einen, dass die Geschäftsbanken damit eine Methode haben, enorme Gewinne zu erwirtschaften. Zum anderen übernehmen sie dafür, so sieht es jedenfalls Schumpeter, die Aufgabe, die Bonität der Kreditnehmer zu prüfen und sie ständig zu überwachen, vgl. Schumpeter (1939), S. 118, „… the banker's function is a critical, checking, admonitory one". Nehmen die Geschäftsbanken ihre Kontrollfunktion bei der Kreditschöpfung aber nicht wahr, dann wird nach Schumpeter die Entwicklung des kapitalistischen Systems krisenanfällig. Die Geschäftsbanken sind mit einer verantwortlichen Kreditschöpfung Hüter der Wirtschaftsentwicklung.

Harari (2013), S. 375, führt zur Kreditgeldschöpfung folgendes aus:

> Die Wirtschaft ist berüchtigt für ihre Kompliziertheit. Um die Sache zu vereinfachen, nehmen wir ein hypothetisches Beispiel: Herr Taler gründet eine Bank. Der Bauunternehmer Maurer hat gerade ein großes Projekt abgeschlossen und 1 Million Euro kassiert, die er auf die neue Bank bringt. Nun hat die Bank ein Kapital von 1 Million. Frau Back träumt davon, eine Großbäckerei zu eröffnen. Leider fehlt ihr das nötige Kleingeld. Also geht sie zur Bank, erzählt Herrn Taler von ihrem Traum und geht mit einem Kredit von 1 Million nach Hause. Frau Back beauftragt Herrn Maurer, ihr für den stolzen Preis von 1 Million eine Großbäckerei zu bauen, und zahlt im Voraus. Herr Maurer nimmt die Million und trägt sie auf die Bank. Wie viel Geld hat Herr Maurer jetzt auf dem Konto? 2 Millionen. Und wie viel Geld befindet sich wirklich in der Bank? 1 Million. Doch damit ist die Geschichte von Harari noch nicht zu Ende. Unvorhergesehenes beim Ausbau der Großbäckerei führt zu Mehrkosten. Die von Herrn Maurer zusätzlich geforderten 1 Million erhält Frau Back von der Bank und zahlt sie Herrn Maurer, der den vollen Betrag auf die Bank bringt. Nun hat Herr Maurer 3 Mio. Guthaben auf seinem Konto, und die Bank hat nach wie vor nur 1 Mio. in bar.

Die Bank hat einen Barbetrag von 1 Mio. und 2 Mio. Forderungen an Frau Back. Dem stehen 3 Mio. Guthaben von Herrn Maurer gegenüber. Der Guthabenzinssatz ist deutlich geringer als der Forderungszinssatz, sodass die Kredite der Bank einen Zinsüberschuss erbringen. Der Zinsüberschuss ist der Gewinn der Bank. Ihn ist die Bank bestrebt zu steigern. Sie ist daher an einer Kreditausweitung interessiert. Und läuft alles gut, dann ist die Kreditschöpfung der Bank eine sichere Gewinnquelle. Gut laufen heißt hier, dass sich die Großbäckerei tatsächlich in der Zukunft als rentabel erweist. Frau Back erzielt aus ihrem Projekt „Großbäckerei" erhebliche Gewinne und kann der Bank die Kredite einschließlich Forderungszinsen zurückzahlen.

Manchmal erweisen sich Projekte als wenig gewinnbringend. Das kann zur Konsequenz haben, dass die Bank weder ihre Kredite noch ihre Kreditzinsen in vollem Umfang zurückerhält. Sie trägt also bei der Finanzierung eines Projektes ein Risiko. Herr Taler gewährt Frau Back den Kredit in Höhe von 2 Mio. nicht wegen ihrer blauen Augen. Daher prüft er vor Kreditgewährung eingehend, ob sich das zu finanzierende

2.7 Wirtschaftliche Entwicklung durch Innovation und durch ...

Projekt in Zukunft tragen und rentabel sein wird. Herr Taler und Frau Back schließen ihr Geschäft ab, weil beide von dem Projekt überzeugt sind und Vertrauen haben, dass es in der Zukunft für beide Gewinne erbringen wird. Allgemein ist die Kreditgewährung auf die Zukunft ausgerichtet und das Vertrauen in die Zukunft ist die Basis für das Kreditgeschäft.

Schumpeter betont die Bedeutung der Kreditgewährung für die Realisierungen von Innovationen und unterstreicht zugleich die Wichtigkeit der Kreditüberwachung für das Funktionieren der kapitalistischen Wirtschaft. Minsky weist auf die Gefahr der wachsenden Fremdfinanzierung durch eine ausufernde Kreditgewährung. Und wir werden sehen, dass die Banken innovativ sind und die Risiken aus dem Kreditgeschäft geschickt an Dritte überwälzen.

Nach den Gesetzen des modernen Bankwesens lässt sich dieses Spiel in Hararis Beispiel beliebig oft wiederholen. Dann hätte Herr Maurer ein Vielfaches von der 1 Mio. auf dem Konto der Bank, die aber nur die ursprüngliche 1 Mio. im Tresor hat. Die Wiederholung ist so nicht ganz möglich. Die Zentralbank kommt noch ins Spiel. Wie dies geschieht, kann der interessierte Leser beispielsweise bei M. C. Burda und Ch. Wyplosz (2009, S. 268–272), nachschauen.

Was passiert nun, wenn aus irgendwelchen Gründen die Kreditnehmer das Vertrauen in die Bank verlieren und ihr Geld abziehen. Die Bank geht Bankrott, allgemein das Private Banksystem. Das darf aber nicht sein. Denn sonst ginge die wirtschaftliche Entwicklung insgesamt in die Brüche. Es käme zu einer verheerenden Krise, wie der Beginn des 20. Jahrhunderts sie erlebt hat. Daher müssen die Einlagen der Privatpersonen und allgemein die Geschäftsbanken abgesichert werden. Damit ist die Politik aufgerufen einzuspringen. Zuviel steht auf dem Spiel. Die Intervention der Politik ist gefragt. Und die Interaktion zwischen Markt und Politik dauert bis heute an und hat sich eher intensiviert.

Schumpeter betont weniger das Gewinnmotiv als zentrale Triebfeder für die Durchsetzung von Innovationen, als vielmehr die Gewinne als Ergebnis des Innovationsprozesses auf dem Gütermarkt. Gewinne sieht er als „Lohn" für riskante, arbeits- und kapitalintensive Unternehmen; Schumpeter (1939) S. 105: „It – the profit – is the premium put upon successful innovation in capitalist society." Die Durchsetzung der Innovationen benötigt die tatkräftige und kontrollierende Funktion der Geschäftsbanken. Mit der Rolle der Geschäftsbanken in dem sich wandelnden Wirtschaftsprozess mit Innovationen beschäftigt sich Schumpeter (1939) ausführlich in Abschnitt D. The Role of Money and Banking in the Process of Evolution, S. 109–123. Darin vermerkt er auf S. 116: „... the banker should know, and be able to judge, what his Kredit is used for and that he should be an independent agent." Und weiter: „... the banker must not only know what the transaction is which he is asked to finance and how it is likely to turn out, but he must also know the costumer, his business, and even his private habits, and get, by frequently „talking things over with him", a clear picture of his situation. But if banks, whether technically so called or not, finance innovation, all this becomes immesurably more important." Und schließlich warnt er davor, dass ohne eine kritische, überprüfende und warnende Bankenbegleitung die Geschichte der kapitalistischen Entwicklung in eine Geschichte von Katastrophen münden kann, vgl. Schumpeter (1939, S. 117).

Heute wird die Kreditfinanzierung, die Geldschöpfung aus dem Nichts, mitunter kritisch gesehen, etwa bei den Anhängern des Vollgelds in der Schweiz. Interessant sind hier Schumpeters positive Bemerkungen zur Kreditfinanzierung von John Law, die Frankreich Anfang des 18. Jahrhunderts in eine langjährige Wirtschaftskrise stürzt: „The trouble with John Law was not that he created means of payment *in vacuo,* but that he used them for purposes which have failed to succeed." Entscheidend ist für Schumpeter, dass die Kredite die künftige wirtschaftliche Entwicklung begünstigen und sich rentieren und dass die Geschäftsbanken die Kreditüberwachung sichern.

Auch Harari äußert sich positiv gegenüber der Kreditschöpfung: „Aber Jahrhunderte des realen Wirtschaftswachstums lassen vermuten, dass es sich nicht um einen Betrug handelt, sondern um eine Meisterleistung der menschlichen Fantasie. Banken und damit die ganze Wirtschaft funktionieren nur, weil wir Vertrauen in die Zukunft haben", vgl. Harari (2013, S. 376). Minsky weist allerdings darauf hin, dass bei der Kreditschöpfung Quantität in Qualität umschlagen kann. Die Fremdfinanzierung kann einen Grad erreichen, wo sie die wirtschaftliche Entwicklung dauerhaft belastet und die Wirtschaft in die Instabilität führt.

Die Kreditschöpfung ist ein Privileg der Privatbanken. Es ist, wie das Harari-Beispiel zur Kreditschöpfung uns gezeigt hat, die eigentliche Basis für sie gewesen, Gewinne zu erwirtschaften. Allerdings ist die Vergünstigung ursprünglich nicht kostenlos: Sie müssen als Preis die Kreditüberwachung sowie die Risiken übernehmen, wenn die Kreditvergabe zu Verlusten führt. Die Kreditüberwachung ist teuer, denn hierfür müssen die Banken Experten einstellen, die die zu finanzierenden Projekte evaluieren können. Erweisen sich nachträglich finanzierte Projekte als unrentabel, dann drohen den Banken Verluste und damit können erheblich Gewinneinbußen verbunden sein. Privatbanken sind hier in neuerer Zeit äußerst innovativ. Sie kreieren neue Finanzprodukte, mit denen sie sich ihrer Kreditüberwachung entledigen und ihre Risiken an Dritte weiter verkaufen können. Die Produkte sind komplex. Der Anbieter kennt das Produkt, wohingegen sich der Käufer oft auf den Rat von Experten verlassen muss. Es liegt hier also eine asymmetrische Information vor. Aber selbst Experten durchschauen mitunter nicht die volle Qualität der Produkte, wie es sich in der jüngsten Finanzkrise bei den Ratingagenturen gezeigt hat. Es stellt sich die Frage, ob die Privatbanken mit ihren Innovationen nicht die Büchse der Pandora geöffnet und den Weg zu einem entfesselten Kapitalismus gebahnt haben.

Der andauernde Innovationsprozess ist letztendlich der entscheidende Faktor für das Wirtschaftswachstum, für die wirtschaftliche Entwicklung. Er bestimmt das Wachstum des Güterangebots in einem Wirtschaftsprozess, in dem ständig Altes durch Neues ersetzt wird. Es wird begleitet von Kreditströmen, die zusätzlich neben den Geldströmen in der Wirtschaft fließen. Zu den Kreditströmen führt Schumpeter (1939, S. 114), aus: „The loans to entrepreneurs need not – not entirely, at least – be repaid, but can be, and often are, renewed in such a way as to make the corresponding amount of means of payment permanently, or at all events indefinitely, part of circulating medium."

Minsky nimmt Schumpeters Gedanken zu Kreditströmen auf und erörtert, wie eine unkontrollierte Kreditfinanzierung zur Instabilität der Ökonomie führt. Wir diskutieren die Vorstellung von Schumpeter und Minsky im Lichte aktueller Entwicklungen im Abschn. 4.5 „Privatbanken: Eigenkapitalquote, Geschäfte, Risiken und Regulierung" und im Abschn. 4.6 „Fremdfinanzierung und Risiken: Gute Zeiten und schlechte Zeiten".

2.8 Ökonomische Instabilität durch dominanten Finanzmarkt (Minsky)

Schumpeter (1939) beschreibt in seinem Buch „Business Cycles" wie das kapitalistische Marktsystem die ökonomische Entwicklung vorantreibt, und zwar im Kapitel III „How the Economic System Generates Evolution", S. 72–129. Der darin entscheidende Faktor ist die Innovation. Sie ist in der kapitalistischen Marktwirtschaft die zentrale Schubkraft für den Wandel in ökonomischen Prozessen. Die Innovation zerstört die alte Produktionsweise und lässt neue entstehen. Die Innovation verdrängt also alte Produktionsformen durch neue, denn sie haben aus Sicht der Unternehmen den Vorteil, dass sie die Produktionskosten erheblich sinken und die Gewinne drastisch steigen lassen können.

Schumpeters Ausführungen zur Innovation sind eng verbunden mit dem Gütermarkt. Minsky (1986) erweitert die Schumpeterschen Vorstellungen. Er weist auf die enormen Innovationskräfte auf dem Finanzmarkt, die diesen in jüngster Zeit zum beherrschenden Markt im kapitalistischen System gemacht haben [Finanzwirtschaftliche Revolution].

Die Geschäftsbanken schwächen die Kreditüberwachung ab. Sie vermarkten Krediten. Neue Märkte und neue Finanzierungsströme entstehen. Damit wächst die Bedeutung des Finanzmarktes und der Geschäftsbanken, die die Ausweitung der Kredite und damit die Fremdfinanzierung stimulieren. Einmal gewährte Kredite werden nicht mehr vollständig getilgt und zu den alten kommen neue hinzu und so nehmen die Fremdfinanzierung und das Risiko ständig zu.

Minsky hat das Keynesianische Kreislaufmodell erweitert. Die Erweiterung stützt sich auf den Schumpeterschen Ansatz zur Wirtschaftlichen Entwicklung und geht ausführlich auf die Geschäftsbanken ein. Der Abschn. 3.2 *„Grundzüge der Minskyschen Makroökonomie"* beschreibt den Ansatz von Minsky und der Abschn. 4.1 *„Zinsen Z: Ihr Effekt auf die Π- I-Dynamik, auf Ungleichheit und auf die künftige Zentralbankpolitik"* erweitert Minskys formalen Ansatz.

Minsky beschreibt die Ausweitung der Verschuldung als Ponzi-Finanzierung und als besonders riskant. Sie lässt die Kreditforderung und die Verschuldung steigen und das weiterhin auch nach der Finanzkrise von 2007. Wie wir noch sehen werden, sind die Privatbanken innovativ und gestalten Finanzmittel in vielfältiger Weise aus und kreieren dafür Märkte. Aber eins bleibt beim Alten: die Kreditforderung und der Schuldenstand wachsen. Sie belasten die Kreislaufwirtschaft. Und neben diese tritt ein umfangreicher

Handel mit Kreditpapieren aus Altbeständen; zu dieser Bestandswirtschaft hinzuzurechnen ist ein Großteil des Immobilien-, des Kunst- und des Aktienmarktes.

Minsky stellt 1986 die längerfristige Stabilität der Marktwirtschaft grundsätzlich infrage. In seinem Ansatz spielen die Geschäftsbanken eine wesentliche Rolle. Sie überschreiten die Grenze, die nach Schumpeter die Stabilität der kapitalistischen Wirtschaft gefährden kann. Denn sie treiben mit ihrer unkontrollierten ausufernden Kreditpolitik die Ökonomie in die Instabilität. Die Schulden steigen und damit die Gefahr der Insolvenz im Privaten als auch im Staatlichen Bereich und damit die Risiken. Die Instabilität und die Krisenanfälligkeit wachsen. Und gleich zu Anfang des 21. Jahrhunderts erschüttert 2007 die Immobilien- und Finanzkrise die Welt.

Minsky hat bereits 1986 beschrieben, wie die Wirtschaft instabiler und krisenanfälliger wird. Was für ein Kontrast zum Nobelpreisträger R. Lucas, der 2003 noch kurz vor der Krise in seiner Präsidentenansprach vor renommierten Ökonomen seine Zunft gepriesen hat, dass sie nun die Konjunkturschwankungen im Begriff habe, in den Worten von R. Lucas the „central problem of depression-prevention has been solved." Wir werden hierauf im Zusammenhang mit den kritischen Bemerkungen Romers in seinem Aufsatz (2016) „The Trouble with Macroeconomics" später im methodischen Teil 4.10 *„Wirtschaftsabläufe und ihre Analysen"* eingehen, wo er die Neuen Keynesianischen Modelle, eine Synthese von Keynesianischen und Neoklassischen Ideen, heftig kritisiert, vgl. auch The Economist (2016e), The emperor's new paunch, No holds are barred in Paul Romer's latest assault on macroeconomics, und The Economist (2018a), Economists still lack a proper understanding of business cycles.

Bemerkenswert ist es, dass nun nach der Krise die Zeitschrift „The Economist" Minskys Ausführungen zur Instabilität neben dem Keynesianischen Multipikator als einer der sechs großen Ideen in der jüngeren ökonomischen Literatur ansieht, vgl. The Economist (2016c), July 23rd, Financial stability, Minsky's moment, 52–53.

2.9 Wachstumsschwäche und soziale Ungleichheit

Die Kreditnehmer zu überwachen kostet die Geschäftsbanken Geld. Sie sind erfinderisch. Sie kreieren verbriefte Schuldverschreibungen und schaffen dafür Märkte. Sie schlagen damit mehrere Fliegen mit einer Klappe. Sie sparen Geld für die Kreditüberwachung, verdienen Geld mit dem Handel neuer Papiere und entledigen sich Risiken. Kein Wunder, dass die Finanzmärkte Ende des 20. und Anfang des 21. Jahrhunderts boomen. Die Londoner City und die Wall Street erleben einen enormen Aufschwung. Die Finanzsektoren in England und in den USA wachsen überproportional zu den anderen Sektoren der Volkswirtschaften, insbesondere in England.

Das Geld fließt in Anlagen mit hoher Rendite, die sich aber auch außerhalb des Wirtschaftskreislaufs erzielen lassen. Viel Geld aus der Ersparnis und aus der Kreditgeldschöpfung kommt nicht mehr produktiven Investitionen auf dem Gütermarkt zugute und fehlt damit dem Wirtschaftswachstum. Denn erhebliche Geldbeträge strömen auf

2.9 Wachstumsschwäche und soziale Ungleichheit

den Immobilien- und Kunstmarkt. Die Immobilienpreise und die Mieten steigen, vor allen Dingen in Ballungszentren, und damit die Renditen. Über höhere Mieten wirken die unproduktiven Geldabflüsse zurück auf den Wirtschaftskreislauf. Steigende Mietausgaben schränken bei Mietern die Kaufkraft ein, vor allen Dingen bei einkommensschwachen. Für sie wird bezahlbarer Wohnraum knapp. Vermieter und allgemein Immobilienbesitzer sind die Gewinner. Und sie gehören meist schon zur einkommensstarken Schicht der Bevölkerung. Sie können sich den Kauf von Immobilien leisten und profitieren von ihren Wertsteigerungen und der Mietpreiserhöhung. Damit schwächt der Geldstrom hin zum Immobilienmarkt die Produktivkräfte auf dem Gütermarkt und verschärft die soziale Ungleichheit.

Nach R. Gordon (2016), „The Rise and Fall of the American Growth", ist die Wachstumsschwäche, die er in seiner umfangreichen und langen historischen Studie von 1750 bis heute für den aktuellen Zeitraum von 1970 bis 2014 ausweist, auf die nachlassende Wirkung der Innovation und des technischen Fortschritts auf das ökonomische Wachstum zurückzuführen. Die Grafik „Where's the tech?" im The Economist (2016a) Ist ein beredtes Zeugnis für die Wachstumsschwäche. Danach fällt beispielsweise in Japan, Frankreich und Deutschland die jährliche Wachstumsrate der Arbeitsproduktivität im Zeitraum von 1970–1996 bis 2004–2014 von fast 3 % auf 1 %, vgl. The Economist, There are more explanations than solutions for the productivity slowdown (2016a) Auf die Wachstumsschwäche werden wir noch ausführlicher in Abschn. 4.8 *„Kapital, Wachstum und Wachstumsschwäche"* zu sprechen kommen.

Einkommen und Vermögen wachsen durch Innovationen. Sie sind nicht nur die Triebfeder für den ökonomischen Wandel, sondern auch die Quelle für die Vermögensakkumulation: „It follows that the bulk of private fortunes is, in capitalist society, directly or indirectly the result of he process of which innovation is the `prime mover`." Schumpeter (1939), S. 106. Und weiter auf Seite 106: „Saving, consistently carried on through generations, could not have been nearly so successful as it was if there had been surpluses, due to innovation, from which to save.".

Die 2015er Forbes-Liste „The World`s Billionaires" ist ein Beleg für die Schumpetersche Hypothese zur Vermögensbildung. Unter den 25 reichsten Menschen sind 13 den „Entrepreneurs" zuzurechnen, darunter sind mit Bill Gates (Microsoft), Larry Ellison (Oracle), Mark Zuckerberg (Facebook) und Larry Page (Google) Innovatoren im engeren Sinne. Die übrigen sind Erben großer Vermögen, die in früheren Jahren „Entrepreneurs" erschaffen haben, wie die vier Geschwister Walton (Wal-Mart) und Liliane Bettencourt (L'Oreal).

Die Marktkräfte des Wettbewerbs sollten theoretisch dafür sorgen, dass eine breitere Teilhabe an den Gewinnen möglich wird und dass schließlich die Gewinne zusammenschrumpfen und verschwinden. Aber es gibt ausgefeilte Abwehrstrategien. Zu den „struggles to conserve the stream of profit" vermerkt Schumpeter (1939) auf Seite 107: „Secrecy regarding processes, patents, judious differentiation of products, advertising, and the like, occionally also agression directed against actual and would-be competitors, are instances of a familiar strategy …".

Hohe Gewinne machen große Vermögen, wie es die Forbes- Listen bestätigen. Die Vermögensveränderung hängt aber nicht nur von den Gewinnen, sondern auch von der Wertsteigerung des Vermögensbestands ab, die über längere Zeit enorm sein kann. Die Ersparnis aus Arbeitseinkommen ist gering. Sie vernachlässigen wir. Denn die Verwendung der Gewinne bestimmt vorwiegend, wie sich die Vermögen fortentwickeln. Gewinne können konsumiert oder gespart werden. Die Ersparnis kann entweder in produktive oder unproduktive Anlagen investiert werden. Für die Bildung von Vermögen ist die Unterscheidung unerheblich. Die Wachstumsrate des Vermögens g_Σ ist $g_\Sigma = p_\Sigma + s_\pi r$. Darin ist p_Σ die Wertsteigerung des Vermögens, s_π die Sparquote aus Gewinnen und r die Anlagerendite, die Volkswirtschaftliche Rendite. Piketty (2013) setzt die Wachstumsrate g_Σ ins Verhältnis zur Wachstumsrate g_Y des Volkseinkommens, um Aussagen zur relativen Vermögensakkumulation machen zu können. Dabei kommt nach Piketty der Relation $r > g_Y$ eine zentrale Bedeutung zu. Auf die Ungleichheit gehen wir ausführlich in Abschn. 4.2 *„Ungleichheit im Einkommen und Vermögen"* und in Abschn. 4.3 *„Piketty zur Ungleichheit"*.

Neben der Dominanz des Finanzmarktes, der zu einer Finanzialisierung der Wirtschaft führt, ist eine zunehmende Bedeutung des Bestandshandels zu konstatieren, der mit seiner inflationären Preisentwicklung für Bestände die Besitzenden begünstigt und so auch die Ungleichheit.

Die Interaktion zwischen Bestandsökonomie und Kreislaufwirtschaft wird für die ökonomische Entwicklung immer bedeutender werden. Die Zentralbanken haben zwar mit ihrer Billigzinspolitik verhindern können, dass die aktuelle Finanzkrise nach 2007 in eine Depression wie zu Anfang des 20. Jahrhunderts abgeglitten ist. Ihre Niedrigzinspolitik hat aber zu einem Immobilienboom mit enormen Preissteigerungen geführt. Jorda et al. zeigen, dass gerade kreditfinanzierte Immobilienpreisanstiege eine Gefahr für den Finanzmarkt und auch für die reale Ökonomie sein können, vgl. Jorda et al. (2015).

2.10 Stabilisierungspolitik der Zentralbanken bei Wachstumsschwäche, Instabilität und Ungleichheit

Die Schumpeterschen Innovation, die sich ursprünglich auf die Produktion und den Gütermarkt bezogen hat, trägt mittlerweile vielfältige Früchte auf dem Finanzmarkt. Träger der Innovationen sind hier die Privatbanken. Sie entwickeln sich von Geschäftsbanken zu Investmentbanken und machen Finanzgeschäfte auf eigene Rechnung. Sie entledigen sich der Risikoüberwachung, die Schumpeter noch für essenziell für eine wirtschaftliche Entwicklung ohne Krisen gehalten hat, und machen das Risiko handelbar, ohne dass die Zentralbanken gestaltend einschreiten. Dadurch entsteht zu dem Risiko aus Fremdfinanzierung noch ein systemisches Risiko, das nur noch von der Gesellschaft getragen werden kann. Der Staat muss verstärkt in den Wirtschaftsprozess eingreifen, um Krisen nicht ausufern zu lassen. Die Interaktion zwischen Staat und Markt nimmt zu, ohne dass der ökonomische Prozess weniger krisenanfälliger wäre. Im Gegenteil: die Instabilität wächst und zudem auch noch die ökonomische Ungleichheit.

Bei Instabilität und Wachstumsschwäche entstehen tendenziell vermehrt Risiken im Kreislaufsystem. Die Stabilisierung übernehmen in erster Linie die Zentralbanken. Sie senken den Zentralbankzinssatz und kaufen massiv Wertpapiere. In der Regel handelt es sich um Staatsanleihen, die sie von Geschäftsbanken, Großanlegern (Pensionsfonds) und auch von Privaten erwerben. Dadurch erhöhen sie die Geldbasis. Die Erhöhung soll die Nachfrage nach Gütern stärken und so deflationären Tendenzen, die das Wirtschaftswachstum lähmen, entgegen wirken und die Inflation begünstigen, die zudem der Entschuldung zugutekommt. Mit der Inflation und der Deflation setzt sich der Abschn. 4.7 „*Inflation und Deflation: Gute Zeiten und schlechte Zeiten*" auseinander.

Auf jeden Fall nehmen Zentralbanken kurzfristig in verstärktem Maße Risiken aus dem Wirtschaftskreislauf. Es muss allerdings offen bleiben, ob damit auch langfristig die Risiken in der Wirtschaft sinken. Eher wird wegen des Moral Hazard Verhaltens das Gegenteil der Fall sein. Das hat aber zur Konsequenz, dass Zentralbanken ihre Stabilisierungspolitik nicht so einfach beenden können. Eine länger andauernde Stabilisierungspolitik begünstigt enorme Geldabflüsse in unproduktive Geldanlagen, speziell in den Immobilienmarkt. Sie treiben dort die Inflation in die Höhe, insbesondere in Ballungszentren. Der Immobilienpreisanstieg und die Mietpreiserhöhung lassen die Ungleichheit im Einkommen und Vermögen wachsen. Die ungewollten Nebeneffekte der Zentralbankstabilisierung sind somit kontraproduktiv und nicht vernachlässigbar. Die Stabilisierungspolitik der Zentralbanken wird tendenziell die Risiken und damit die Instabilität der Wirtschaft erhöhen und sie wird zudem die Ungleichheit vertiefen. Ähnlich wie im Keynesianischen Ansatz springt auch hier der Staat in die Bresche, aber nun verändert er neben den Marktkräften auch noch nachhaltig die Wirtschaftsentwicklung. Anders als bei Keynes ist nicht ersichtlich, wann die Zentralbanken ihre Intervention beenden können, insbesondere nicht die EZB. Denn in der Euro-Zone dürften die Unterschiede zwischen den Volkswirtschaften ein baldiges Ende ausschließen. Auf die Zentralbankpolitik und speziell auf die EZB-Politik gehen der Abschn. 4.11 „*Stabilisierungspolitik in der Post-Keynes Ära*" sowie der Abschn. 4.12 „*Folgen des Wandels und der Stabilisierung: Instabilität und Ungleichheit*" ein.

Riskante Unternehmen sind nicht in vollem Umfang kalkulierbar. Sie sind ergebnisoffen. Sie können scheitern, sie können glücken. Große Erfolge stehen totale Misserfolge gegenüber. Die Zentralbankstabilisierung ist ebenfalls ein ergebnisoffener Prozess, der aber nicht misslingen darf.

2.11 Der Mensch und die Wirtschaft

Der Mensch ist kooperativ, erfinderisch und experimentierfreudig. Seine technischen Fortschritte markieren in der Neuzeit die Dampfmaschine, das Fließband (Koordination von Mensch und Maschine), der Computer und allgemein die IT-Wirtschaft sowie die anstehende Vernetzung der Dinge. Der Mensch wagt viel. Er schöpft, wie uns der Blick in die Geschichte der Wirtschaft zeigt, seine Möglichkeiten aus, ohne sich heute allzu viel um zukünftige Effekte zu scheren. Sicherlich werden sie ihm neue Aufgaben in der Zukunft stellen. Er vertraut aber auf seine Innovationskraft, die ihn bis heute auf seiner Reise ins Ungewisse begleitet hat.

Die folgenden Punkte bilden Marksteine für das Verständnis der modernen Wirtschaft:

- die Kapitalakkumulation und das Wirtschaftswachstum nach Smith sowie die industrielle Revolution mit der Herausbildung der Marktwirtschaft und ihrer Globalisierung
- der Markt und die Marktgesellschaft nach Polanyi
- Güter- und Geldströme im Keynesianischen Kreislaufsystem
- Güter-, Geld-, und Kreditströme sowie Innovationen und Gewinne bei Schumpeter und
- der Finanzmarkt und die Instabilität bei Minsky
- schließlich zunehmend Bestandsgrößen, wie Immobilienbestand, Kreditforderung und Schuldenstand, die mit Stromgrößen interagieren.

Aber die Wirtschaft kann man nicht isoliert von der Gesellschaftsentwicklung sehen. Die Arbeitsteilung, auf seine Bedeutung hat schon A. Smith im 18. Jahrhundert hingewiesen, ist der Grundstein für die enormen Wirtschaftsleistungen in den letzten drei Jahrhunderten. Sie basiert auf der Kooperationsbereitschaft der Menschen. Die Arbeitsteilung hat sich mit dem Handel in der internationalen Arbeitsteilung fortgesetzt, die zu einer Globalisierung der Wirtschaft geführt hat. Schon A. Smith hat auf die Bedeutung der Marktgröße hingewiesen. Denn die Größe fördert die Arbeitsteilung und damit die Produktivität und steigert die Gewinne, wir werden das noch an dem Beispiel „iPhone" sehen. Und die Größe des Marktes, sei es für die Entwicklung, die Produktion oder den Absatz, nutzen die Unternehmen, um Gewinne zu erzielen, vor allen Dingen innovative Unternehmen. Und die Statistiken zeigen, dass sie zu erheblichen Ungleichheiten führen können. Auf der einen Seite zu immensem Reichtum und auf der anderen Seite zu Arbeitslosigkeit mit prekären Lebensbedingungen. Es gibt also in dieser Entwicklung große Gewinner und große Verlierer. Die Letzteren sind auf staatliche Unterstützung angewiesen.

Die Grundlage der bisher fruchtbaren Arbeitsteilung ist die Kooperation zwischen Menschen mit ganz unterschiedlichen Talenten und sehr verschiedener Ausbildung. Nach Tomasello (2010) zeigt sich, wie wir wissen, die Neigung des Menschen zu kooperieren schon im Kleinkindalter. Es stellt sich allerdings die Frage angesichts der Unzufriedenheit der Verlierer, ob die Kooperation in der Globalisierung nicht überstrapaziert wird. Und die in der politischen Sphäre verstärkt auftretende ablehnende Haltung gegenüber dem Markt und seinen Ergebnissen machen deutlich, dass die von Polanyi herausgestellte gesellschaftliche Dichotomie zwischen Markt und Politik höchst aktuell ist.

Der gesellschaftliche Widerspruch lässt sich nicht allein dadurch lösen, dass der Staat bei Marktversagen in die Bresche springt. Seinerzeit ist das mit dem Keynesianischen Konzept geglückt. Der jetzigen Zentralbankintervention fehlt ein schlüssiges Konzept und daher kann sie scheitern. Ähnlich drückt es The Economist aus: „A compelling new paradigm seems a distant prospect", vgl. The Economist (2018a). Die Politik muss sich ähnlich innovativ zeigen wie die Wirtschaft, vor allen Dingen auf globaler Ebene. Sie müsste mit tragfähigen Konzepten die Menschen überzeugen und ihnen Zuversicht geben. Dies ist insbesondere in der EU nötig, wenn sie weiter zusammenwachsen soll. Aber möglicherweise ist die Politik zu sehr gefangen von nationalen Vorstellungen, die über Jahrhunderte große Gesellschaften, Nationen, haben entstehen lassen, in den Worten von Y. Harari (2013), S. 132–133: „Als die landwirtschaftliche Revolution die Möglichkeit zur Gründung überfüllter Städte und mächtiger Weltreiche eröffnete, erfanden die Menschen Götter, Vaterländer und Aktiengesellschaften und schufen damit den nötigen gesellschaftlichen Kitt.".

Mit den Marksteinen, der staatlichen Stabilisierung und der Dichotomie zwischen Markt und Politik werden wir uns im Folgenden ausführlicher beschäftigen. Dabei werden wir die Kooperationsbereitschaft der Menschen, Ihr gegenseitiges Vertrauen, das in funktionierenden Märkten zum Ausdruck kommt, und ihr Vertrauen in die Zukunft nicht aus den Augen lassen.

2.12 Zusammenfassung

Die Wirtschaft transformiert sich ständig: Von der landwirtschaftlichen zur industriellen Revolution, von der Bodennutzung zur Kapitalakkumulation, von der Tauschwirtschaft zur Marktwirtschaft mit Kreditgeldschöpfung. Heutzutage dominiert die Finanzwirtschaft mit ihrer sich ständig ausweitenden Fremdfinanzierung die Wirtschaft und macht diese instabil. Innovationen tragen verstärkt den wirtschaftlichen Entwicklungsprozess und verschaffen innovativen Unternehmern in kurzer Zeit enormen Reichtum. Der Wandel gefährdet die Stabilität.

Tragende theoretische Konzepte der Ökonomie wie Gleichgewicht, Preis- und Wettbewerbsmechanismen werden fragwürdig. Die Wirtschaft ist instabil und Gewinnerwartungen, die schon immer zentral in ökonomischen Prozessen gewesen sind, dominieren zunehmend das Wirtschaftsgeschehen. Um die instabile Wirtschaft zu stabilisieren, müssen aktuell Zentralbanken profitable Rahmenbedingungen schaffen. Dazu senken sie die Finanzierungskosten und übernehmen massiv Marktrisiken. Ihre Stabilisierungsmaßnahmen verbessern die Gewinnsituation für Unternehmer und vergrößern die soziale Ungleichheit, die zu enormen Spannungen zwischen Gesellschaft und Markt führen kann.

Literatur

Akerlof, G.A.: The Market for „Lemons": Quality Uncertainty and the Market Mechanism, The Quaterly Journal of Economics, 84, (1970), 488–500

Burda, M. C., Wyplosz Ch.: Makroökonomie, Eine europäische Perspektive, München (2009)

Friedman, M.: The Social Responsibility of Business is to Increase its Profits, New York Times Magazine September 13 (1970), 211–214

Gordon, R. J.: The Rise and Fall of American Growth, Princeton (2016)

Harari, Y. N.: Eine kurze Geschichte der Menschheit, München (2013)

Jordà, O., Schularick, M., Taylor, A.M.: Leveraged Bubbles, National Bureau of Economic Research June 2015, 1–38

Keynes, J.M.: The General Theory of Employment, Interest,and Money, New York (1936)

Milanovic, B.: Global Inequality, A New Approach for the Age of Globalization, London (2016)

Minsky, H.P.: Stabilizing an Unstable Economy, Yale (1986)

Piketty, T.: Le capital au XXIe siècle, Paris (2013)

Polanyi, K.: The Great Transformation (1944), Deutsche Fassung Wien (1978)

Rodrik, D.: Das Globalisierungsparadox, München (2011)

Romer, P.: The Trouble with Macroeconomics (2016)

Rousseau, J.-J.: Discours sur l'origine et les fondements de l'inégalité parmi les hommes, Paris (1992)

Scheidel, W.: The Great Leveler, Violence and the History of Inequality from the Stone Age to the Twenty-First Century, Princeton (2017)

Schumpeter, J. A.: Business Cycles, A Theoretical, Historical, and Statistical Analysis of the Capitalist Process, New York (1939)

Scott, J. S.: Against the Grain, Yale (2017)

Smith, A.: The Wealth of Nations (1776), in A. Skinner (editor), Harmondsworth (1970)

Solow R. M.: Technical Change And the Aggregate Production Function, The Review of Economics and Statistics, Vol. 39 (1957), 312–320

Tomasello, M.: Warum wir kooperieren, Berlin (2010)

The Economist: Special Report: The Third Industrial Revolution, April 21th 2012, 3–18

The Economist: There are More Explanations than Solutions for the Productivity Slowdown, June 4th 2016a, 68

The Economist: Information Asymmetry, Secrets And Agents, July 23rd 2016b, 52–53

The Economist: Financial Stability, Minsky's Moment, July 30th 2016c, 52–53

The Economist: Special Reports: Companies, The Rise of the Superstars, September 17th 2016d, 1–16

The Economist: The Emperor's New Paunch, No Holds are Barred in Paul Romer's Latest Assault on Macroeconomics, September 24th 2016e, 68

The Economist: Economists still Lack a Proper Understanding of Business Cycles, April 21st 2018a, 66

The Economist: Toast before Tillage, July 21th 2018b, 65

The Economist: Rousseau, Marx and Nietzsche, The Prophets of Illiberal Progress, September 8th 2018c, 55–56

Zweig, St.: Sternstunden der Menschheit, Frankfurt am Main (1964)

Keynes' und Minskys Makroökonomik

Zusammenfassung

In dem neuartigen ökonomischen Denkmuster Minskys spielen anders als im keynesianisch geprägten ISLM-Modell Gewinne, Privatbanken und die Fremdfinanzierung eine zentrale Rolle. Minsky ersetzt die keynesianische Beziehung zwischen Investition und Sparen durch die auf die Zukunft orientierte Interdependenz zwischen Investition und Gewinn. Auf Gewinne sind letztendlich die ökonomischen Aktivitäten in der kapitalistischen Marktwirtschaft ausgerichtet. In guten Zeiten erhöht darin die Fremdfinanzierung über ihre Hebelwirkung die Gewinnchancen drastisch, aber in schlechten Zeiten das Verlustrisiko eher noch drastischer. Sie vergrößert die wirtschaftlichen Risiken und macht den Wirtschaftsprozess immanent instabil. Und Privatbanken treiben die Fremdfinanzierung voran. Der Wandel im Wirtschaftsgeschehen geht einher mit dem Wandel in der staatlichen Stabilisierung. Die keynesianische Konjunkturstabilisierung fördert mit ihren permanenten Defiziten die Fremdfinanzierung und damit die Instabilität und begünstigt mit der Akkumulation von Forderungen und mit den daraus erwachsenden Zinszahlungen die Ungleichheit. Die keynesianische Fiskalpolitik hat sich durch ihre Verschuldung selbst wirkungslos gemacht und hat zusammen mit den Privatbanken den Schwerpunkt von der realen Ökonomie auf den Finanzmarkt verschoben. Als Hauptakteur zur Stabilisierung verbleibt die weniger effektive Zentralbank.

3.1 Grundzüge der Keynesianischen Makroökonomik

3.1.1 Grundkonzeption

Die Makroökonomie vereinfacht und erweitert zugleich. Vereinfachungen helfen, zum Kern ökonomischer Prozesse auf aggregierter Ebene vorzustoßen und Erweiterungen ihn umfassender zu analysieren. Die makroökonomische Theorie löst sich von der Vielzahl der Gütermärkte und fasst gedanklich alle Güter und Dienstleistungen zu einem Gut zusammen, das auf einem einzigen Markt gehandelt wird. Dabei unterstellt sie, dass für das Gut Angebot- und Nachfragefunktion existieren und dass auch der Preismechanismus aus Überangebot und Übernachfrage funktioniert. Sie konstruiert somit einen Markt auf Makroebene, wie ihn die Mikrotheorie aus dem Nutzen- und Gewinnkalkül hergeleitet hat. In derselben Weise generiert sie den Arbeits-, den Finanz- und den Geldmarkt und betrachtet auf diesen Märkten, wie sich ökonomische Variablen wie der Konsum der Haushalte, die Produktion und Investition der Unternehmer wechselseitig beeinflussen. Neben Haushalten und Unternehmen treten zusätzlich als Akteure der Staat, die Zentralbank und das Ausland auf. Zu den Unternehmen zählen Privatbanken, die wie IT-Unternehmen ihre Güter und Dienstleistungen anbieten. Ihr Angebot umfasst Neuemissionen wie Anleihen, Aktien und Derivate sowie Dienstleistungen wie die Vermögensverwaltung reicher Bankkunden. Privatbanken sind Hauptakteure auf dem Finanzmarkt.

Der Staat greift in das Marktgeschehen ein. Er besteuert Einkommen und Umsätze. Aus dem Steueraufkommen finanziert er Transferzahlungen an Haushalte in prekären Lebensumständen – Bestandteil seiner Sozialpolitik – und Subventionen an Unternehmen in schwieriger Umbruchsituation oder mit vielversprechender Innovationskraft – Bestandteil seiner Wirtschaftspolitik. Weitere Ausgaben betreffen, grob gesprochen, die Bildung sowie die Innere und Äußere Sicherheit. EU-Mitgliedsländer finanzieren zudem noch den EU-Haushalt. Das Steueraufkommen reicht meist nicht für die gesamten staatlichen Ausgaben. Daher nimmt er zusätzliches Geld auf dem Finanzmarkt auf. Er verschuldet sich. Er rechtfertigt seine Verschuldungspolitik mit seinen Investitionen, die künftigen Generationen zugute kommen und neuerdings hauptsächlich mit den positiven Effekten, die seine „Deficit-Spending-Politik" für die Beschäftigung und für das Wachstum hat. Diese Ausgabenpolitik firmiert oft unter dem Namen Keynes. Hierauf werden wir in dem neoklassischen ISLM-Modell und in Minskys ökonomischem Konzept näher eingehen.

Die Zentralbank schleust über das Private Bankensystem Geld in die Wirtschaft. Diese bilden den Transmissionskanal, durch den Zentralbankgeld in die Wirtschaft fließt. Gegen bestimmte Sicherheiten gewährt die Zentralbank Privatbanken Geld zu dem Zentralbankzinssatz, den sie nach gesamtwirtschaftlichen Zielsetzungen variiert. Auch die Sicherheitsanforderungen passt sie ihren gesamtwirtschaftlichen Zielen an. Das Zentralbankgeld geben Privatbanken zum einen als Kredite zur Finanzierung von

3.1 Grundzüge der Keynesianischen Makroökonomik

Investitionen an Unternehmen weiter und zum anderen legen sie es gewinnbringend in Finanzinvestitionen an, sei es dass sie damit Staats- oder Unternehmensanleihen kaufen oder Privathaushalten Konsumentenkredite oder Immobiliendarlehen gewähren oder dass sie damit Aktien oder Kreditabsicherungspapiere wie „Credit Default Swaps" erwerben. Die Privatbanken profitieren dabei von ihrem *Privileg*, Zentralbankgeld in die Wirtschaft schleusen zu können. Sie verdienen an jedem Euro, an jedem Dollar und an jedem Yen, den sie ins Wirtschaftssystem fließen lassen können.

Den Geldumlauf in der Wirtschaft kontrolliert die Zentralbank nicht direkt. Sie kann den Geldfluss von ihr über die Privatbanken in die Wirtschaft nur indirekt steuern. Zur Steuerung der Geldnachfrage der Banken ändert sie ihre Zentralbankzinssätze und auch ihre Sicherheitsanforderungen. In Krisenzeiten, wie in der jüngsten Rezession, kauft sie Immobilienpapiere und Staatsanleihen, leiht Geld zu niedrigen Zentralbankzinssätzen aus und senkt dabei die geforderten Sicherheitseinlagen. In erster Linie geht es ihr darum, Risiken, die auf der Wirtschaft lasten, zu übernehmen und reale Investitionen anzuschieben. Meist ist die Zentralbank unabhängig, zumindest formal, und ist gesamtwirtschaftlichen Zielen verpflichtet. Die amerikanische Zentralbank Fed beispielsweise hat für Preisstabilität, Wachstum und das Funktionieren des amerikanischen Bankensystems zu sorgen. Weniger umfassend ist die Zielsetzung der Europäischen Zentralbank EZB, deren vornehmliches Ziel die Sicherung der Preisstabilität im Euro-Raum ist. Aber auch sie sieht sich verpflichtet. für das Funktionieren des Finanzmarktes zu sorgen und den Euro zu verteidigen. Und so kauft auch sie Staatsanleihen auf dem Finanzmarkt. Es soll den finanziellen Druck von Staaten mit hoher Fremdfinanzierung nehmen und ihnen Zeit verschaffen, ihre Wirtschaft umzustrukturieren.

Ähnlich wie die Mikroökonomie postuliert die klassische Makroökonomie ebenfalls Gleichgewicht auf den Märkten. Angesichts der Weltwirtschaftskrisen zu Beginn des vorangegangenen Jahrhunderts mit hoher Arbeitslosigkeit und galoppierender Inflation in Deutschland und Deflation in den USA hat das Gleichgewichtspostulat erheblich an Glaubwürdigkeit eingebüßt. Keynes (1936) weist darauf hin, dass eine Unterbeschäftigung länger andauern kann. Keynes Ausführungen haben Anstoß gegeben zu dem neoklassischen Hicks-Hansen-ISLM-Modell; John Richard Hicks (1904–1989) ein britischer Ökonom und Alvin Harvey Hansen (1887–1975) ein amerikanischer Ökonom.

Danach kann die Wirtschaft in einem Unterbeschäftigungsgleichgewicht verharren, und die internen Marktkräfte – Preismechanismus und Wettbewerb – reichen nicht aus, um sie ausreichend schnell in ein allgemeines Gleichgewicht zurückzubringen. Von *außen* muss der nötige Anstoß erfolgen. Das ist das Fundament des Keynesianischen Staatsinterventionismus, der allerdings infolge einer permanenten „Deficit-Spending-Policy" zur Staatsschuldenkrise führt und die Instabilität des Finanzmarktes verstärkt.

Um einen Einstieg in das ISLM-Modell zu finden, folgen wir der Sichtweise Keynes' in seinem makroökonomischen Kreislaufansatz. Gemäß seiner „General Theory of Employment, Interest, and Money" produzieren Unternehmer mit N Arbeitskräften Y Güter. Davon fragen Haushalte C Konsumgüter nach. Kennen die Unternehmer die Konsumnachfrage C, dann können sie gerade so viel Investitionsgüter I herstellen, dass die Gesamtnachfrage C + I gleich ihrer Produktion Y ist. Die Pläne der Unternehmer und der Haushalte kommen somit auf dem Gütermarkt zum Ausgleich. Und der Teil, den die Haushalte nicht konsumieren, ist gleich den Investitionen I der Unternehmen, d. h. I = S, der Ersparnis.

Den gehandelten Gütern Y, dem Warenstrom, entspricht ein Geldeinkommen Y, einem Geldfluss, und dem Nichtkonsum die Ersparnis S, die die Haushalte in Finanztitel anlegen können. Dabei stehen sie vor der Entscheidung, ihr Geld längerfristig rentabel anzulegen oder es in liquider Form zu halten und so jederzeit für unvorhergesehene Ereignisse gewappnet zu sein. Formal erfasst Keynes diesen Sachverhalt in Form der Liquiditätsfunktion $L_2(i)$, die ein Bestandteil der Haushaltsnachfrage auf dem Geldmarkt ist. Je höher der Marktzinssatz i für Finanztitel ist, desto mehr fragen Haushalte davon nach und desto weniger Geld halten sie folglich zur Vorsorge in liquider Form. Zudem fragen Haushalte Geld nach, um ihre Käufe zu tätigen. Je höher ihr Einkommen Y ist, desto mehr Geld fragen sie für den Kauf von Gütern nach. Diese Nachfrage erfasst nach Keynes die Transaktionskasse $L_1(Y)$. Zusammen mit der Spekulationskasse $L_2(i)$ bildet sie die Gesamtnachfrage der Haushalte nach Geld, der das Geldangebot M der Zentralbank gegenüber steht. Die Privatbanken bleiben dabei außen vor.

Fällt die Produktion Y unter das Vollbeschäftigungsniveau Y_v, dann entsteht auf dem Arbeitsmarkt eine Unterbeschäftigung mit Arbeitslosigkeit. Der Staat kann dann eingreifen, um die Produktion Y wieder auf das Vollbeschäftigungsniveau Y_v zurückzuführen und dadurch die Arbeitslosigkeit zu beseitigen.

Schauen wir uns nun das ISLM-Modell näher an. Es beschreibt den Güter- und den Geldmarkt, illustriert die Wirkungsweise beider Märkte und zeigt auf, wie beide ineinander greifen und wie die Staatsinterventionen wirken. Beginnen wir mit dem Gütermarkt und der sogenannten IS-Kurve, die das Gleichgewicht auf diesem Markt wiedergibt. Dabei klammern wir vorerst das Ausland aus, wir betrachten eine sogenannte geschlossene Volkswirtschaft, und zwar mit Staatsaktivität.

3.1.2 Gütermarkt und Gleichgewichtskurve IS im ISLM-Modell

Haushalte fragen Güter zum Konsumieren nach, die Konsumgüter C, Unternehmen Investitionsgüter I und der Staat fragt Güter nach beispielsweise zur Gewährleistung der Inneren und Äußeren Sicherheit, den Staatsverbrauch G. Im Gleichgewicht ist die volkswirtschaftliche Gesamtnachfrage gleich der Güterproduktion der Unternehmen, dem Güterangebot Y:

$$Y = C + I + G \quad \text{[Gleichgewicht auf dem Gütermarkt]}. \qquad (3.1)$$

Gl. 3.1 hält somit das Gleichgewicht auf dem Gütermarkt fest. Die Ausgaben für die Güter stellen zugleich Einnahmen dar, hier in der Makroökonomie das volkswirtschaftliche Einkommen. Daraus ergibt sich das verfügbare Einkommen der Haushalte Yv

3.1 Grundzüge der Keynesianischen Makroökonomik

nach Zahlung der Einkommensteuer T(Y) und nach Empfang der staatlichen Transferzahlung Tr:

$$Yv = Y - T(Y) + Tr \quad \text{[Definition]}. \tag{3.2}$$

Das verfügbare Einkommen Yv bestimmt den Konsum und der Marktzinssatz i die Investition:

$$C = C(Y - T(Y) + Tr) = C(Yv) \quad \text{[Konsumverhalten]} \tag{3.3}$$

und

$$I = I(i) \quad \text{[Investitionsverhalten]}. \tag{3.4}$$

Die Konsumfunktion $C = C(Y)$ erfasst die Konsumneigung der Haushalte. Von einem zusätzlichen Einkommen wird ein Teil ausgegeben und der andere gespart. Demnach liegt die Konsumneigung zwischen 0 und 1. Entsprechendes gilt für die Sparneigung. Ein Beispiel für eine Konsumfunktion ist die lineare Funktion $C = b + cY$, worin c die Konsumneigung ist, $0 < c < 1$.

Zu dem Zinssatz i können Unternehmen Kredite auf dem Finanzmarkt aufnehmen, um ihre Investitionen zu finanzieren. Der Zinssatz i ist ein wesentlicher Kostenbestandteil in der Fremdfinanzierung der Investitionen. Mit sinkendem Zinssatz i werden immer mehr Investitionsprojekte rentabel, d. h. mit sinkendem Marktzinssatz i steigen die Investitionen I. Unternehmen investieren, wenn die erwartete Rentabilität von Investitionsprojekten größer als der Marktzinssatz ist, genauer größer als der Marktzinssatz plus Risikozuschlag, der wegen der künftigen Unsicherheit eingepreist wird. Die *Konstellation zwischen Rendite, Marktzinssatz und Risikoaufschlag* bestimmt nach Keynes die wirtschaftliche Dynamik entscheidend mit. Der statische ISLM-Ansatz lässt diese Konstellation, die sich im Laufe der Zeit stark ändern kann, außer Betracht und konzentriert sich *vereinfachend* auf den Marktzinssatz i.

Das verfügbare Einkommen Yv verwenden die Haushalte zum Kauf von Gütern C und das Resteinkommen sparen sie. Somit sind die Ersparnisse S und der Konsum C ebenfalls gleich dem Einkommen Yv:

$$Yv = C + S. \tag{3.5}$$

Ersetzen wir in Gl. 3.5 Yv gemäß Gl. 3.2 durch $Y - T(Y) + Tr$ dann erhalten wir nach Umformung eine zentrale makroökonomische Beziehung, und zwar

$$I(i) + Df = S(Y) \quad \text{[Gleichgewicht auf dem Gütermarkt]} \tag{3.6}$$

worin

$$Df = G + Tr - T(Y) \tag{3.7}$$

das Staatsdefizit ist. Lassen wir der Einfachheit halber das Staatsdefizit Df außer Betracht, so besagt Gl. 3.6, dass im Gütermarktgleichgewicht die Investitionen I der Unternehmen gleich den Ersparnissen S der Haushalte ist, die das Resultat ihrer

Konsumpläne sind. Diese Gleichgewichtsaussage ist erstaunlich, ist doch der Konsum auf die Gegenwart gerichtet, wohingegen die Investition in die Zukunft.

Betrachtet man die Gl. 3.6 *isoliert,* dann könnte man zu dem Schluss kommen, dass verstärktes Sparen zu höheren Investitionen führt. In dem nachfragebestimmten *interdependenten* ISLM Modell ist aber, wie wir gleich bei der Herleitung der IS-Kurve sehen werden, das Gegenteil der Fall. Auf dieses „paradox of thrift" weist Krugman (2012) hin und er betont gerne, dass „your spending is my income, and my spending is your income" (2012, S. 28). Sparen hilft in der Tat bei einer Unterbeschäftigung nicht weiter, denn ein verstärktes Sparen senkt den Konsum C und nach Gl. 3.1 die Gesamtnachfrage und damit das Gesamteinkommen Y und wegen der sinkenden Produktion auch die Nachfrage nach Arbeitskräften N. Die eigentliche Antriebsfeder zum Investieren sind nach Keynes die künftig erwarteten Gewinnströme, die ganz wesentlich von der oben angesprochenen Konstellation von Rentabilität, Marktzinssatz und Risikoaufschlag abhängt. Hierauf gehen wir noch später ausführlich ein.

Schauen wir uns näher an, bei welchen Einkommen Y (=Güterangebot) und bei welchen Zinssätzen i die Gleichheit $I(i) = S(Y)$ gilt und leiten so die Gleichgewichtskurve IS auf dem Gütermarkt in einem (i,Y)-Diagramm her.

Haushalte planen bei höheren Einkommen Y höhere Ersparnisse S. Unternehmen planen bei niedrigeren Zinssätzen i mehr zu investieren. Je niedriger die Fremdfinanzierungskosten, hier erfasst durch den Marktzinssatz i, desto mehr Investitionsprojekte werden rentabel und desto größer sind die Investitionspläne I der Unternehmen. Bei höherem Einkommen Y und niedrigem Zinssatz i sowie bei niedrigem Einkommen Y und hohem Zinssatz i stimmen somit die Pläne der Haushalte und Unternehmen überein. Demnach hat die Gleichgewichtskurve im (i,Y)-Diagramm eine negative Steigung. In Abb. 3.2 sind zwei IS-Kurven eingezeichnet, die im Exkurs „Herleitung der Gleichgewichtskurve IS" hergeleitet sind.

Die gestrichelte IS-Kurve hat in Abb. 3.2 eine größere negative Steigung als die durchgezogene IS-Kurve. Das stärkere Gefälle rührt von einer Situation her, wo die Investitionen $I(i)$ geringer auf Änderungen der Zinssätze i reagieren. Diese schwache Zinsreagibilität der Investitionen ist auf Umstände zurückzuführen, wo die Rentabilität von Investitionsprojekten niedrig und das Gewinnrisiko hoch ist, wie beispielsweise in der jüngsten Wirtschaftskrise. Geht die Reagibilität gegen Null, dann fällt die IS-Kurve immer steiler ab und geht in der Grenze in eine Senkrechte über.

Bei dieser Konstellation steckt die Wirtschaft in der sogenannten *Investitionsfalle.* Bei Arbeitslosigkeit fruchtet die Zentralbankpolitik nicht mehr, die auf eine Senkung des Marktzinssatzes i abzielt. Sie kann dann nicht mehr über niedrige ZB-Zinssätze auf eine Senkung der Marktzinssätze i hinwirken, um die Investition $I(i)$ und damit die Produktion Y und die Nachfrage nach Arbeitskräften N anzukurbeln. In diese Situation rutscht die Marktwirtschaft typischerweise in Krisen.

Ein Anstieg der Sparneigung in der Sparfunktion $S(Y)$ hat eine ähnliche Wirkung wie eine Senkung der Zinsreagibilität. Auch sie führte zu einem steileren Abfall der IS-Kurve. Eine Wirtschaftskrise würde durch größere Sparneigung noch weiter verstärkt.

3.1 Grundzüge der Keynesianischen Makroökonomik

Exkurs: Herleitung der Gleichgewichtskurve IS

Zur Herleitung der IS-Kurve geben wir in einer komparativ-statischen Analyse drei verschiedene Zinssätze vor. Im (S,Y)-Diagramm, Abb. 3.1, ist die Sparfunktion S(Y), die über den Konsum vom Einkommen Y abhängt, mit positiver Steigung eingezeichnet – gemäß der linearen Konsumfunktion $C = b + cY$ ist die Sparfunktion $S = -b + (1-c)Y$, worin $1-c$ die Sparneigung ist, $0 < 1-c < 1$; sie ist zur besseren Darstellung in Abb. 3.1 sehr hoch ausgewiesen. In vielen Industriestaaten liegt sie in der Nähe von 0,1 und in der konsumlastigen USA-Wirtschaft deutlich darunter. Demnach verläuft die Sparfunktion in vielen realen Volkswirtschaften deutlich flacher als hier dargestellt. Zusätzlich sind darin für die drei Zinssätze $i_1 > i_2 > i_3$ die Verläufe der Investitionsfunktion I(i) markiert, und zwar in Form von durchgezogenen Linien. Sie verlaufen parallel zur Y-Achse, denn hier sind nach Annahme die Investitionen unabhängig vom Einkommen Y. Sie hängen von den Konditionen der Fremdfinanzierung ab, die durch den Marktzinssatz i erfasst werden. Je günstiger die Fremdfinanzierung ist, desto mehr Investitionsprojekte sind rentabel. Das drückt sich in der Abb. 3.1 darin aus, dass die Parallele mit dem höchsten Zinssatz i_1 am nächsten an der Y-Achse liegt. Ihr Schnittpunkt mit der Sparkurve ergibt das niedrige Güterangebot Y_1. Fällt der Zinssatz von i_1 auf i_2, dann werden zusätzliche Investitionsprojekte rentabel und damit steigt das Güterangebot auf Y_2. Entsprechend resultiert das höchste Angebot Y_3 beim niedrigsten Zinssatz i_3. Die drei Schnittpunkte sind in Abb. 3.2 übertragen und ihre Verbindung erzeugt die gesuchte Gleichgewichtskurve IS im (i,Y)-Diagramm.

Im Abstand der Parallelen in Abb. 3.1 drückt sich der Zinseffekt auf die Investition aus. Je größer der Abstand ist, desto stärker reagiert die Investition auf eine Zinsänderung.

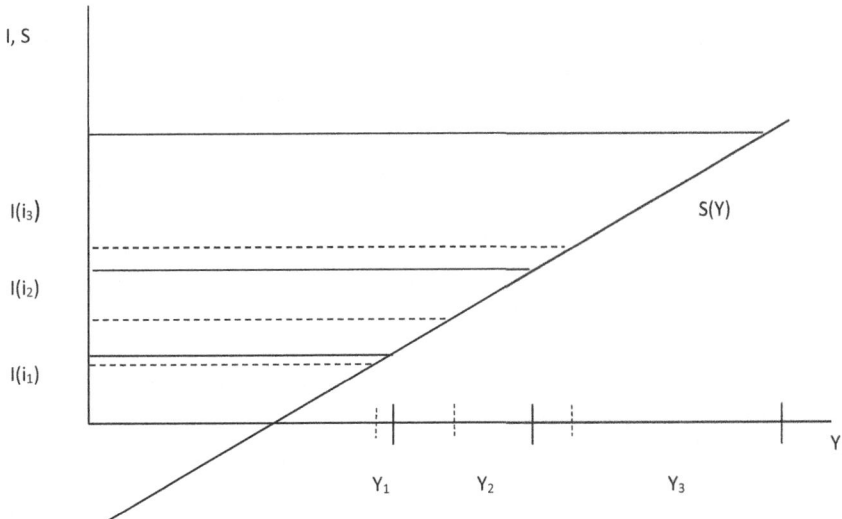

Abb. 3.1 Sparfunktion und Investition bei alternativen Zinssätzen i

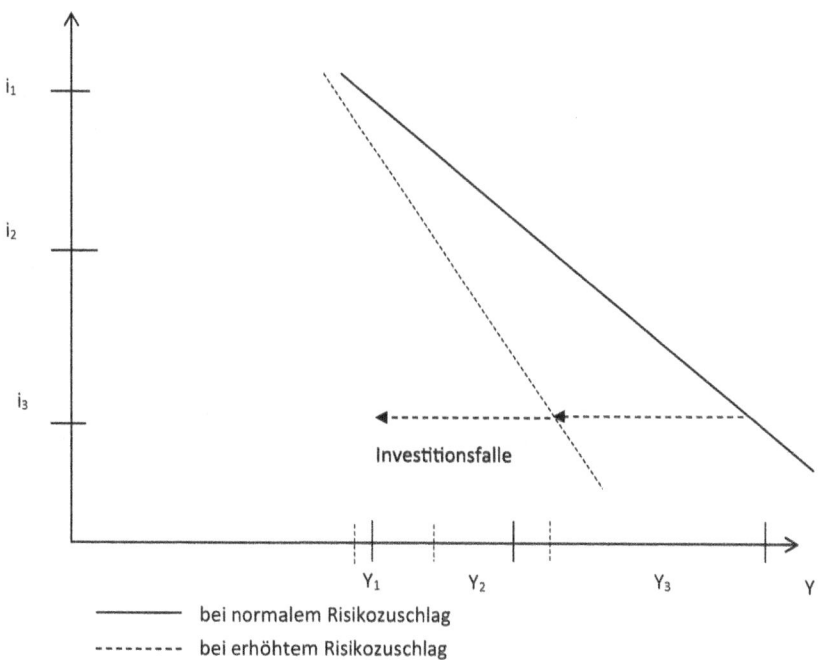

Abb. 3.2 IS-Kurve [Gleichgewicht auf dem Gütermarkt bei (i,Y)-Konstellationen]

Trüben sich künftige Gewinnaussichten ein, sei es dass sich die Rentabilitätserwartungen verringern, oder sei es dass die Unsicherheit wächst, die nur durch zusätzliche Absicherungskosten ausgeglichen werden können – die Finanzierungskosten steigen also –, dann reduziert sich der Parallelenabstand und damit die Lage der Gleichgewichtskurve IS.

Verringert sich wegen geringerer zukünftiger Rentabilität oder wegen größerer Unsicherheit in der Zukunft die Zinsreagibilität, dann verschieben sich die Investitionsparallelen mit abnehmendem Abstand nach unten; in Abb. 3.1 machen die gestrichelten Parallelen die abnehmende Zinsreagibilität sichtbar. Die Verschiebung nach unten führt in Abb. 3.2 dazu, dass die Gleichgewichtskurve IS nach links rutscht und steiler abfällt. Das hat zur Folge, dass die Gleichgewichtseinkommen Y sinken. Geringere Investitionsrenditen lassen somit die Gleichgewichtseinkommen Y (=Güterproduktion) schrumpfen. Um dem Rückgang der Güterproduktion und damit der Nachfrage nach Arbeitskräften entgegen zu wirken, kann die Zentralbank ihre Geldmenge erhöhen und den Refinanzierungszinssatz für Geschäftsbanken reduzieren. Diese Zentralbank-Intervention hat allerdings bei niedriger Zinsreagibilität nur eine geringe Wirkung. Geht die Reagibilität gegen Null – der Abstand der drei Investitionsparallelen reduziert sich in Abb. 3.1 weiter und als Folge fällt die IS-Kurve in Abb. 3.2 immer steiler und geht in der Grenze in eine Senkrechte über – dann ist die Zentralbankpolitik unwirksam.

3.1.3 Geldmarkt, Gleichgewichtskurve LM und Unterbeschäftigungsgleichgewicht im ISLM-Modell

Wenden wir uns nun dem Geldmarkt und der LM-Kurve zu. Darin ist

$$M/P = L_1(Y) + L_2(i) = L(Y,i) \quad \text{[Gleichgewicht auf dem Geldmarkt]} \qquad (3.8)$$

die Gleichgewichtsbedingung auf dem Geldmarkt. M ist die von der Zentralbank angebotene Geldmenge und P das allgemeine Preisniveau, dessen Entwicklung Zentralbanken stabilisieren sollen. Diese Stabilisierung ist, wie bereits erwähnt, das Hauptziel der Europäischen Zentralbank EZB. Das Preisniveau soll nach dem EZB-Vertrag jährlich nicht mehr als 2 % steigen, ansonsten soll sie auf dem Markt intervenieren, um den unerwünschten Preisanstieg, die Inflation, zu verhindern.

Die rechte Seite in Gl. 3.8 modelliert die Geldnachfrage der Haushalte. $L_1(Y)$ ist die sogenannte Transaktionskasse. Sie besagt, dass Haushalte bei höherem Einkommen mehr Geld nachfragen, um ihre Käufe tätigen zu können. Keynes stellt die Nachfrage nach Geld für Transaktionen $M_1 = L_1(Y)$ in Beziehung zum Einkommen in Form der Fischerschen Verkehrsgleichung $M_1 = Y/V$, worin V die Geldumlaufgeschwindigkeit darstellt. Sie wird relativ konstant sein, denn die Verwendung von Geld für Ausgaben dürfte sich nicht stark ändern.

Anders verhält es sich bei der Liquiditäts- bzw. Spekulationskasse $L_2(i)$. Der Doppelname deutet auf das doppelte Gesicht der Funktion $L_2(i)$ in. Der Name „Liquidität" bezieht sich auf die Geldnachfrage und damit auf den Geldmarkt. Der andere Namen „Spekulation" weist auf die Nachfrage nach Finanztiteln hin und damit auf den Finanzmarkt. Haushalte stehen vor der Entscheidung, entweder ihr Geld zur Vorsorge für kurzfristig unvorhergesehene Ausgaben in schlechten Zeiten vorzuhalten oder ihr Geld längerfristig rentabel in Finanztitel festzulegen, um so ein Vermögen aufzubauen, das ihnen eine zusätzliche Einnahmequelle eröffnet. Haushalte wägen also zwischen Liquidität zur Vorsorge und Spekulation auf künftige Finanzerträge ab. Bei höherem Zinssatz legen Haushalte mehr Geld in Finanztitel an und verringern dadurch ihre Liquidität, ihre Vorsorge für künftige Eventualitäten. Demnach sinkt L_2 bei steigendem Zinssatz i.

In Minskys Ansatz, der die Rolle des Finanzmarkts betont, kommt dem Spekulationsaspekt eine zentrale Bedeutung zu. Und in der Tat neigen Haushalte verstärkt zur Fremdfinanzierung, was sich deutlich bei der Finanzierung der Immobilienkäufe zeigt – nach einer *Economist*-Grafik bremst die jüngste Krise den Anstieg in der Haushaltsverschuldung in den USA. Der leichte Rückgang seit 2007 mündet aber in 2013 wieder in einen Anstieg, vgl. die Grafik „Releveraging" in The Economist (2014c, S. 56). Ähnlich wie bei den Privatbanken, wo der Eigenkapitalpuffer zurückgeht, dürften auch bei den Haushalten die Liquiditätsreserven zur Vorsorge schrumpfen. Als Folge dieser Tendenz wird sich auch die Liquiditätsfunktion im Laufe der Zeit ändern.

Wie für den Gütermarkt wollen wir auch für den Geldmarkt die Gleichgewichtskurve bestimmen. Je höher die Kosten i für Geld sind desto weniger Geld M^d fragen die Haushalte nach. Demnach hat die Geldnachfragefunktion $M^d = L(Y,i)$ im (i,M)-Diagramm eine negative Steigung. Gehen die Kosten i gegen Null, dann steigt die Geldnachfrage M^d drastisch an. Somit läuft die Geldnachfragefunktion L(Y,i) bei niedrigem Zinssatz i flach aus. Bei gleichem Zinssatz i fragen Haushalte mehr Geld M^d für ihre Transaktionskasse $L_1(Y)$ nach, wenn ihr Einkommen Y wächst. Ein Anstieg im Einkommen Y verschiebt somit die Geldnachfragefunktion L(Y,i) im (i,M)-Diagramm nach rechts, wie die Abb. 3.4 im Exkurs „Herleitung der Gleichgewichtskurve LM und des Unterbeschäftigungsgleichgewichts" darlegt. Das bedeutet, dass bei steigendem Einkommen Y höhere Zinssätze i nötig sind, um ein festes Geldmengenangebot M_0 der Zentralbank mit den Geldnachfrageplänen $M^d = L(Y,i)$ der Haushalte in Einklang zu bringen – höhere Zinssätze i senken die Geldnachfrage $L_2(i)$ der Haushalte nach Liquidität zugunsten der durch Y gestiegenen Geldnachfrage $L_1(Y)$ für Transaktionen, sodass die gesamte Geldnachfrage L(Y,i) auf dem Niveau des Geldangebots M_0 verharren kann. Die zu M_0 gehörige Gleichgewichtskurve LM_0 hat also eine positive Steigung im (i,Y)-Diagramm.

Die Gleichgewichtskurve LM_0 ist in Abb. 3.4 durchgezogen eingezeichnet, und die zu dem höheren Geldmengenangebot M_1, $M_1 > M_0$, gehörige Gleichgewichtskurve LM_1 ist gestrichelt dargestellt. Die Zentralbank senkt durch ihr höheres Geldangebot M_1 die Gleichgewichtszinssätze i in der Gleichgewichtskurve LM_1; für jedes Y sind die Gleichgewichtszinssätze i von LM_0 größer als die von LM_1. In der Abb. 3.4 kommt der Effekt der Zentralbankpolitik durch die Verschiebung der LM-Kurve nach unten zum Ausdruck. Die Geldmengenpolitik senkt also durch die Erhöhung der Geldmenge M über die Geldnachfrage L(Y,i) der Haushalte den Zinssatz i und stimuliert so die Investitionsnachfrage I(i) der Unternehmen und dadurch die Gesamtnachfrage Y, was uns im Folgenden grafische Analysen noch verdeutlichen werden.

Zuvor gehen wir noch auf die sogenannte *Liquiditätsfalle* ein, die der Geldmengenpolitik Grenzen setzt. Sie besteht darin, dass bei hohen Geldmengen M eine weitere Erhöhung keine Wirkung mehr auf die Lage der Gleichgewichtskurve LM hat, sie bleibt dann trotz drastischer Geldmengenausweitung praktisch unverändert – das ist in Abb. 3.4 der Fall für Geldmengen $M > M_1$. Das bedeutet, dass die Geldpolitik keine nennenswerte Wirkung mehr hat auf die Produktion Y und auf die Nachfrage nach Arbeitskräften N. Die Wirtschaft steckt dann in der Liquiditätsfalle. Und die Geldpolitik kann dann keine nennenswerten Wirkungen entfalten, um die Arbeitslosigkeit zu reduzieren.

Exkurs: Herleitung der Gleichgewichtskurve LM und des Unterbeschäftigungsgleichgewichts

Wie beim Gütermarkt wollen wir auch für den Geldmarkt die Angebots- und Nachfragestruktur grafisch darstellen. Abb. 3.3 veranschaulicht in einem (i,M)-Diagramm die Geldnachfrage L(Y,i) für drei Einkommen $Y_a > Y_b > Y_c$. Das Zentralbankgeldangebot M_0 ist exogen. Es ist somit unabhängig vom Zinssatz i und stellt in der Abb. 3.3 die Senkrechte auf M_0 dar. Ihr Schnittpunkt mit den drei Geldnachfragekurven liefert drei Gleichgewichtspunkte auf dem Geldmarkt und ihre Verbindung die Gleichgewichtskurve LM in der Abb. 3.4. Eine Erhöhung der Geldmenge von M_0 auf M_1 verschiebt die Kurve LM nach unten, in Abb. 3.3 und 3.4 durch die gestrichelten Linien ausgewiesen,

3.1 Grundzüge der Keynesianischen Makroökonomik

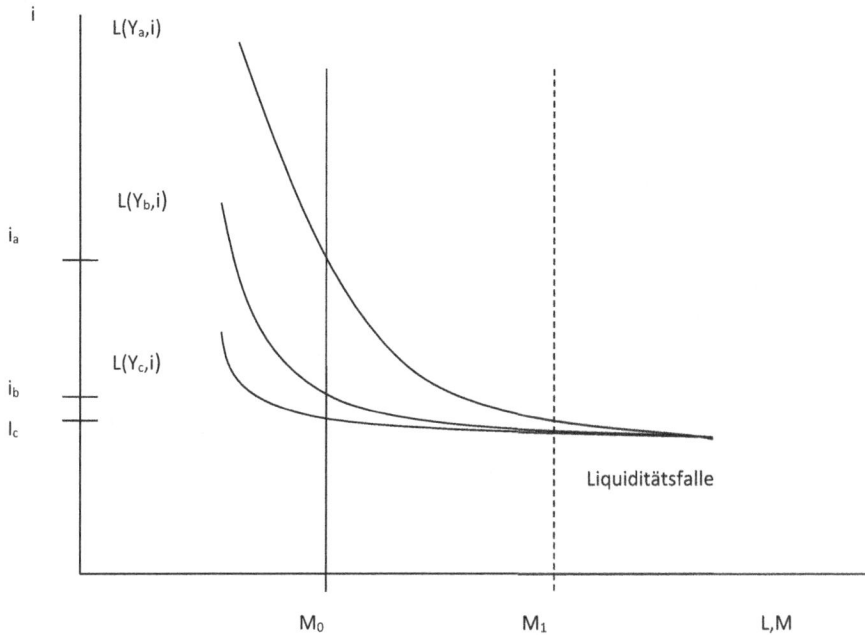

Abb. 3.3 Geldangebot M und Geldnachfrage bei alternativen Einkommen Y

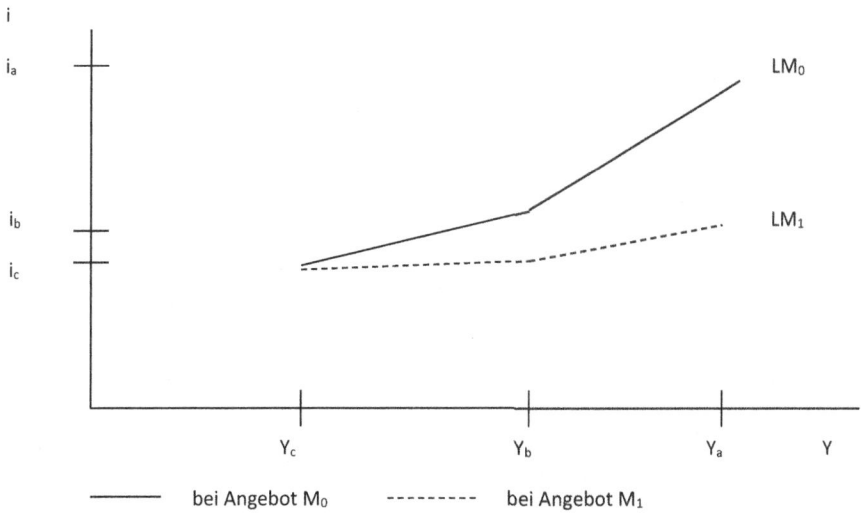

Abb. 3.4 LM-Kurve [Gleichgewicht auf dem Geldmarkt]

d. h., der Gleichgewichtszinssatz sinkt. Die Erhöhung der Geldmenge von M_0 auf M_1 bewirkt noch eine deutliche Verschiebung der Gleichgewichtskurve LM. Das ist anders im Bereich oberhalb von M_1. Darin schrumpft der Abstand der drei Geldnachfragefunktionen L(Y,i) bei hoher Geldmenge M zusammen, sodass eine Geldmengenerhöhung jenseits von M_1 keine nennenswerte Auswirkung auf die Gleichgewichtskurve LM hat. Die Wirtschaft steckt bei dieser Konstellation in der Liquiditätsfalle: Eine Geldmengenänderung der Zentralbank verpufft und hat keine Wirkung mehr auf den Zinssatz. Und sie kann somit die Investitionen I nicht stimulieren und folglich auch dem Wirtschaftswachstum keine Impulse geben.

Abb. 3.5 präsentiert eine Gleichgewichtskurve IS zusammen mit der Gleichgewichtskurve LM_0. Ihr Schnittpunkt ist das Gleichgewicht auf dem Güter- und Geldmarkt. Dieses simultane Gleichgewicht der beiden Märkte liegt nach der Abb. 3.5 bei einem Güterangebot Y_u, das unter der Vollbeschäftigungsproduktion Y_v liegt. Bei Y_u kann man insofern von einem Unterbeschäftigungsgleichgewicht *(involuntary unemployment as an equilibrium)* sprechen als Güter- und Geldmarkt im Gleichgewicht sind, aber nicht der Arbeitsmarkt. Eine Lohnsenkung könnte dort die Nachfrage nach Arbeitskräften erhöhen. Die Löhne W sind aber nach unten wenig flexibel. Gegen Lohnsenkungen werden sich die Beschäftigten aus Eigeninteresse mit ihrer Gewerkschaft zur Wehr setzen. Zumal sie darauf hinweisen können, dass Lohnkürzungen auch eine Einbuße an Einkommen und folglich ein Schrumpfen der Gesamtnachfrage Y nach sich ziehen kann. Auf diesen Umstand verweist Krugman in seinem „*paradox of flexibility*".

Ein Beispiel für Lohnrigidität in jüngster Zeit ist Frankreich. Trotz Wirtschaftskrise steigen dort seit 2007 die Reallöhne weiter an, vgl. The Economist (2014d, S. 65).

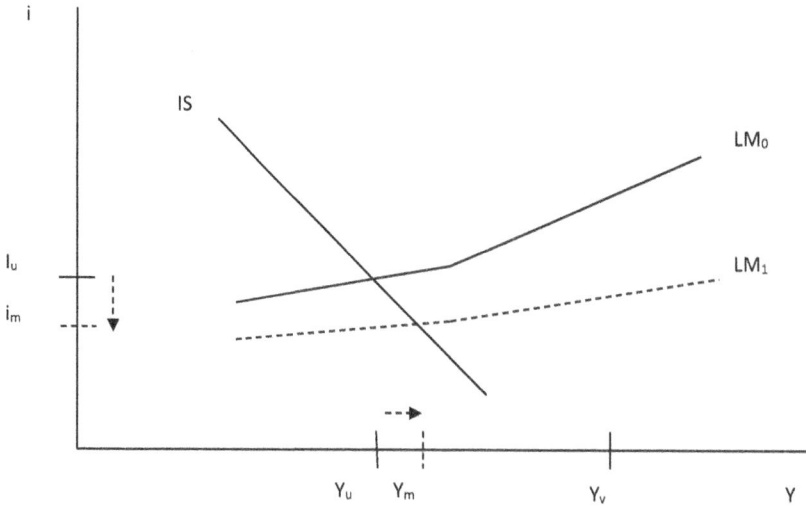

Abb. 3.5 Gleichgewicht auf Güter- und Geldmarkt bei Unterbeschäftigungsproduktion Y_u Erhöhung des Geldangebots von M_0 aus M_1 sichert nicht die Vollbeschäftigungsproduktion Y_v

Der *Conseil d'analyse economique* (CAE) erklärt den Anstieg damit, dass Unternehmen in Frankreich zur Sicherung der Produktivität es vorziehen, die Beschäftigung anstelle der Löhne zu reduzieren: „Pour préserver la motivation des travailleurs et le climat social, deux déterminants essentiels de la productivité, les entreprises préfèrent reduire l'emploi que les salaires", observe le CAE, vgl. Le Monde (2014).

Dem Güterangebot Y_u in Abb. 3.5 entspricht eine Unterbeschäftigung auf dem Arbeitsmarkt – die Verbindung stellt die makroökonomische Produktionsfunktion her, in der die Beschäftigung – die Anzahl der Arbeitskräfte N – zusammen mit dem Produktionskapital K die Güterproduktion Y und deren Wachstum $g = \Delta Y/Y$ bestimmt. Die Unterbeschäftigung bedeutet eine Unterauslastung der Produktion. Anders ausgedrückt: es liegt ein Überangebot auf dem Arbeitsmarkt vor. Das Überangebot müsste nach dem Preismechanismus, den wir aus der Mikroökonomie kennen, die Löhne senken und so für einen Anstieg der Beschäftigung zu sorgen, der letztlich die Güterproduktion zur Vollbeschäftigungsproduktion Y_v führt. Die Wirkung wird aber wegen der geringen Flexibilität der Löhne W nach unten nicht ausreichend schnell und nicht stark genug sein. In der *geringen Flexibilität der Löhne nach unten (stickiness of wages, wage trap)* ist ein Hauptgrund für ein andauerndes Unterbeschäftigungsgleichgewicht zu sehen. Der Marktmechanismus führt die Wirtschaft nicht mehr zum Vollbeschäftigungsgleichgewicht, zum allgemeinen Gleichgewicht. Sie verharrt in diesem für die Gesellschaft fatalen Ungleichgewicht mit Arbeitslosigkeit. Nur Impulse von *außen,* vom Staat, können die Krise überwinden helfen.

Keynes hat darauf hingewiesen, dass dieses Unterbeschäftigungsgleichgewicht länger andauern kann. Nach Keynes können wegen der *„liquitity trap"* weniger die Geldmengenpolitik als vielmehr vor allen Dingen die Staatsausgabenpolitik, das Marktversagen heilen. Angesichts der großen Arbeitslosigkeit in den Weltwirtschaftskrisen nach dem 1. Weltkrieg hat die Keynesianische These von einem länger andauernden Unterbeschäftigungsgleichgewicht großen Zuspruch gefunden und Tür und Tor weit geöffnet für den makroökonomischen Staatsinterventionismus, der letztlich durch die permanente Deficit-Spending-Policy zur Staatsschuldenkrise in marktwirtschaftlichen Industriestaaten geführt hat. Eine Deficit-Spending-Policy kann kurzfristig die Beschäftigung stabilisieren, verstärkt aber langfristig über die Verschuldung – die Fremdfinanzierung der Ausgaben – die Instabilität auf dem Finanzmarkt.

3.1.4 Staatsintervention zur Stabilisierung des Güter- und Arbeitsmarktes: Fiskal- und Geldpolitik

Die Wirksamkeit staatlicher Eingriffe in die Wirtschaft, um eine Vollbeschäftigung zu erreichen und somit die Gesellschaft von der Geißel der Arbeitslosigkeit zu befreien, hängt, wie bereits angedeutet, von Wirtschaftskonstellationen ab, die mehr oder minder günstig für eine Staatsintervention sind. Ungünstig ist eine *geringe Zinsreagibilität der Investitionen,* die in der Grenze eine *Investitionsfalle* beinhalten kann, und ungünstig ist auch eine *geringe Zinsreagibilität der LM-Gleichgewichtskurve auf eine Geldmengenerhöhung*. Sie liegt nach Abb. 3.3 und 3.4 vor, wenn sich die Geldmengenänderung im Bereich der *Liquiditätsfalle* vollzieht.

Eine Erhöhung der Zentralbankgeldmenge von M_0 auf M_1 wirkt indirekt auf die Gesamtnachfrage Y. Sie bewirkt in einer langen Wirkungskette über das Verhalten der Haushalte auf dem Geldmarkt eine Zinssatzsenkung, die ihrerseits die Investitionen I der Unternehmen ansteigen lässt, sodass dadurch schließlich die Gesamtnachfrage Y auf dem Gütermarkt und N auf dem Arbeitsmarkt angekurbelt wird. Abb. 3.5 veranschaulicht die Wirkung der Geldmengenerhöhung. Der Schnittpunkt der LM_1-Kurve mit der IS-Kurve verschiebt sich nach unten rechts. Dadurch sinkt der Zinssatz von i_u auf i_m und hierdurch verstärkt sich die Investitionstätigkeit der Unternehmer, wodurch die Produktion von Y_u auf Y_m ansteigt. Dieser positive Effekt der Geldmengenerhöhung bleibt allerdings aus, wenn die Investitionsnachfrage wenig zinsreagibel ist. Denn dann fällt, wie in Abb. 3.2 unter „Investitionsfalle" vermerkt, die IS-Kurve stark ab, sodass praktisch kein Zinssenkungseffekt entsteht. Gerade in Wirtschaftskrisen dürfte die Zinsreagibilität gering sein, denn dann steigt die Unsicherheit und damit sinken Rentabilitätserwartungen. Und zum anderen steigt der Risikozuschlag, sodass von den Investitionsprojekten immer weniger profitabel bleiben.

Nach Abb. 3.5 fällt die Geldmengenerhöhung auf M_1 zu gering aus, um über eine Zinssenkung die Vollbeschäftigungsproduktion Y_v zu erreichen, Y_m liegt deutlich unter Y_v. Eine weitere Erhöhung der Geldmenge über M_1 hinaus in den Bereich der *Liquiditätsfalle* bleibt allerdings wirkungslos. Denn dadurch wird die Gleichgewichtskurve LM_1 nicht weiter nennenswert nach unten verschoben, sodass die weitere Erhöhung der Geldmenge praktisch keinen Zinseffekt und damit auch keinen Beschäftigungseffekt hat.

Insgesamt erscheint die Geldmengenpolitik für sich *allein* nicht besonders wirksam zu sein. Denn in Krisenzeiten verdüstert sich die Zuversicht der Unternehmer auf zukünftige Gewinne. Zurückgehende Renditeerwartungen senken die Zinsreagibilität der Investitionen und wegen der geringen Reagibilität haben Geldmengenerhöhungen kaum stimulierende Wirkung auf die Investition. Und auf diese kommt es in der kapitalistischen Wirtschaft entscheidend an, wenn längerfristig Vollbeschäftigung und Wirtschaftswachstum erreicht werden soll.

Im ISLM-Modell sind neben dem Geldangebot M die Staatsausgaben G und der Einkommensteuertarif T(·) Instrumentvariablen. Wirksamer als die Geldmenge M ist das Instrument „Staatsausgaben" G, *zumindest kurzfristig*. Es kann die Nachfragelücke *direkt* schließen und zielgerecht Vollbeschäftigung sichern. Abb. 3.6 macht dies deutlich. Ein Anstieg defizitfinanzierter Staatsausgaben G erzeugt nach Gl. 3.6 I+Df=S in der Abb. 3.1 eine Verschiebung der drei durchgezogenen Investitionsparallelen nach oben und damit eine Rechtsverschiebung der Gleichgewichtskurve IS. Die neue IS-Kurve mit höherem Einkommen ist in Abb. 3.6 gestrichelt eingezeichnet. Sie schneidet die LM_0-Kurve im Punkt (i_d, Y_v). Die Ausgabenerhöhung sichert die Vollbeschäftigung und somit ein allgemeines Gleichgewicht. Dabei ist wichtig, dass die zusätzlichen Staatsausgaben – wie der Name Defizit sagt – fremdfinanziert sind. Denn steuerfinanzierte Aus-

3.1 Grundzüge der Keynesianischen Makroökonomik

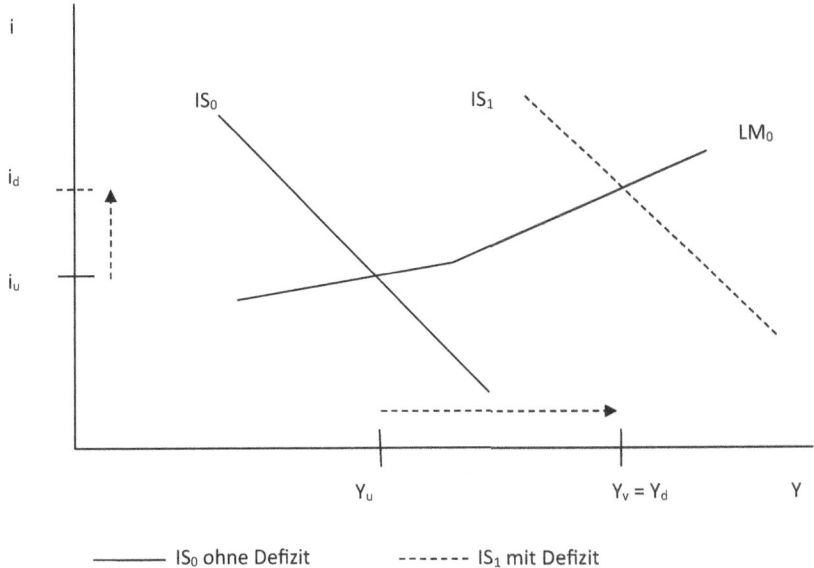

Abb. 3.6 Gleichgewicht auf Güter- und Geldmarkt bei Unterbeschäftigungsproduktion Y_u Erhöhung der Staatsausgaben G über ein Defizit Df sichert allgemeines Gleichgewicht

gaben mindern den Konsum und erhöhen somit die Ersparnis; die Steuerfinanzierung dreht in der Abb. 3.1 die Sparfunktion nach links oben und dieser Effekt würde für sich genommen, wie wir wissen, die Produktion sinken lassen.

Diese Deficit-Spending-Politik hat sich in der Praxis über einen längeren Zeitraum in zahlreichen Ländern als wirksam herausgestellt, um gesamtwirtschaftliche Nachfragelücken zu schließen. Ursprünglich hat Keynes die Deficit-Spending-Politik bei konjunktureller Unterauslastung der Produktionskapazität als temporären Stimulanz propagiert, um das Übel der Arbeitslosigkeit zu überwinden. Mittlerweile setzen Politiker diese Politik permanent ein und benutzen sie, auch um Wachstum zu generieren.

In Abb. 3.6 ist noch bemerkenswert, dass die staatliche Defizitpolitik zu einem höheren Zinssatz $i_d > i_u$ führt. Die erhöhte Staatsnachfrage verdrängt also Investitionen I und schwächt somit längerfristig die Wachstumsdynamik der Wirtschaft. Die Zinserhöhung kann vermieden werden, indem die Staatsausgabenpolitik mit der Geldpolitik kombiniert wird. Das Resultat einer *gemeinsamen* Intervention stellt Abb. 3.7 dar: Die Vollbeschäftigung wird bei dem niedrigeren Zinssatz $i_{md} < i_u$ erreicht. Private Investitionen werden nicht verdrängt.

In einem ersten Fazit können wir festhalten: *der Markt kann versagen, der Staat kann es wieder richten, weniger durch seine Geldpolitik als vielmehr durch seine Fiskalpolitik.*

Ein schönes Resultat, dessen Glanz bei den extremen Konstellationen „Investitions- und Liquiditätsfalle" allerdings eingetrübt ist. Im Anschluss an Minskys Konzept werden wir uns fragen, welchen Preis die Gesellschaft für eine permanente Staatsintervention zahlen muss, und dann ein weiteres Fazit ziehen.

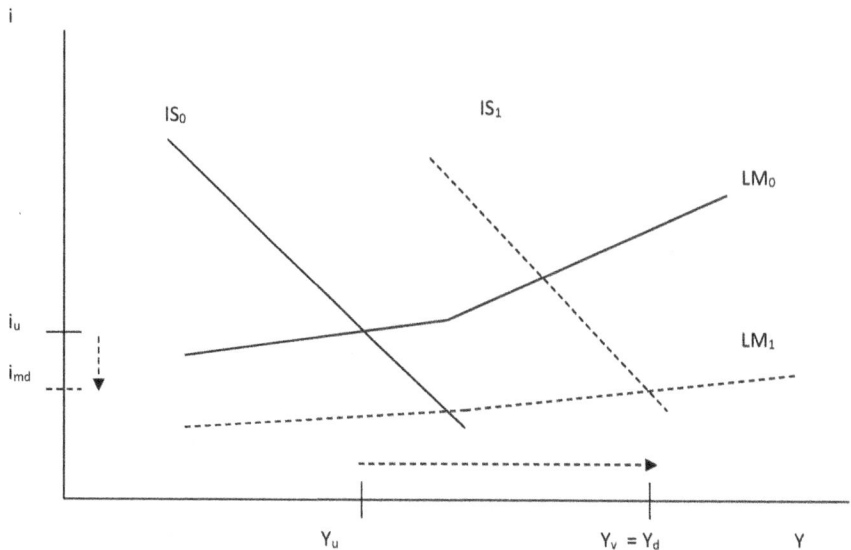

Abb. 3.7 Gleichgewicht auf Güter- und Geldmarkt bei Unterbeschäftigungsproduktion Y_u Geld- und Staatsausgabenpolitik sichern gemeinsam das allgemeine Gleichgewicht

Bevor wir den ISLM-Ansatz kritisch würdigen, wollen wir noch auf eine Modifikation eingehen, die mit dem Begriff „*wealth effect*" bzw. „*real balance effect*" verknüpft ist. Die Geldpolitik hat gezeigt, dass eine Geldmengenerhöhung von M_0 auf M_1 grundsätzlich zur Stabilisierung der Ökonomie beitragen kann. Eine größere Geldmenge drückt die Unterbeschäftigungsproduktion Y_u nach oben in Richtung der Vollbeschäftigungsproduktion Y_v. Ein sinkendes Preisniveau P, eine Deflation, hat eine entsprechende Wirkung. Denn es erhöht das reale Geldangebot M/P in Gl. 3.8 und verschiebt somit analog zu M_1 das Geldangebot in Abb. 3.3 nach rechts und die Gleichgewichtskurve LM in Abb. 3.4 nach unten. Hierdurch kommt es, wie wir aus der grafischen Analyse wissen, zu einer Produktionsausweitung von Y_u in Richtung Y_v. Dieser Effekt wird durch den sogenannten „wealth effect" verstärkt. Er wirkt über die Konsumfunktion Gl. 3.9, wenn diese um das „Realvermögen" M/P erweitert wird zu

$$C = C(Yv, M/P). \tag{3.9}$$

In dieser Erweiterung, die mit dem Namen des israelisch-amerikanischen Ökonomen Don Patinkin (1922–1995) verbunden ist, erzeugt ein fallendes Preisniveau, eine Deflation, über den „Vermögensanstieg" M/P einen höheren Konsum C; dadurch verschiebt sich die Sparfunktion in der Abb. 3.1 und auch die IS-Kurve in der Abb. 3.5 nach rechts, wodurch letztendlich das Güterangebot Y noch weiter in Richtung Vollbeschäftigungsproduktion ansteigt. Dieser Vermögenseffekt ist vorwiegend von theoretischem Interesse, zeigt er doch, dass innerhalb des erweiterten neoklassischen ISLM-Modells Marktkräfte ein Vollbeschäftigungsgleichgewicht herbeiführen können.

Die Erweiterung ist insofern interessant als sie mit dem Vermögen eine weitere wichtige Determinante herausstellt, die den Konsum positiv beeinflusst. Auch die amerikanische Zentralbank Fed erachtet das Vermögen als einen Einflussfaktor von Bedeutung. Als geeignete Approximationsvariable sieht sie weniger die Geldmenge als die Anleihen- und Aktienkurse an. In Krisen, wie in der jüngsten, fallen die Kurse und damit die Konsumneigung, was zu einer Verschärfung der Krise führen kann. Daher zielen die geldpolitischen Maßnahmen der Fed auch auf eine Stabilisierung der Wertpapierkurse, um den Konsum in den USA nicht einbrechen zu lassen. Auch wenn in den USA der Wertpapierbesitz vergleichsweise breit gestreut ist, begünstigt die Kursstabilisierung doch eher die Reichen. Wir werden später auf Vermögensgrößen eingehen, sehen dabei weniger wie Patinkin ihre Wirkung auf den Konsum als vielmehr ihre Bedeutung für das Funktionieren der kapitalistischen Marktwirtschaft.

3.1.5 Kritische Würdigung des ISLM-Modells und der staatlichen Stabilisierungspolitik

Das ISLM-Modell ist ein statisches interdependentes Kreislaufmodell für den Güter- und den Geldmarkt. In dem ISLM-Modell wirkt die Fiskalpolitik mittels ihrer Defizite Df *direkt* auf den Gütermarkt, indem sie die Produktion Y in der Gleichgewichtskurve IS erhöht und mit der höheren Gleichgewichtsproduktion Y ist über die Produktionsfunktion eine Erhöhung der Nachfrage nach Arbeitskräften N verbunden. Die Geldpolitik wirkt mit ihrem Geldmengenangebot M *indirekt* über das Verhalten der Haushalte auf dem Geldmarkt. Eine Geldmengenerhöhung lässt über die Geldnachfragefunktion $M^d = L(Y,i)$ der Haushalte den Gleichgewichtszinssatz i in LM sinken, und die niedrigeren Zinssätze i stimulieren die Investition I(i) der Unternehmen und darüber die Gesamtnachfrage nach Gütern Y und nach Arbeitskräften N. Der wirtschaftliche Wandel ändert, wie wir noch sehen werden, die Wirkungsmechanismen in ökonomischen Prozessen und auch die Wirkungskette staatlicher Interventionen. In Anlehnung an Minsky ist insbesondere die wachsende Bedeutung des Finanzmarktes hervorzuheben. Hier spielen, wie wir noch sehen werden, weniger die Haushalte als vielmehr Privatbanken die zentrale Rolle.

Das ISLM-Modell ist ein *formaler* Rahmen, in dem die Beziehungen zentraler makroökonomischer Variablen wie Investition, Produktion und Konsum strukturiert sind. Das Modell beschreibt, wie Entscheidungen der Haushalte und der Unternehmen ineinander greifen. Der Konsum der Haushalte bestimmt die Produktion der Unternehmen und diese das Einkommen der Haushalte, die darauf wiederum ihre Konsumentscheidungen basieren. Der Zinssatz legt die Investitionen der Unternehmen fest und dieser hängt hier bemerkenswerter Weise von der Liquiditätspräferenz der Haushalte ab. Diese *Wechselwirkungen* sind typisch für ökonomische Abläufe, Ökonomen sprechen von *Interdependenz*.

In dem ISLM-Kreislaufmodell treten mit dem Konsum C, dem Einkommen Y der Investition I sowie den Staatsausgaben G *Stromgrößen* ins Zentrum der ökonomischen

Betrachtung und mit dem Geldangebot M eine *Bestandsgröße*. Wir werden später in Minskys Abhandlung der ökonomischen Instabilität sehen, dass mit der fortschreitenden Fremdfinanzierung eine andere Bestandsgröße, der *Schuldenstand* D, eine bedeutende Rolle im ökonomischen Geschehen spielen wird.

Neben dem Zinssatz i kommt mit den nach unten inflexiblen Löhnen W der Arbeitsmarkt indirekt ins Spiel. Die Inflexibilität führt zu einer länger andauernden Unterbeschäftigung, zu einer längeren Arbeitslosigkeit. Und dieses Übel kann die Gesellschaft nicht tatenlos hinnehmen. Das *Marktversagen* ruft nach *staatlichen Eingriffen,* um die Gesellschaft von der Bürde der Arbeitslosigkeit zu befreien.

Das ISLM-Modell stellt ein einfaches überschaubares geschlossenes Konzept dar. Es bringt Ordnung in die Wechselwirkung makroökonomischer Variablen und es erlaubt, grundlegende Fragen auf makroökonomischer Ebene zu erörtern: Existiert ein allgemeines Gleichgewicht, unter welchen Bedingungen kann eine Volkswirtschaft längere Zeit in einem Unterbeschäftigungsgleichgewicht verharren, mit welchen Mitteln kann und soll der Staat bei Marktversagen in den Wirtschaftskreislauf eingreifen. Die Erörterung geschieht in *komparativ-statischen* Analysen. Wir betrachten alternative Wirtschaftskonstellationen, die sich in grafischen Analysen in Form der Gleichgewichtskurven IS und LM sowie deren Verschiebung widerspiegeln. Generationen von Ökonomiestudenten weltweit lernen anhand des ISLM-Modells einen zentralen Kern des ökonomischen Mechanismus auf Makroebene kennen. Es bildet *das Fundament für staatliche Marktinterventionen,* die Basis für die Fiskal- und die Geldpolitik.

Der Staat greift in den interdependenten Wirtschaftsprozess ein, um darin auftretende Störungen zu beheben. Als Störungen wird neben zu hoher Arbeitslosigkeit eine zu hohe Inflation angesehen, die zu einer übermäßigen Geldentwertung und zu einem substanziellen Vermögensverlust führt. Der Staat wird somit in einem bestimmten Kontext tätig, sein Handeln ist somit *kontextabhängig* und nicht unabhängig. In diesem Licht ist der Staat ebenfalls Teil des interdependenten Wirtschaftskreislaufs. Und sein Handeln werden wiederum andere Akteure wie Unternehmen und hier insbesondere Privatbanken in ihr Kalkül einbeziehen.

Die Zentralbank ist zwar formal unabhängig, sie ist nicht weisungsgebunden. Aber ihr Handeln ist auf das Wirtschaftsgeschehen ausgerichtet und somit von ihr abhängig, und zwar in zunehmender Weise. Basiert die keynesianische Konjunkturstabilisierung besonders auf der Defizit-Politik, so ruht neuerdings bei den hohen Schuldenständen die Stabilisierung der Ökonomie in verstärktem Maße auf der Geldpolitik. Die keynesianische Defizitpolitik hat ihr Pulver verschossen. Die Staatsverschuldung hat sie zu einer stumpfen Waffe werden lassen. Ohne billiges Geld der Zentralbank kommt heutzutage kein Staat mehr aus. Die Stabilisierung des Güter- und Arbeitsmarktes muss in verstärktem Maße die Geldpolitik alleine übernehmen, obwohl sie, wie es das ISLM-Modell belegt, weniger wirksam ist als die Fiskalpolitik. Dabei hat sich im Laufe der Zeit der Fokus verschoben. Er liegt jetzt weniger auf der Stabilisierung der Konjunktur als vielmehr auf der Stabilisierung des Finanzsystems, die das Funktionieren der Gesamtwirtschaft sichern soll.

Obwohl Hayek sich stark für die unternehmerischen Freiräume in der Marktwirtschaft einsetzt, verneint er nicht, dass die Stabilisierung der Wirtschaft eine staatliche Aufgabe ist. Er führt dazu in seiner Schrift „The Constitution of Liberty" (Hayek 1960, S. 230) aus: „Nobody will deny that economic stability and the prevention of major depressions depends in part of government action." Hayek sieht allerdings die Geldpolitik auch abhängig von gewerkschaftlichen Lohnforderungen. Wie Keynes verweist er darauf, dass die Löhne auch bei Unterbeschäftigung nach unten inflexibel – *sticky wages* – sind. Nach ihm kämpfen die Gewerkschaften trotz Arbeitslosigkeit für höhere Nominallöhne W, sodass sich die Zentralbank gezwungen sieht über eine expansive Geldmengenpolitik das Preisniveau P zu erhöhen, um über die Senkung der Reallöhne W/P die Beschäftigung und die Wirtschaft anzukurbeln. Dadurch entsteht nach ihm eine gefährliche Lohn-Preis-Spirale. Hayek argumentiert hier angesichts der damaligen Lage in England.

Heute sind die Rahmenbedingungen anderer Art. Heute steht die Zentralbankpolitik unter dem Druck drohender Deflation, unter dem Druck hoher Staatsverschuldung und unter dem Druck sinkender Vermögenswerte. Und bei der EZB kommt noch hinzu: unter dem Druck des Auseinanderbrechens der Euro-Zone.

3.1.6 Das ISLM-Modell und die Macht der Vereinfachung

Das ISLM-Modell erfasst die Wechselwirkungen zwischen Güter- und Geldmarkt in einem geschlossenen Ansatz. Die Interdependenz lässt erkennen, dass primär positive Effekte von Staatsinterventionen durch negative sekundäre konterkariert werden können. Betrachten wir vereinfachend den Gütermarkt isoliert und kappen somit die Beziehung zum Geldmarkt. In dieser *vereinfachenden Partialbetrachtung* führt eine defizitfinanzierte Staatsausgabenerhöhung ΔG zu einem Produktionsanstieg ΔY in Höhe von $1/(1-c)$. Dieses Resultat können wir leicht nachvollziehen, denn mit (3.1) $Y = C + I + G$ und mit der Konsumfunktion $C = b + c(Y - T)$ erhalten wir nach Umformung

$$Y = [1/(1-c)](b - cT + I + G) \qquad (3.10)$$

und somit

$$\Delta Y = [1/(1-c)] \, \Delta G.$$

Eine Ausgabenerhöhung ΔG erhöht somit die gesamtwirtschaftliche Produktion Y um den Faktor $1/(1-c)$. Bei einer Konsumneigung $c = 0{,}9$ ist der Faktor gleich 10. Wegen des starken Effekts nennt man ihn Multiplikator. Nach dem sogenannten Haavelmo-Theorem ist bei steuerfinanzierter Ausgabenerhöhung der Multiplikator 1. Das lässt sich leicht aus der obigen Beziehung für Y ersehen, wenn wir dort berücksichtigen, dass die Ausgabenerhöhung durch eine äquivalente Steuererhöhung finanziert wird, d. h., dass $\Delta G = \Delta T$ ist, formal

$$\Delta Y = [1/(1-c)] \, \Delta G - [c/(1-c)] \, \Delta T = 1 \, \Delta G.$$

Der Multiplikator ist ein einfaches und faszinierendes Resultat, das auf den ersten Blick deutlich für verstärkte Staatsintervention spricht. Beim zweiten Blick wird man aber stutzig. Kann eine ständig fortgesetzte Defizitpolitik tatsächlich zu einer unerschöpflichen Wachstumsquelle werden? Es ist zu schön um wahr zu sein, wird der gesunde Menschenverstand sagen, dass eine fortwährende Ausdehnung der Staatsausgaben das volkswirtschaftliche Einkommen immer weiter steigen lässt; so leicht kann der Staat die Gesellschaft doch nicht beglücken.

Und in der Tat basiert das Multiplikatorresultat auf unzulässigen Vereinfachungen, aber die Macht der Vereinfachung macht insbesondere die defizitfinanzierte Staatsausgabenpolitik attraktiv.

Die unzulässige Vereinfachung besteht darin, dass die *Partialanalyse* sich von dem *interdependenten* ökonomischen Geschehen löst und dass das *komparativ-statische Analyseergebnis losgelöst von der ökonomischen Dynamik* gesehen wird.

Kehren wir zu dem erweiterten ISLM-Modell zurück, so wissen wir um den Verdrängungseffekt einer Staatsausgabenerhöhung. Nach Abb. 3.6 führt die Defizit-Spending-Politik zu einem Anstieg des Zinssatzes i und dieser Folgeeffekt lässt die Investitionen I sinken. Sie sind, wie wir noch in Minskys Gewinn-Investition-Dynamik sehen werden, aber eine ganz zentrale Variable für den kapitalistischen Entwicklungsprozess. Dieser ist durch steigende Zinssätze i gefährdet. Diese Gefährdung spart die Multiplikatoranalyse in dem Partialmodell aus. Auch klammert sie ebenso wie das ISLM-Modell die längerfristige Folgewirkung einer permanenten Defizitpolitik in Form steigender Verschuldung aus.

Multiplikatoren aus der komparativ-statischen Analyse kommt eine qualitative, aber keine quantitative wirtschaftspolitische Relevanz zu. Wie sich tatsächlich eine Staatsausgabenerhöhung quantitativ numerisch im Laufe der Zeit auswirkt, lässt sich nur in einem korrekt spezifizierten globalen und dynamischen Modell analysieren. Für eine statistisch zuverlässige numerische Abschätzung sind ökonometrische Modelle konzipiert worden. Auf ihre Leistungsfähigkeit werfen wir noch später einen Blick aus dem Betrachtungswinkel von Keynes.

Der ISLM-Ansatz bildet, wie ausgeführt, ein *formales Gerüst*, das es ermöglicht, in komparativ-statischer Form Wirtschaftskonstellationen zu diskutieren. Er ist weder ein *quantitatives noch ein dynamisches* Modell. Anhand dieses Ansatzes lässt sich also *nicht abschätzen, wie stark und wie schnell eine staatliche Intervention wirkt*. Informationen dieser Art möchte die Öffentlichkeit wissen und sie werden ihr auch oft geliefert, meist aber ohne jegliche Fundierung. Wir werden darauf noch später eingehen.

Hicks und Hansen haben mit ihrem ISLM-Modell den *offenen* Keynesianischen Ansatz *geschlossen*, in dem sie *vereinfachend* annehmen, dass die Investition *allein vom Marktzinssatz* i abhängt. Der Zinssatz ist zwar eine wichtige Indikatorvariable, sie kann aber den Ursachenkomplex der Investitionstätigkeit nur unzureichend erfassen. Mit dieser vereinfachenden Investitionsannahme schließt sich das ISLM-Modell gegenüber Investitionsprozessen auf der *mikroökonomischen Ebene* ab, welche die Makrorelationen und ihre Veränderungen über die Zeit *entscheidend* mitprägen: *wesentliche Elemente des ökonomischen Prozesses bleiben in dem formalen ISLM-Modell ausgeklammert.*

3.1.7 Dynamik auf mikroökonomischer Ebene, Fremdfinanzierung, Gewinne und Erwartungen

In seinem zentralen Werk „The General Theory of Employment, Interest, and Money" betont Keynes die *Dynamik* ökonomischer Prozesse. Keynes' Ansatz ist *offen* für vielfältige dynamische Prozesse, die unterhalb der Makroebene auf mikroökonomischer Ebene ineinander greifen. Dies gilt insbesondere für Investitionsprozesse. Unternehmer treffen heute Investitionsentscheidungen, um künftig *Gewinne* zu erzielen. Sie entwickeln dazu neue Produkte und neue Produktionsverfahren. Die Entwicklung benötigt Zeit. Nicht alle Produkte setzen sich, wie erwartet, am Markt durch. Eine Reihe davon erweisen sich als rentable Innovationen, andere als Flops. Chancen und Risiken liegen dicht beieinander. Die Entwicklungsarbeit und die Vermarktung auf internationalen Märkten stärkt das Know-how der Unternehmen und dadurch langfristig ihre Wettbewerbsfähigkeit.

Es ist müßig darüber zu streiten, warum bestimmte neue Produkte auf eine rege Nachfrage stoßen und andere nicht. Auf jeden Fall begrüßen Nachfrager Neuerungen und so schreitet der Fortschritt weiter. Die Marktwirtschaft bietet Unternehmern den Freiraum für Entwicklungen, der die Basis für die ökonomische Dynamik und das Wachstum und den gesellschaftlichen Wohlstand bildet. Schränkt der Staat die Freiräume allzu sehr ein, so schwächt er den unternehmerischen Elan und damit das Wachstum. Hierauf verweist des Öfteren Hayek (1960).

Ob neu entwickelte Güter wie erwartet profitabel sein werden, ist unsicher und erweist sich erst nach geraumer Zeit in *künftigen Verkaufserlösen* und auch in *künftigen Finanzierungsbedingungen*. Gewinne sind die Antriebsfeder zum Investieren. Und die Rendite können Unternehmer steigern, indem sie zusätzlich zu den Eigenmitteln noch Fremdkapital einsetzen. Mit der *Fremdfinanzierung* kommt der *Marktzins* ins Spiel. Er ist variabel und kann sich in Krisenzeiten schlagartig ändern, ebenso wie das *Risiko,* das abrupt die Rentabilitätserwartungen belasten kann.

Die *Eigenkapitalrendite* hängt von der Konstellation zwischen Projektrendite, Marktzinssatz und Risikoaufschlag ab. Diese Konstellation ist labil und stark reagibel auf Absatzschwankungen auf dem Gütermarkt und auf Unsicherheiten auf dem Finanzmarkt: *Rendite, Marktzins und Risiko bestimmen zusammen die Investitionstätigkeit und nicht allein der Marktzins.* Im Konjunkturablauf ändert sich die *Konstellation* zwischen den drei Determinanten und damit ändert sich ebenfalls der Ursachenkomplex fürs Investieren.

Mit zunehmender Fremdfinanzierung steigen die Chancen, aber auch die Risiken der Investitionen. Sie gefährdet nach Minsky die Stabilität des kapitalistischen Wirtschaftssystems, von dessen Stabilität Keynes noch überzeugt gewesen ist. Die Unterbeschäftigung hat er als ein konjunkturelles und nicht als ein strukturelles Problem angesehen. Der Staat soll nach Keynes temporär ins Wirtschaftsgeschehen eingreifen. Er interveniert mittels seiner Defizit-Politik jedoch permanent und verstärkt so systematisch die Fremdfinanzierung in der Wirtschaft, die zu enormen Schuldenständen führt und die dadurch die ökonomische Entwicklung dauerhaft belastet. Die Fremdfinanzierung durchdringt die gesamte Wirtschaft und diese Durchdringung drückt der neue Begriff „Finanzialisierung der Wirtschaft" aus.

Die Fremdfinanzierung erhöht, wie gesagt, die Chancen, aber auch die Risiken einer Investition, sei es einer Investition in Sachgüter oder in Finanztitel. Entsprechendes gilt für den fremdfinanzierten Kauf einer Immobilie oder eines Kunstwerkes. Die Erhöhung resultiert aus der sogenannten Hebelwirkung *(leverage effect)*. Auf diese Wirkung gehen wir später noch näher ein und illustrieren sie ausführlich anhand von Beispielen im Abschn. 4.6 „Fremdfinanzierung und Risiken: Gute Zeiten und schlechte Zeiten".

Wie stark die Fremdfinanzierung auf die Chancen und Risiken wirken, zeigt eine Formel an, die auf dem Verschuldungsgrad v *(leverage ratio)* aufbaut. Dabei setzt der Verschuldungsgrad v das Fremdkapital FK ins Verhältnis zum Eigenkapital EK, v = FK/EK. Nach der Gl. 3.11 legen der Verschuldungsgrad v, der Marktzinssatz i und der Risikozuschlag rz wie folgt aus der Projektrendite r_p die Eigenkapitalrendite r_e fest:

$$r_e = r_p + v(r_p - i \cdot rz). \tag{3.11}$$

Die Entwicklung der Eigenkapitalrendite r_e bestimmt die künftigen Gewinne Π, die die heutigen Investitionen I erwirtschaften sollen.

Ohne eine starke Fremdverschuldung, einen hohen Verschuldungsgrad v, könnte die Deutsche Bank keine Eigenkapitalrendite von 25 % anvisieren, wie sie es noch unter ihrem Vorstandsvorsitzenden Ackermann getan hat. Bei Banken spielt allerdings weniger die Differenz zwischen Projektrendite r_p und dem Marktzinssatz i als vielmehr die Differenz zwischen Marktzinssatz i und dem Zentralbankzinssatz eine Rolle.

Wie der Fremdfinanzierungshebel wirkt, zeigt uns ein kleines Beispiel. Darin liegt die Projektrendite r_p bei 0,08 und übersteigt den Marktzinssatz i = 0,06 nur um 0,02. Dennoch lässt der Verschuldungsgrad v = 8 die Eigenkapitalrendite r_e auf 0,24 anwachsen, und somit lässt er die Projektrendite um den Faktor 3 von 8 auf 24 % ansteigen:

$$r_e = 0{,}08 + 8(0{,}08 - 0{,}06) = 0{,}24.$$

Das Beispiel enthält keinen Risikoaufschlag, rz = 1.

Der Verschuldungsgrad v ist variabel und spiegelt die sich ändernden Erwartungen in den Wirtschaftslagen wider. Ähnliches gilt für den Risikoaufschlag rz. In Boomzeiten lassen glänzende Aussichten den Grad v wachsen und in Rezessionszeiten lassen eingetrübte Erwartungen v schrumpfen. Und so verstärkt er den Auf- und Abschwung. Zudem ändert sich im Laufe der Konjunktur die Konstellation zwischen Projektrendite, Marktzinssatz und Risikozuschlag. Die Finanzierungsbedingungen sind den Unternehmen bekannt, zumindest kurzfristig. Dagegen basiert die Kalkulation der Projektrendite auf erwarteten künftigen Einnahmeströmen. Die Erwartungen werden nach der tatsächlichen Marktentwicklung revidiert. Aktiengesellschaften berichten beispielsweise quartalsweise über ihre Absatzlage und veröffentlichen auch ihren Ausblick auf künftige Markterlöse.

Der Aufschwung mit seinen höheren Erlösen führt zu einer Revision der Projektrendite nach oben, und die verbesserten Marktchancen geben einen Impuls für eine verstärkte Fremdfinanzierung. Und der Anstieg der „*leverage ratio*" v lässt eine erhöhte Eigenkapitalrendite erwarten. Im Abschwung, in der Wirtschaftskrise, mit schrumpfenden Erlösen korrigieren die Unternehmen ihre Projektrendite nach unten. Von der jetzt kostspieligen Fremdfinanzierung kommen sie so ohne weiteres nicht los. Auslaufende Kredite können sie nun nur zu schlechteren Konditionen durch neue ablösen, denn die Kreditgeber sichern sich das erhöhte Risiko durch einen Risikozuschlag ab.

Um künftig Gewinne zu erzielen, investieren die Unternehmer heute. Und die Interdependenz zwischen Gewinn Π und Investition I im Lauf der Zeit trägt die kapitalistische Dynamik, so betont es Minsky. Darin sind die Innovationen der Motor, sie sorgen für die Wettbewerbsfähigkeit, und die Fremdfinanzierung erhöht die Gewinnaussichten. Er räumt wie Keynes der *Zeit* einen zentralen Platz in den dynamischen Wirtschaftsprozessen ein. Investitionen sind darin der Kern. Mit den Investitionen richten Unternehmer ihren Blick in die Zukunft. Sie investieren, wenn sie erwarten können, dass sich ihre heutigen Investitionen künftig rentieren. Die Rentabilität hängt nicht nur von den künftigen Verkaufserlösen, sondern auch von den künftigen Finanzierungskonditionen ab. Denn ein Großteil der heutigen Investitionsprojekte ist zu variablen Bedingungen fremdfinanziert und unterliegt damit den künftigen Finanzmarktbedingungen. Und die Zeiten ändern sich; schnell schlagen gute Zeiten in schlechte Zeiten um.

Investitionsentscheidungen basieren also auf *Erwartungen*. Dabei kann es sich anders als in Modellen der Rationalen Erwartung – sie gehen auf die amerikanischen Ökonomen J. F. Muth (1930–2005) und R. E. Lucas (1937) zurück, Letzterer erhielt für seine Arbeiten zur Rationalen Erwartung (1995) den Nobelpreis – nicht um Erwartungen im mathematischen Sinne handeln. Was wissen wir auch schon, was sich morgen im Einzelnen ereignen kann, und wie sollten wir den einzelnen Ereignissen zuverlässig Wahrscheinlichkeiten zuordnen können. Ähnlich argumentiert Keynes (1937), dort spricht er auf S. 13 sogar von „*pseudo realistic notions*". Die Erwartungen gehen anders in unser Zukunftskalkül ein. Nach Keynes orientieren sich Wirtschaftssubjekte in ihren Erwartungen an dem ökonomischen Trend, wohl wissend, dass diese Erwartungen einem ständigen Wandel unterliegen. Sie sind daher darauf gefasst, auf Tendenzänderungen reagieren zu müssen, sobald sich ein Umschwung in der Ökonomie deutlich abzeichnet. Optimistische Haltungen der Wirtschaftssubjekte zur Wirtschaftsentwicklung lösen pessimistische ab. Vor diesen unterschiedlichen Einstellungen analysiert Keynes (1937) auch Konsequenzen einer schrumpfenden Bevölkerung auf die Nachfrage auf dem Güter- und Arbeitsmarkt.

Die Erwartungen der Wirtschaftssubjekte über künftige Gewinne und Verluste sind labil *(myopic expectations on future profits and losses)*. Sie passen sich schnell den realen Wirtschaftsschwankungen an und überzeichnen gerade in Umbrüchen die realen Gegebenheiten. Ein Optimismus schlägt rasch in Pessimismus um und wirkt durch die von ihr ausgelösten Aktivitäten zurück auf die reale Ökonomie. Die Konsumneigung der Haushalte sinkt und auch die Investitionsneigung der Unternehmen. Die Fremdverschuldung verstärkt diese Rückwirkung. Insbesondere fehlt wegen der hohen Verschuldung dem Staat heutzutage der Spielraum über eine Defizitpolitik gegenzusteuern.

Unternehmen wappnen sich gegenüber nicht vorhersehbaren Ereignissen, indem sie vorsorgen. Dies tun sie in vielfältiger Weise. Exportorientierte Unternehmen sichern sich über Kontrakte auf dem Finanzmarkt gegenüber Währungsschwankungen ab, Fluggesellschaften zudem gegenüber Volatilitäten auf dem Ölmarkt. Der Finanzmarkt bietet, wie wir noch sehen werden, eine Reihe von Innovationen, um Finanzrisiken abzusichern. Ausreichende Eigenkapitalquoten können zur Sicherheiten beitragen. Um diese Quoten kümmert sich bei Privatbanken das internationale Basel-Regelwerk. Haushalte sorgen gegenüber künftigen Imponderabilien, Unabwägbarkeiten, mittels ihrer Liquiditätskasse vor. Staaten haben das grundsätzlich nicht nötig. Ihre Zentralbank kann sie mit Liquidität versorgen. Anders liegt der Fall bei den Euro-Staaten. Der EZB ist eine Staatsfinanzierung untersagt. Diese Staaten müssten gerade in konjunkturellen Abschwüngen einen Puffer haben und finanziell flexibel sein, denn Geldbeschaffung über Steuererhöhungen oder Kürzungen von sozialen Leistungen verschärfen die Krise und sorgen für soziale Spannungen.

Keynes geht in seinen Ausführungen zur Dynamik ausführlich auf das Risiko in der ökonomischen Entwicklung ein und auch darauf, wie Wirtschaftssubjekte ihre Erwartungen über die künftige unsichere Entwicklung bilden. Sie sind die Basis des Keynes-Minsky-Momentums, das festhält, wie ein wirtschaftlicher Umschwung in eine Krise münden kann. Der Umschwung führt zu einer Enttäuschung bisheriger Erwartungen und mit der Änderung in den Erwartungen geht nach Hayek ein *Lernprozess* einher: „Man learns by the disappointment of expectations" (Hayek 1960, S. 28). Und mitunter erzwingen erst herbe reale Verluste ein Umdenken.

Ökonomische Entwicklungen laufen auf zwei Ebenen ab, in der Welt der realen Entscheidungen (reale Welt), die sich in den Variablen Konsum C, Investition I und Eigenkapitalrendite r_e manifestieren, und in der davor gelagerten Welt der Erwartungen (Erwartungswelt), die auf das Geschehen der realen Welt einwirken, und umgekehrt. Das Keynes-Minsky-Momentum beschreibt Interaktionen zwischen beiden Welten.

3.1.8 Keynes-Minsky-Momentum

Nach Keynes wirken *zwei Risiken* auf die Investitionsentscheidungen: das *Unternehmer/Kreditnehmer- und das Kreditgeberrisiko*. Die künftige Rendite von heutigen Investitionsprojekten hängt von den erwarteten Einnahmeströmen ab. Sie können unter den Erwartungen bleiben und die Rendite so stark schmälern, dass sie unter den Marktzins fällt. Die Projekte erweisen sich im Nachhinein als unrentabel. Es wäre für den Unternehmer vorteilhafter gewesen, sein Geld zu dem Marktzinssatz in eine Finanzanlage zu stecken. Keynes spricht hier von dem Unternehmerrisiko. Sind die heutigen Investitionen auch wie üblich fremdfinanziert, dann unterliegt der Kreditgeber dem Risiko, dass der Kreditnehmer, der Unternehmer, wegen der geringeren Einnahmeströme seine Zahlungsverpflichtungen aus dem Kreditvertrag nicht mehr erfüllen kann.

3.1 Grundzüge der Keynesianischen Makroökonomik

Nun kann man jede Investition als ein riskantes Unternehmen, als ein Wagnis, ansehen. Aus Unternehmersicht sollte daher die erwartete Rendite größer sein als der Marktzinssatz zuzüglich einem ausreichendem Risikozuschlag. Entsprechend möchten sich die Kreditgeber absichern gegenüber dem Risiko eines Kreditausfalls und verlangen ihrerseits zu dem Marktzinssatz eine Risikoprämie. Keynes sieht in diesem *doppelten Risikoaufschlag* einen Verstärker von ökonomischen Schwankungen. Denn er kann sowohl die Boomphase – den Aufschwung – als auch die Rezessionsphase – den Abschwung – verstärken. Das liegt an der asymmetrischen Wahrnehmung des Risikos. Im Aufschwung wird das Risiko ausgeblendet und die Chancen gesehen.

In Boomzeiten eröffnen sich neue Möglichkeiten und neue Chancen, die viele Haushalte und Unternehmen sich nicht entgehen lassen wollen. Es herrscht eine Situation des *„over confidence, error of optimism"*. Haushalte kaufen Immobilien und Aktien und setzen dabei auf Wertsteigerungen. Ihre Kaufkraft vermehren sie durch Fremdfinanzierung. Unternehmen sehen neue Absatzchancen und damit neue Gewinnquellen und starten zusätzliche Investitionsprojekte, die jetzt lohnend erscheinen. Und deren Eigenkapitalrendite erhöhen sie durch vermehrte Fremdfinanzierung, durch einen höheren Finanzierungshebel v. Banken fördern die Fremdfinanzierung, denn das ist ihr Geschäft, das ihnen Profite einbringt.

Am Ende des Booms verdüstern sich die Aussichten, die Wertsteigerungen bleiben aus, die Geschäftsaussichten trüben sich ein, die Absatzerwartungen müssen nach unten korrigiert werden. Die Prosperität mündet in eine Rezession ein. Die Banken werden vorsichtiger bei der Kreditvergabe. Das Risiko zeigt sich in dem Anstieg der Finanzierungskosten, einem Anstieg in dem Risikozuschlag. Die Fortsetzung der sogenannten Ponzi-Finanzierung wird erschwert, die Refinanzierung von Schulden, die Umschuldung, wird kostspieliger, Teile der Einnahmeströme müssen in die laufende Finanzierung umgelenkt werden, Investitionen werden gekürzt und Konsumausgaben hinausgezögert. Deflation droht. Die Gewinn-Investition-Dynamik wird gebremst. Zur Abwendung von Insolvenzen müssen Wertpapiere verkauft werden, und deren Kurse sinken. Mit sinkendem Vermögen nimmt die Konsumneigung weiter ab und trotz Verkaufs von Vermögenswerten droht wegen fallender Preise ein Anstieg der realen Verschuldung, hierauf haben, wie wir wissen, Fisher (1933) und Krugman (2012) hingewiesen.

Im Abschwung, wenn das Risiko dann sichtbar wird in Form drohender Insolvenz, wird es übergroß wahrgenommen. Der Zustand der Zuversicht wandelt sich bei einem Umschwung in eine Rezession schlagartig in einen Zustand der Angst *(over fear, error of pessimism)*. Die Erwartung fortdauernder Prosperität schwindet und die unterschwellig vorhandenen Befürchtungen, die eigene und die allgemeine Lage könnte sich verschlechtern, treten mit einmal deutlich ins Bewusstsein. Der Wechsel – real fundiert und in der Wahrnehmung überzeichnet – lässt die Risikozuschläge abrupt ansteigen mit der Folge, dass Anlagen mit geringer Liquidität vorzeitig und schnell liquidiert werden müssen. Der Abschwung mündet so in eine Krise. Der Umschwung ist der Kern des *Keynes-Minsky-Momentums*, der den ökonomischen Prozess instabil werden lässt. Im Umschwung in die Rezession geht viel Vertrauen verloren, insbesondere zwischen

Gläubigern und Schuldnern, und es bedarf viel Zeit, um das Vertrauen wieder aufzubauen. Auf das Keynes-Minsky-Momentum werden wir noch des Öfteren zu sprechen kommen.

Dieses Momentum wird oft mit dem Namen Minsky verbunden. Er beschreibt den Umschwung von stabilen zu instabilen Lagen in der neuerdings stark fremdfinanzierten Wirtschaft. Keynes zielt auf Umschwünge auf dem Güter- und Arbeitsmarkt ab. Der Mechanismus unterscheidet sich kaum, sodass wir ihn als Keynes-Minsky-Momentum bezeichnen. Der *Economist* weist auf neuere Verhaltensstudien hin, die Schwankungen der Risikoneigung in der Zeit belegen, vgl. The Economist (2014a).

Diesem Umschwung wollen die Zentralbanken entgegenwirken, insbesondere die Fed. Der Umschwung zwingt Wirtschaftssubjekte ihre Finanzanlagen zu verkaufen, um so wieder liquide zu werden. Ein massiver Verkauf von Anleihen und Aktien lässt die Kurse purzeln. Diese Abwärtsspirale hat zwei Effekte. Zum einen erzielen die Verkäufe immer weniger Erlöse. Es muss mehr verkauft werden als erwartet. Und zudem nehmen die Vermögenswerte ab. Sinkende Vermögen lassen nach dem *„wealth effect"* die Konsumneigung sinken. Um diesen *„spill over effect"* vom Finanzmarkt auf den Gütermarkt zu vermeiden, kauft die Fed in erheblichem Umfang Staatsanleihen und mit Hypotheken abgesicherte Wertpapiere. Der Kauf hält die Zinssätze für den Staat niedrig und entlastet so die Staatsausgaben und schafft für den Immobilienmarkt günstige Finanzierungs- und Refinanzierungsbedingungen. Ähnlich agieren die EZB, die englische und die japanische Zentralbank.

Es ist die zunehmende Neigung zur Fremdfinanzierung, die zu immer heftigeren Krisen führt. Die Liquiditätspräferenz, und damit die Vorsorge, nimmt bei Haushalten immer mehr ab, und in der zunehmenden Fremdfinanzierung von Immobilienkäufen und Finanzanlagen ist ein Anstieg ihrer Risikoneigung zu sehen. Bei Banken schrumpfen die Eigenkapitalquoten und die vermehrte Fremdfinanzierung erhöht in Boomphasen die Rentabilität. Sie lässt die Aktienkurse steigen und schützt über die hohe Marktkapitalisierung zudem vor der Gefahr feindlicher Übernahmen. Politiker schrecken vor dem Widerstand der Bürger gegen Steuererhöhungen zur Finanzierung wachsender Ausgaben, in besonderem Maße für soziale Aufgaben, zurück und leihen lieber das nötige Geld auf dem Finanzmarkt. So müssen sie nicht den müßigen Weg beschreiten, Bürger zu überzeugen, für bestimmte staatliche Projekte zusätzlich Steuern zahlen zu müssen. Sie entledigen sich dieser aktuellen Aufgabe und verschieben die mit der Fremdfinanzierung verbundenen Probleme in die Zukunft. Mit der ständig steigenden Fremdfinanzierung wachsen die Kreditforderungen enorm an, und diese verstärken in Krisen das Keynes-Minsky-Momentum: *Quantität schlägt bei der Fremdfinanzierung in Qualität* um, indem sie durch die im Laufe der Zeit stark angewachsene Akkumulation der Schulden die *Instabilität der Wirtschaft verstärkt*. Das ist eine der Kernthesen von Minsky.

Eine andere Kernthese ist, dass die *Privatbanken* zentrale Akteure in der Wirtschaft sind. Sie entscheiden nach Rendite- und Risikoüberlegungen, wohin das Zentralbankgeld M in der Wirtschaft fließt. Sie kreieren neue Finanzprodukte und dafür neue Märkte, um ihre Gewinnaussichten zu erhöhen und ihre Risiken abzusichern, und verstärken damit die Dynamik und die Instabilität des Wirtschaftsprozesses. Privatbanken kommen in dem „Drehbuch" von ISLM nicht vor. Minsky wendet sich von dem darin enthaltenen vereinfachenden Geldmarktmodell ab und dem Finanzmarkt zu. Dabei verzichtet er auf eine formale Ausgestaltung und beschreibt verbal die vielfältigen Vorgänge auf diesem Markt. Er rückt dabei die Leverage-Finanzierung, die Fremdfinanzierung mit seiner Hebelwirkung, ins Zentrum seiner Betrachtung. In ihr sieht er eine Hauptursache für die wachsende Instabilität ökonomischer Prozesse. Dem Gütermarkt gibt er eine andere formale Gestalt, darin tritt mit dem Gewinn eine zentrale Variable für die Investition auf und mit dem Preisaufschlag ein anderer Ansatz für die Inflationsentwicklung.

3.2 Grundzüge der Minskyschen Makroökonomie

3.2.1 Grundelemente

Schumpeter betont in seinen Ausführungen zur wirtschaftlichen Entwicklung:

- die Innnovationen
- die Gewinne
- die Kreditschöpfung der Privatbanken
  und
- die Kreditüberwachung der Privatbanken

All diese Aspekte fehlen in der keynesiansichen Betrachtung, die einen kurzen Zeitraum im Blick hat, wo die Wirtschaft vorübergehend aus dem Gleichgewicht ist.

Minsky erweitert das stationäre keynesianische Konzept zu einem von Schumpeter geprägten Entwicklungsansatz. Er schließt in seiner Erweiterung die Gewinne und die Privatbanken ein, die durch ihre unkontrollierte Kreditausweitung die Wirtschaft instabil machen.

Minsky (1986) schafft ein *neues Paradigma*. Darin nehmen Gewinne Π eine zentrale Rolle ein. Auf die Gewinne Π richtet er die Investitionen aus. Nach Minsky sind die Investitionen I die entscheidende Determinante für die Entwicklung der kapitalistischen Wirtschaft. Sie bestimmen essenziell ihren Wachstumspfad (Kernelement 1: Investitionen). Investitionsentscheidungen sind auf die Zukunft ausgerichtet. Heutige Investitionen müssen sich künftig als rentabel erweisen, sie müssen Gewinne erbringen (Kernelement 2: Gewinne). Gewinne erzielen Unternehmen über einen Preisaufschlag – Mark up – auf die technologisch determinierten variablen Produktionskosten. Die Gewinne enthalten die Allgemeinkosten für die Vielzahl von hoch ausgebildeten Spezialisten wie etwa Produktentwickler und Marketingfachleute, und auch die Gehälter und Boni des Unternehmensmanagements. Der Mark-up-Ansatz ergibt zudem das Preisniveau auf dem Gütermarkt und bestimmt somit die Inflation (Kernelement 3: Mark-up-Preisbildung). Die in zunehmendem Maße globale Konkurrenz gefährdet die Gewinne und erhöht den Druck zur Innovation. Produkte und Dienstleistungen mit neuer Qualität und neue kostengünstige Produktprozesse verbessern die Wettbewerbsposition im Konkurrenzkampf um Marktanteile und Gewinne (Kernelement 4: Innovationen). Innovationen gestalten fortwährend das Angebot von Gütern und Dienstleistungen um und fördern so die Dynamik der wirtschaftlichen Entwicklung, die Wachstumsrate g der gesamtwirtschaftlichen Produktion Y (Kernelement 5: Dynamik).

Die Fremdfinanzierung im Privaten Bereich verstärkt über den Hebeleffekt die Volatilität auf dem Finanzmarkt und mit den erhöhten Risiken die Insolvenzgefahr in Krisen. Die staatliche Fremdfinanzierung steigert das Währungsrisiko und bei Euro-Staaten zudem das staatliche Insolvenzrisiko (Kernelement 6: Fremdfinanzierung).

Zur Finanzierung der Investitionen verschulden sich die Unternehmen, indem sie auf dem Finanzmarkt Anleihen anbieten. Dies geschieht über die Privaten Banken. Sie sind die zentralen Akteure auf dem Finanzmarkt. Ohne sie läuft nichts. Sie schleusen das Zentralbankgeld zu den Unternehmen, den Staaten, den Haushalten und ins Ausland. Dies tun sie nicht als öffentliche Dienstleister. Sie sind ebenfalls Unternehmen, die nach möglichst hohen Gewinnen und Renditen trachten. Sie sind über die Rentabilitätsaussichten von Unternehmern auf dem Gütermarkt bestens informiert und wissen weltweit, wo sie ihr Geld am besten gewinnbringend anlegen können. Banker sind ständig bemüht, neue Wege zu finden, Geld auszuleihen, neue Kunden zu gewinnen, rentable Unternehmensteile zu erwerben, neue Finanzprodukte zu kreieren und somit neue Märkte zu erzeugen; hier ist etwa zu denken an forderungsbesicherte Wertpapiere, wie ABS-Papiere, und auch an Kreditversicherungspapiere, wie die CDS-Papiere. Sie wissen um ihr Geschäftsrisiko. Die Unsicherheit ist daher neben der Rentabilität ein wesentlicher Bestimmungsfaktor in ihrem unternehmerischen Kalkül. Sie wissen auch um ihre Macht, die ihnen aus ihrer Vernetztheit und ihrer zentralen Bedeutung für das Funktionieren der Gesamtwirtschaft zukommt. Sie sind die zentralen Akteure im kapitalistischen Wirtschaftssystem und sind so im wirtschaftspolitischen Spiel unumgänglich.

Das Bankgeschäft hat drei Facetten:

- die Finanzierungswünsche der Kunden zu verstärken,
- ständig neue Finanzprodukte für die Finanzierung, die Geldanlage und die Risikoabsicherung zu kreieren,
- die Bonität der Schuldner zu überwachen.

Die lästige und kostspielige Aufgabe der Bonitätsüberwachung vor Ort (Kreditmonitoring) entledigen sich allerdings Banken in zunehmendem Maße, indem sie Papiere zur Finanzabsicherung schaffen und damit das Risiko verkaufen. An dem weltweiten Verkauf können sie zudem noch verdienen (Kernelement 7: Privatbanken).

Staaten sind ebenfalls Hauptakteure. Sie greifen verstärkt ins Wirtschaftsgeschehen ein, um die Unterbeschäftigung auf dem Arbeitsmarkt zu bekämpfen und auch um Wachstumsimpulse zu setzen. Unter der populär gewordenen Deficit-Spending-Politik hat sich die Staatstätigkeit erheblich ausgeweitet und mittlerweile in Europa und den

3.2 Grundzüge der Minskyschen Makroökonomie

USA zu einer Staatsschuldenkrise entwickelt. Diese schränkt verstärkt den Aktionsspielraum von Staaten ein, denn sie haben als Schuldner zunehmend Schwierigkeiten ihren Zahlungsverpflichtungen nachzukommen. Verstärkt sehen sich andere solvente Staaten, insbesondere im Euro-Verbund, in die Pflicht genommen, Beistand zu leisten (Kernelement 8: „Big Government").

Wegen der hohen Schulden sind Regierungen in der Krise die Hände gebunden. Sie kommen ohne das billige Geld der Zentralbanken nun nicht mehr aus. Die Zentralbanken sind zu Kreditgebern der letzten Instanz *(lenders of last resort)* geworden. Sie haben eher eine dienende Rolle; sie sehen sich aber wegen der schwächelnden Fiskalpolitik zunehmend in die Pflicht genommen, stimulierend in die Wirtschaft einzugreifen, beispielsweise dem Bankensystem in Krisen viel Geld zu niedrigen Zinssätzen bereit zu stellen. Zentralbanken werden in Krisen vornehmlich tätig, um das Funktionieren des Finanzsystems zu gewährleisten, sie sind bestrebt die Risiken von Bank- und Staatsinsolvenzen zu reduzieren – letzteres gilt vornehmlich für die EZB – und so zur Stabilisierung eines instabilen Wirtschaftsprozesses beizutragen (Kernelement 9: Zentralbanken als „lenders of last resort").

Die Stabilität der ökonomischen Prozesse ist zunehmend gefährdet. Eine Ursache ist in der Innovation zu sehen, die das gesamtwirtschaftliche Gefüge ständig umbildet. Eine andere liegt in der sich ausweitenden Fremdfinanzierung. Investitionen in neue Produkte sind meist kapitalintensiv, und ihre Entwicklung braucht bis zur Vermarktung viel Zeit. Zudem fließen Einnahmen nach ihrer Markteinführung über mehrere Perioden. In dieser Zeitspanne kann sich das Marktumfeld, das über den Erfolg der Investition entscheidet, erheblich wandeln. Die Konkurrenz bringt ein vergleichbares Produkt kostengünstiger oder in besserer Qualität auf den Markt, man denke beispielsweise an den Auto-, den Telekommunikations- oder den Solaranlagemarkt. Dadurch kann der Absatz einzelner Unternehmen noch vor der Gewinnschwelle *(break even point)* einbrechen. Der globale Konkurrenzdruck kann sogar eine Krise in einem Wirtschaftssektor hervorrufen. Immobilienkrisen – Haushalte kommen ihren Zahlungsverpflichtungen nicht mehr nach wie das zum Beispiel in den USA und in Spanien der Fall ist und Staatsschuldenkrisen, Staaten haben sich bei ihrer Deficit-Spending-Politik übernommen und können selbst ihre Zinsschulden nicht mehr tragen, – können eine Bankenkrise hervorrufen, die sich wegen der Vernetzung der Privatbanken untereinander schnell ausbreiten und das Funktionieren der Gesamtwirtschaft beeinträchtigen kann.

Leichte Rezessionen können schnell in Krisen münden. Die Entwicklung dahin haben wir unter dem Stichwort Keynes-Minsky-Momentum erläutert. Hierbei spielt der Umschwung in den Erwartungen eine zentrale Rolle. Dieser Umschwung wird umso heftiger ausfallen, je weniger Vorsorge die Marktteilnehmer für künftige Krisen getroffen haben. Und die Vorsorge schrumpft. Denn die Fremdfinanzierung weitet sich immer mehr auf Kosten der Vorsorge für künftige Unsicherheiten aus. Dieser Umstand drückt sich in dem Doppelaspekt der Funktion $L_2(i)$ aus, die Keynes einerseits als Liquiditäts- andererseits als Spekulationsfunktion bezeichnet hat. Die Liquiditätsnachfrage der Haushalte für die Vorsorge geht zugunsten der Spekulationsnachfrage auf dem Finanzmarkt zurück.

Allgemein sorgt die Allianz der Banken mit den Haushalten, den Unternehmen und den Staaten für die Zunahme der Kreditfinanzierung. Haushalte können sich mit geliehenem Geld den lang ersehnten Wunsch nach einem Eigenheim erfüllen, Unternehmer ihre Eigenkapitalrendite erhöhen und infolge auch die Gewinne, den Marktwert und die Dividende, und Politiker können, ohne die Bürger zusätzlich mit Steuern zu belasten, Wohltaten an sie verteilen. Und die Banken verdienen an jeder dieser Fremdfinanzierung kräftig mit. Diese Schuldenfinanzierung steigert das Risiko und der Anstieg des Kreditvolumens verstärkt die Instabilität der Marktwirtschaft (Kernelement 10: Instabilität).

3.2.2 Interdependenz zwischen Gewinn und Investition

Minsky rückt von den in der Mikro- und Makroökonomie üblichen formalen komparativ-statischen Gleichgewichtsanalysen, von der formal quantitativen Analyse ab. Er verzichtet weitgehend auch darauf, Verhaltensgleichungen zu postulieren. Er beschränkt sich auf wenige ökonomische Beziehungen. Sie bilden einen *offenen Bezugsrahmen*, in dem er die Dynamik und Instabilität auf dem Gütermarkt diskutiert, dazu gehören neben der *Preis-Gewinn-Interdependenz* insbesondere die *Inderdependenz zwischen Gewinnen und Investitionen*. Beide bilden ein Ordnungsgefüge, das es erlaubt, das Zusammenwirken zentraler ökonomischer Variablen qualitativ zu diskutieren. Formal entspricht Minskys Ansatz der Vorgehensweise von Fisher (1933), der seine Verkehrsgleichung nutzt, Wirkungen ausgewählter ökonomischer Faktoren zu besprechen. Die Verflechtung des Gütermarktes mit dem Finanzmarkt erfolgt bei Minsky über die Banken. Sie finanzieren die Investitionen und letztlich die Staatsdefizite.

Die Gewinngleichung betont die Interdependenzdynamik von Gewinnen und Investitionen. Damit werden die Investitionen mit ihrer eigentlichen Antriebsfeder den Gewinnen verbunden. Dadurch entsteht gegenüber dem ISLM-Modell eine *neue Sichtweise* auf makroökonomische Abläufe. Mit dem Gewinn lenkt er zudem den Blick auf die ökonomische Ungleichheit. Gewinne sichern sich Unternehmer nach Minsky über einen Gewinnaufschlag und damit rückt er von der geldmengenbestimmten Inflation ab. Wegen dieser neuen Sichtweisen auf die Wechselwirkung ökonomischer Variablen widmen wir uns ausführlich der Beziehung zwischen Gewinn und Investition sowie dem Mark-up-Ansatz und den Determinanten des Preisniveaus und damit der Inflation.

Minsky ersetzt die IS-Beziehung aus dem ISLM-Modell durch die in die Zukunft gerichtete Gewinn-Investition-Interdependenz. In der Interdependenz ergibt der Erlös der verkauften Güter und Dienstleistungen nach Abzug der *variablen* Lohnkosten den Gewinn, der die *Allgemeinkosten* für die hoch qualifizierten Fachkräfte in der Entwicklung und der Vermarktung der Güter mit einschließt. So ist der Gewinn Π_c in der Konsumgüterindustrie die Differenz zwischen Markterlös $P_c Q_c$ und *variablen* Kosten $W_c N_c$ für weniger qualifizierte Arbeiter:

$$\Pi_c = P_c Q_c - W_c N_c, \qquad (3.12)$$

3.2 Grundzüge der Minskyschen Makroökonomie

mit

P_c = Preisniveau der Konsumgüter,
Q_c = Menge der Konsumgüter,
W_c = Lohnsatz in der Konsumgüterproduktion,
N_c = Anzahl der Arbeitskräfte in der Konsumgüterproduktion.

Entsprechendes gilt für die Investitionsgüter, die Güter des Staatsverbrauchs und die Exportgüter, die wir in einem ersten Schritt unberücksichtigt lassen. Das Angebot $P_c Q_c$ auf dem Gütermarkt ist gleich seiner Nachfrage. Sie ergibt sich aus der Lohn- und Gewinnsumme sowie den staatlichen Transferzahlungen. Die Lohnsumme Ws ist – der Index I deutet auf den Investitionsgüterbereich und der Index g auf den staatlichen Bereich *(government)* –

$$Ws = W_c N_c + W_I N_I + W_g N_g \quad (3.13)$$

und nach Abzug der Lohnsteuer $T_w(Ws)$ ist die Nettolohnsumme

$$W^* = Ws - T_w(Ws). \quad (3.14)$$

Aus der Gewinnsumme

$$\Pi s = \Pi_c + \Pi_I + \Pi_g = \Pi \quad (3.15)$$

resultiert nach Abzug der Gewinnsteuern $T_\pi(\Pi)$ der Nettogewinn

$$\Pi^* = \Pi - T_\pi(\Pi). \quad (3.16)$$

Das verfügbare Einkommen Yv aus Gl. 3.2 ist hier

$$Yv = W^* + \Pi^* + Tr. \quad (3.17)$$

Mit den Konsumneigungen c_w aus Lohneinkommen W^* und c_π aus Gewinn Π^* ergibt sich die Gleichgewichtsbeziehung auf dem Gütermarkt:

$$P_c Q_c = c_w W^* + c_\pi \Pi^* + Tr. \quad (3.18)$$

Die rechte Seite in Gl. 3.18 entspricht der rechten Seite in der Konsumgleichung (Gl. 3.3), nur dass hier zwischen Lohn und Gewinn unterschieden wird und dass alle Transferzahlungen zum Konsum verwendet werden.

Das Staatsdefizit Df ist wie in Gl. 3.7 die Differenz zwischen Staatsausgaben und Steuereinnahmen:

$$Df = P_g Q_g + Tr - T_w(W) - T_\pi(\Pi). \quad (3.19)$$

Einige Umformungen, die der Leser überspringen kann, ergibt die zentrale Gewinn-Investitionsbeziehung.

Exkurs: Transformationen
Mit $P_g Q_g = W_g N_g + \Pi_g$ erhalten wir aus Gl. 3.19

$$Df = W_g N_g + \Pi_g + Tr - T_w - T_\pi \tag{3.20}$$

und daraus die Transferzahlungen Tr in Form von

$$Tr = Df - W_g N_g - \Pi_g + T_w + T_\pi. \tag{3.21}$$

Einsetzen von Tr aus Gl. 3.21 in Gl. 3.18 ergibt

$$P_c Q_c = c_w W^* + c_\pi \Pi^* + Df - W_g N_g - \Pi_g + T_w + T_\pi. \tag{3.22}$$

Mit $c_w W^* = (1 - s_w)(Ws - T_w) = Ws - T_w - s_w W^*$ schreiben wir die Gl. 3.22 um zu

$$P_c Q_c = Ws - s_w W^* + c_\pi \Pi^* + Df - W_g N_g - \Pi_g + T_\pi. \tag{3.23}$$

Ersetzen wir in Gl. 3.23 die Lohnsumme Ws gemäß Gl. 3.13 durch ihre Komponenten, dann erhalten wir

$$P_c Q_c - W_c N_c = W_I N_I - s_w W^* + c_\pi \Pi^* + Df - \Pi_g + T_\pi. \tag{3.24}$$

Mit $P_c Q_c - W_c N_c = \Pi_c$ und $W_I N_I = I - \Pi_I$ resultiert aus Gl. 3.24

$$\Pi_c = I - \Pi_I - \Pi_g + T_\pi + c_\pi \Pi + Df - s_w W^* \tag{3.25}$$

und aus Gl. 3.25 folgt

$$(1 - c_\pi)\Pi^* = I + Df - s_w W^*$$

und damit die Gewinn-Investitionsbeziehung

$$\Pi^* = (I + Df - s_w W^*)/(1 - c_\pi). \tag{3.26}$$

Die *zentrale* Beziehung zwischen Gewinnen Π und Investitionen I ist

$$\Pi^* = (I + Df - s_w W^*)/(1 - c_\pi). \tag{3.26}$$

Sie enthält die uns bekannte IS-Gleichgewichtsbedingung 3.6 auf dem Gütermarkt aus dem ISLM-Modell in Form von

$$I + Df = (1 - c_\pi)\Pi^* + s_w W^* = S. \tag{3.27}$$

Minsky geht es weniger um die uns vertraute Beziehung der Investition I zur Ersparnis S in Gl. 3.27 als vielmehr um die Beziehung der Investition I zum Gewinn Π in Gl. 3.26. Sie erweitert sich unter Berücksichtigung der Außenhandelsbeziehungen zu

$$\begin{aligned}\Pi^* &= (I + Df + Ex\ddot{u} - s_w W^*)/(1 - c_\pi) \\ &= (I + Df + Ex\ddot{u} + (c_w - 1)W^*)/(1 - c_\pi)\end{aligned} , \tag{3.28}$$

darin ist

$$Ex\ddot{u} = P_x Q_x - P_m Q_m = \text{Exportüberschuss} \tag{3.29}$$

3.2 Grundzüge der Minskyschen Makroökonomie

und

P_m = Importpreisniveau,
Q_m = Importmenge,
P_x = Exportpreisniveau,
Q_x = Exportmenge.

Zu bemerken ist, dass der Einschluss des Auslands nicht nur den Exportüberschuss in Gl. 3.29 hinzufügt, sondern dass in Π^* zudem Gewinne Π_x aus der Produktion von Exportgütern und in W^* Löhne W_x aus eben dieser Exportgüterproduktion stecken.

Die Gl. 3.26 setzt mit Π^*, I und Df drei Kerngrößen aus Minskys Grundkonzept in einen Zusammenhang. Anders als in der klassischen Gleichgewichtsbeziehung (Gl. 3.27), welche die Gleichheit zwischen Investition I und Ersparnis S hervorhebt, betont er in Gl. 3.26 die *in die Zukunft gerichtete Interdependenz zwischen Investitionen I und Gewinnen Π^**, die den Kern der Dynamik im kapitalistischen Wirtschaftsprozess ausmacht, den Kern der kapitalistischen Interdependenzdynamik. Und speziell diese Interdependenzdynamik, die künftige Wechselwirkung von Investitionen und Gewinnen, beschäftigt Minsky. Es geht ihm darum herauszustellen, wie die Interaktion von Gewinn und Investitionen zusammen wirken und welche Hauptfaktoren auf diesen Interdependenzmechanismus einwirken.

Die Gewinne Π auf der linken Seite von Gl. 3.26 ergeben sich auf *mikroökonomischer* Ebene aus dem Zusammenspiel aus Projektrendite r_e, Marktzinssatz i und Risikozuschlag rz sowie dem Fremdfinanzierungsgrad v, der *leverage ratio*, vgl. Gl. 3.11. Hohe Projektrenditen sind das Ergebnis der Entwicklung neuer wettbewerbsfähiger Produkte und ihrer erfolgreichen Vermarktung. Der Zinssatz bestimmt sich auf dem Finanzmarkt und die Risikoprämie hängt von der Einschätzung der konjunkturellen Lage ab.

Günstig für den Gewinn Π^* ist die Nachfrage des Staates, des Auslandes und besonders die Nachfrage der Haushalte, aber auch die Investitionsnachfrage der Unternehmer. Auf der rechten Seite von Gl. 3.28 treten sämtliche Nachfrager auf, die Unternehmen mit ihren Investitionen I, der Staat mit seinem Haushaltsdefizit Df, das Ausland über den Exportüberschuss Exü und die Haushalte mit ihren Konsumneigungen c_w und c_π.

Die Investitionen I sind die Quelle zukünftiger Einnahmeströme und der künftige Fluss an Gewinnen nährt seinerseits wieder die Zuversicht auf künftig rentable Investitionen. Gewinne Π und Investitionen I ergänzen sich gegenseitig in der Interdependenzdynamik und sind natürlich gute Partner in der kapitalistischen Dynamik. In den Investitionen I manifestieren sich künftige Gewinnerwartungen.

Auch Staatsdefizite Df und Exportüberschüsse Exü fördern nach Gl. 3.28 den Gewinnfluss und dadurch das volkswirtschaftliche Wachstum, die Wachstumsrate g der gesamtwirtschaftlichen Produktion Y. Eine fortdauernde Defizitfinanzierung der Staatsausgaben vergrößert jedoch immer mehr die Staatsschulden. Die damit einhergehenden Zinszahlungsverpflichtungen engen zudem, wie wir noch später sehen werden, den Gestaltungsspielraum eines Staates in zentralen Bereichen wie der

Bildungs- und Sozialpolitik zunehmend ein und können sogar seine Zahlungsverpflichtungen gefährden. Und die Risikozuschläge auf Staatsanleihen und auf diese abgeschlossene Kreditversicherungen CDS schnellen gerade dann in die Höhe, wenn eine Zahlungsunfähigkeit droht und verstärkt damit noch weiter die Gefahr einer staatlichen Insolvenz. Dies trifft zum Beispiel auf einige Euro-Staaten zu und auch in ähnlicher Form auf Argentinien.

Anfangs profitieren auch die Privatbanken an der wachsenden Staatsverschuldung. Sie können durch die damit verbundene Krediterweiterung satte Gewinne einstreichen. Die später drohenden Staatsinsolvenzen schmälern aber erwartete Gewinnströme von Banken, verringern deren Rentabilität und gefährden in der Grenze ohne staatlichen Schutz ihre eigene Solvenz. Eine länger andauernde Deficit-Spending-Politik hat demnach unerwünschte Effekte, welche die Instabilität des ökonomischen Wirtschaftsprozesses verstärken. Es kann also zu einer Allianz zwischen Politikern und Bankern kommen, die neben der wirtschaftlichen auch die politische Stabilität, zum Beispiel der EU, gefährden kann.

Ein Beispiel für diese Allianz ist Griechenland. Nach Einführung des Euros profitierten griechische Politiker von den anfangs niedrigen Zinsen und dem vermeintlichen Schutz der Euro-Staaten und forcierten mit Unterstützung des internationalen Finanzwesens ihre Deficit-Spending-Politik, ohne sich an vertragliche Bindungen zu halten. Die Folgekosten können sie aber alleine nicht tragen, und auch wegen des systemischen Risikos sehen sich in der Folge andere Euro-Staaten trotz der „No-Bail-Out"-Klausel im Maastricht-Vertrag zur Unterstützung gezwungen, ein Beispiel dafür dass die Macht des Faktischen über Vertragsrechte siegen kann, was langfristig das Vertrauen in Verträge unterminieren kann; wir gehen hierauf später noch einmal im Zusammenhang mit der EZB-Politik ein.

Ähnlich verhängnisvoll wie die Politiker-Banker-Allianz bei der Deficit-Spending-Politik kann die Allianz zwischen Banken und Privathaushalten auf dem Immobilienmarkt sein. Niedrige Hypothekenzinsen mit geringen Sicherheitsanforderungen und erwarteten Immobilienpreissteigerungen können einen Nachfrageboom auslösen. Und der verstärkt über die Ausweitung der Hypothekenkredite den Gewinnfluss der Banken. Er kann aber versiegen, wenn die Marktbedingungen sich ändern und Haushalte ihren langfristigen Zahlungsverpflichtungen nicht mehr nachkommen können und der Boom platzt. Belege für diese vom Immobilienmarkt ausgehende Instabilität sind die Immobilienkrisen in den USA und in Spanien sowie Irland.

Private Haushalte wirken nach Gl. 3.28 über ihr Konsumverhalten auf die Gewinne Π. In prosperierenden Wirtschaftszeiten nimmt ihr Konsum zu. Das drückt sich in Gl. 3.28 in den steigenden Konsumneigungen c_w und c_Π bzw. in fallenden Sparneigungen s_w und s_Π aus. Bei vielversprechenden Zukunftsaussichten sind sie bereit, mehr auszugeben und sich sogar für größere Anschaffungen zu verschulden. Sie nehmen dann verstärkt Konsumentenkredite auf, insbesondere die Lohnbezieher N. In einer prosperierenden Phase stimulieren zudem steigende Aktienkurse und hohe Dividendenzahlungen den Konsum, vor allen Dingen aus Gewinneinkommen. Gute Konjunkturaussichten und dann steigender Wohlstand – „*wealth effect*" – erhöhen somit die Konsumneigung c und nach Gl. 3.28 die Gewinne Π. Die Tendenz kippt nach der Konjunkturwende, und das Konsumverhalten beschleunigt den Abschwung. Denn dann bremsen sinkende Konsumneigungen die Π-I-Dynamik und verstärken die wirtschaftliche Instabilität. Es ist daher nicht erstaunlich, dass die amerikanische Notenbank Fed bei ihren Stabilisierungsbemühungen neben der Inflation und dem Wachstum des Weiteren neuerdings auch die Anleihen- und Aktienkurse ins Auge gefasst hat. Sie zielt bei ihren geldpolitischen Maßnahmen in der aktuellen Wirtschaftskrise gleichfalls darauf ab, dass die amerikanischen Wertpapierkurse wegen ihres Wohlstandseffekts auf den Konsum nicht allzu kräftig abstürzen. Sie geht davon aus, dass der *„wealth effect"*, den wir im Zusammenhang mit dem ISLM-Modell in Form der realen Geldmenge M/P kennengelernt haben, heutzutage in der amerikanischen Wirtschaft über die Wertpapierkurse wirkt.

3.2.3 Der Mark-up-Ansatz und das Preisniveau

Neben den Gewinnen und den Investitionen spielt die Entwicklung des Preisniveaus eine zentrale Rolle im kapitalistischen Wirtschaftssystem. Es kann sowohl als Deflation – wie in Weltwirtschaftskrise nach dem 1. Weltkrieg in den USA und auch in der jüngeren Wirtschaftskrise in Japan – als auch als Inflation – wie in der Wirtschaftskrise nach dem 1. Weltkrieg in Europa – verheerende Folgen für die ökonomische als auch für die gesellschaftliche Entwicklung haben.

Von den enormen Geldmengenzuwächsen in der jüngsten Krise – zu denken ist an die expansive Geldmengenpolitik in den USA, in Japan, in Großbritannien und im Euro-Land – wird nach Krugman keine Inflationsgefahr ausgehen, solange die Volkswirtschaften nicht aus der Rezession kommen. Und in der Tat dürfte dem so sein. Ein wichtiges Argument dafür liefert Minsky. Er erklärt die Entwicklung des Preisniveaus P mit seinem Mark-up-Ansatz.

Wir entwickeln Minskys Preisaufschlagansatz, indem wir uns an seiner Gl. 3.12 $\Pi = PQ - WN$ orientieren, oder besser gesagt, indem wir von der Aufteilung der Markterlöse PQ auf variable Arbeitskosten WN und Gewinne Π, $PQ = WN + \Pi$, ausgehen. Diese Beziehung gilt nach Minsky, wie wir wissen, nicht nur für die Konsumgüter, sondern auch für die Investitionsgüter, den Staatsverbrauch und die Exportgüter. Wir verzichten auf diese Unterteilung. Das hat Vorteile: Dem Leser bleiben eine Reihe algebraischer Umformungen erspart, die resultierende Mark-up-Darstellung ist einfacher und leichter zu interpretieren. Zudem verbindet der in ihr auftretende Gewinn Π das Preisniveau P mit der Gewinn-Investition-Interdependenz (Gl. 3.28).

Die Gleichung

$$PQ = NW + \Pi \tag{3.30}$$

lässt sich umformen zu

$$P = (NW/Q)(1 + \Pi/NW), \tag{3.31}$$

bzw. zu

$$P = (W/A_p)(1 + m), \qquad (3.32)$$

mit der Arbeitsproduktivität

$$A_p = Q/N \qquad (3.33)$$

und dem Gewinnaufschlag

$$m = \Pi/NW. \qquad (3.34)$$

Die Gl. 3.32, 3.33 und 3.34 besagen, dass das Preisniveau drei Determinanten hat: die Löhne W, die Arbeitsproduktivität A_p und der Gewinnaufschlag m. Preistreibende Kostenimpulse gehen nach Gl. 3.32 von steigenden Löhnen W und sinkender Arbeitsproduktivität A_p aus. Die Beziehung zwischen dem Preisniveau P und den Löhnen W entspricht der Hayekschen P-W-Spirale.

Günstig für die Durchsetzung des Gewinnaufschlags $m = \Pi/NW$ ist, wie uns aus der Gewinn-Investitionsinterdependenz (Gl. 3.28) bekannt ist, eine hohe Nachfrage auf dem Gütermarkt, die die Gewinne Π fördert. Die Gewinne, in Form von

$$\Pi = T_\pi + (I + Df + Ex\ddot{u} - s_w W^*)/(1 - c_\pi) \qquad (3.35)$$

geschrieben, machen zudem deutlich, dass Unternehmer bestrebt sind, die Gewinnsteuer T_π über den Preisaufschlag $m = \Pi/NW$ auf die Nachfrager zu überwälzen.

Die Gewinn-Investitionsinterdependenz (Gl. 3.28) setzt wie die Preisniveaugleichung (Gl. 3.32) zentrale makroökonomische Variablen in Beziehung. Die Gl. 3.32 setzt über W/A_p das Preisniveau P in Verbindung zu Elementen der Konsumgüterproduktion und über $m = \Pi/WN$ zu Elementen der Nachfrage, die in der Gewinngleichung (Gl. 3.28) aufgelistet sind. Und hiermit schließt sich der Kreis von der Preisniveaugleichung (Gl. 3.32) zur Gewinn-Investition-Interdependenz (Gl. 3.28).

Anders als in der Fisherschen Verkehrsgleichung oder in Friedmans monetärem Ansatz tritt *in Minskys Ansatz keine Geldmenge* M auf. Sein Preisaufschlagansatz (Gl. 3.32) hat mit dem Gewinnaufschlag m, der Arbeitsproduktivität A_p und den Löhnen W andere Determinanten für die Inflation. Zugleich wendet er sich von der keynesianischen Geldmarktgleichung (Gl. 3.8) ab. Denn das Zentralbankgeld gelangt nicht unmittelbar als Angebotsmenge M in die Wirtschaft. Es sind vielmehr die *Privatbanken*, die es in den Wirtschaftskreislauf schleusen. Die Zentralbanken bieten den Privatbanken günstige Bedingungen für die Aufnahme von Zentralbankkrediten an, indem sie ihre Zinssätze senken und die Ansprüche an Sicherheiten abschwächen – in Krisenzeiten, wie den aktuellen, vergünstigen sie die Bedingungen extrem. Die Privatbanken gehen auf die Bedingungen ein und weiten ihren Kreditrahmen bei der Zentralbank aus, wenn sich ihnen zusätzliche rentable Geldanlagen eröffnen, in Krisen allerdings tun sich Gewinnchancen seltener in der realen Kreislaufökonomie und eher im Handel mit Beständen auf, wodurch sich Effekte der Zentralbankpolitik auf die Arbeitsnachfrage N, die Produktion Y und sein Wachstum g verringern.

3.2.4 Würdigung des formalen Minsky Ansatzes

Minsky eröffnet einen neuartigen Blick auf das Wirtschaftsgeschehen. Er hat einen Paradigmenwechsel eingeleitet. Er deutet die IS-Beziehung des Gütermarktes um, indem er mittels der Gewinn-Investition-Interdependenz den Wirtschaftsprozess auf dem Gütermarkt in die Zukunft ausrichtet, er löst sich von der Geldmarktbeziehung LM, indem er in seinem offenen Ansatz Privatbanken zu zentralen Akteuren auf dem Finanzmarkt macht. Sie fördern die Fremdfinanzierung und verstärken so die ökonomische Instabilität. Er stellt eine Alternative zur Erklärung des Preisniveaus, also der Inflation und der Deflation, vor. Mit den Gewinnen Π öffnet Minsky schließlich seinen Ansatz für Erörterungen ökonomischer Ungleichheiten.

Die Π-I-Interdependenz (Gl. 3.28)

$$\Pi^* = (I + Df + Ex\ddot{u} - s_w W^*)/(1 - c_\pi)$$

ändert den bisherigen Blick auf das Geschehen auf dem Gütermarkt. Sie löst die Gleichgewichtsbeziehung

$$I + Df + Ex\ddot{u} = S \tag{3.36}$$

zwischen der in die Zukunft gerichteten Investition I der Unternehmen und dem aus den laufenden Konsumscheidungen resultierenden Nichtkonsum S der Haushalte, ihrer Ersparnis, ab.

Minsky verknüpft in Gl. 3.28 die Investition I mit den Gewinnen Π und rückt mit dieser Π-I-Dynamik eine zentrale Beziehung des kapitalistischen Wirtschaftsgeschehens in den Vordergrund. Sie stellt den Kern der kapitalistischen Dynamik auf dem Gütermarkt dar, *sie ist auf Gewinne Π und auf Akkumulation des Vermögens Σ ausgerichtet.*

Gewinne Π führt Minsky ein, indem er gemäß Gl. 3.30 die Markterlöse PQ auf Arbeitskosten WN und Gewinn Π aufteilt. Hierbei trennt er die *variablen Lohnkosten* WN der weniger qualifizierten Arbeitskräfte N, die mit der Güternachfrage schwanken, von den *Allgemeinkosten* für höher qualifizierte Fachkräfte, die Unternehmen für die Entwicklung und Vermarktung von Gütern längerfristig binden. Die Fixkosten für höher bezahlte Fachkräfte rechnet Minsky den Gewinnen Π zu. Auf diese Aufteilung greifen wir noch später zurück, wenn wir auf die *ökonomische Ungleichheit* zu sprechen kommen. Diese Unterscheidung zwischen ausführender und kreativer Arbeit, zwischen gering und hoch qualifizierter Arbeit, eröffnet eine Sicht auf ökonomische Ungleichheit, die aus der Bezahlung ungleicher Tätigkeit erwächst; hierauf verweist auch R. G. Rajan (2010), der in der Ausbildung eine Ursache der Ungleichheit sieht.

Seine Aufteilung der Erlöse PQ in variable Arbeitskosten WN und Gewinne Π nutzt Minsky, um seine Preisaufschlaghypothese (Gl. 3.32)

$$P = (W/A_p)(1 + m) \quad \text{mit} \quad m = \Pi/NW$$

zu postulieren. Das Preisniveau P – und damit Inflation und Deflation – hängt nach Gl. 3.32 von den Lohnkosten W, der Arbeitsproduktivität A_p und dem eigentlichen Preisaufschlag m, der vom Gewinn Π und somit von der Π-I-Interaktion (Gl. 3.28) bestimmt wird.

Die Π-I-Interdependenz (Gl. 3.28) interagiert mit dem Preisaufschlag (Gl. 3.32). Springt, angestoßen von den Nachfragekomponenten auf der rechten Seite in Gl. 3.28 die Π-I-Dynamik an, dann können Unternehmen gemäß dem Gewinnaufschlag m = Π/NW Preiserhöhungen leichter durchsetzen. Höhere Gewinnmargen m bedeuten höhere Preise P und höhere Preise P höhere Gewinne. Somit können wir bei dem Preisaufschlagansatz (Gl. 3.32) ebenfalls von einer Interdependenzbeziehung sprechen, von der Preis-Gewinn-Interdependenz. Beide Interdependenzen – die Π-I- und die P-Π-Interdependenz – verstärken sich gegenseitig, sowohl im Auf- als auch im Abschwung und machen die Dynamik in der wirtschaftlichen Entwicklung aus.

Trüben sich die Zukunftsaussichten ein, die Π-I-Dynamik verliert an Schwung, die Gewinne Π schrumpfen und die Unternehmen gewähren bei sinkender Nachfrage Preisrabatte, womit der Preisaufschlag m fällt und damit der Preis P. Eine konjunkturelle Abwärtsspirale droht auf dem Güter- und Arbeitsmarkt und obendrein noch eine Deflation, die die Abwärtsspirale auf beiden Märkten noch verstärkt. Entsprechendes gilt im Aufschwung.

Künftige Gewinne Π hängen von heutigen Investitionen I ab. Und die sind in einem großen Ausmaß fremdfinanziert. Über die *Fremdfinanzierung* kommt den *Privatbanken* eine erhebliche Rolle in der Interdependenzdynamik zu. In der zunehmenden Fremdfinanzierung, der sogenannten Finanzialisierung der Wirtschaft, sieht Minsky die Ursache für die wachsende Instabilität der Ökonomie. Und die Privatbanken fördern die Fremdfinanzierung, denn daran verdienen sie. Dem Finanzmarkt kommt eine immer größer werdende Bedeutung zu. Hier spielt die Musik, hier stellt die Fremdfinanzierung die Weichen für die Entwicklung in der realen Wirtschaft. Sie eröffnet Möglichkeiten, die die Marktteilnehmer dort nur zu gerne nutzen möchten: Haushalte den Kauf einer Immobilie, Unternehmer die Erhöhung der Eigenkapitalrendite und Politiker die Gewährung von Wohltaten, ohne die Bürger zur Kasse bitten zu müssen.

3.2.5 Finanzmarkt: Privatbanken, Fremdfinanzierung und Instabilität

Als einen Kern der Interdependenzdynamik des kapitalistischen Wirtschaftsprozesses haben wir die Wechselwirkung zwischen Gewinn Π und Investition I, die Π-I-Interdependenz in Gl. 3.28 herausgestellt. Darin sind die Investitionen I das tragende Element im Wirtschaftswachstum g.

Investieren ist für Unternehmer ein *zeitaufwendiger* Prozess. Sie brauchen Zeit für die Planung und die Realisation ihrer Investitionsprojekte. Das ist die technische Seite. Und auch aus ökonomischer Sicht ist die *Zeit* ein wesentlicher Faktor. Ob eine Investition I sich als rentabel herausstellt, erweist sich erst künftig, mitunter nach einer längeren Zeitspanne. Die Rentabilität hängt einerseits von den künftigen Gewinnströmen Π und andererseits von ausstehenden Zahlungsverpflichtungen ab, die Unternehmen bei der Finanzierung ihrer Investitionsentscheidungen für die Zukunft eingehen.

Über die Finanzierung der Investitionen werden Banken zu zentralen Akteuren in der Gewinn-Investition-Interdependenz (Gl. 3.28). Die Kreditkonditionen setzen die Privatbanken nach Rentabilitätsüberlegungen. Ihre Konditionen ändern sie im Laufe der Zeit und gerade in Krisenzeiten mit hohem Risiko heben sie ihre Anforderungen an und schmälern so die schon geringer werdenden Gewinnströme. Damit ist die Gewinn-Investition Interaktion den Risiken ausgesetzt, die verstärkt vom Finanzmarkt ausgehen.

Die Rolle der Privatbanken reduziert sich aber nicht nur auf die Finanzierung von Realinvestitionen I. Sie finanzieren Käufe von Immobilien, von Kunstwerken und von Unternehmensübernahmen, gewähren Haushalten Kredite zum Konsum und auch zum Erwerb von Anleihen und Aktien sowie Unternehmen und Staaten Kredite, indem sie etwa ihre Anleihen zeichnen.

Die Fremdfinanzierung von Sach- als auch von Finanzinvestitionen verstärkt, wie das Keynes-Minsky-Momentum illustriert, die ökonomische Instabilität. Minsky verdeutlicht Unterschiede in der Fremdfinanzierung anhand einer Klassifikation. Dazu stellt er den Einnahmen die Ausgaben gegenüber, die sich aus eingegangenen Zahlungsverpflichtungen ergeben, d. h. aus aufgenommenen Krediten. Verschulden können sich alle Akteure: Haushalte, Unternehmen, Banken und Staaten ebenso wie das Ausland.

Minsky unterscheidet drei Verschuldungsarten:

1. die abgesicherte Finanzierung *(hedge finance)*,
2. die spekulative Finanzierung *(speculative finance)*,
3. die Ponzi-Finanzierung *(Ponzi finance)*.

Bei der abgesicherten Finanzierung reichen die laufenden Einnahmen aus, um über einen längeren Zeitraum allen eingegangenen Zahlungsverpflichtungen nachzukommen. Die laufenden Zinsen werden gezahlt und die ausstehenden Schulden getilgt. Bei der spekulativen und der Ponzi-Finanzierung sind die laufenden Einnahmen nicht ausreichend, um über eine größere Zeitspanne alle Zahlungsverpflichtungen zu begleichen. Bei der spekulativen Finanzierung werden die getilgten Altschulden durch die Übernahme neuer Schulden ersetzt, ohne dass die Verschuldung steigt. In Form einer Refinanzierung werden alte durch neue Schulden ersetzt. Bei der Ponzi-Finanzierung steigt der Schuldenstand. Hier spekuliert man auf Wertsteigerungen der fremdfinanzierten Geldanlagen, etwa auf einen Preisanstieg bei Immobilien oder einen Kursanstieg bei Finanztiteln. Schuldner wie Gläubiger – vorwiegend Privatbanken – sind bei der spekulativen und insbesondere bei der Ponzi-Finanzierung von der Entwicklung auf dem Finanzmarkt abhängig. Die dortige Volatilität und auch nicht eintretende, aber erwartete Wertsteigerungen können die Solvenz gefährden und somit die Instabilität verstärken. Die Gefahr der Insolvenz und der Instabilität geht insbesondere von der Ponzi-Finanzierung aus. Sie lässt die Schuldenstände ansteigen, sie sorgt für den Anstieg der Fremdfinanzierung, die mit ihrer Hebelwirkung die Volatilität und damit die Instabilität erhöht.

Wachsende Fremdfinanzierung mit hohen Schulden verstärken das Keynes- Minsky-Momentum, beim Umschwung tritt ein doppelter Effekt ein: Zum einen wird die bis dahin übliche Ausweitung der Kreditaufnahme, die Ponzi-Finanzierung, erschwert und vielfach sogar unterbunden und zum anderen werden Anschlussfinanzierungen der dann fälligen Tilgungen erheblich teurer.

Auch wenn sich Privatbanken selbst verschulden, vornehmlich bei der Zentralbank und untereinander, so sind sie doch als diejenigen anzusprechen, die ständig bemüht sind, ihre Geschäfte auszuweiten, indem sie Kredite an Haushalte, an Unternehmen, an Staaten und ans Ausland verkaufen. Sie fördern die Verschuldung der übrigen Akteure und begünstigen die spekulative und die Ponzi-Finanzierung. Sie selbst sind auch bereit ihren Verschuldungsgrad v zu erhöhen und ihre Eigenkapitalquote (EKQ) zu senken, um eine möglichst hohe Rentabilität zu erzielen und ihren Marktwert und ihre Marktmacht zu erhöhen. Banken sind die „Master of the Universe". Sie dirigieren mittels der Finanzierung die Geschicke der realen Ökonomie.

Kehren wir noch einmal zu Minskys Klassifikation der Finanzierung zurück und schauen uns die Finanzierungssituation einzelner Akteure genauer an. Beginnen wir mit den Haushalten. Minskys ökonomischer Ansatz unterscheidet Haushalte mit überwiegend Lohn- und Transfereinkünften W und Tr von Haushalten mit überwiegend Gewinneinkommen Π. Beide können sich bei der Finanzierung übernehmen und sich zur Ponzi-Finanzierung hinreißen lassen. Sie finanzieren die Anschaffung größerer dauerhafter Güter wie beispielsweise den Autokauf über Konsumenten- und den Häuserkauf über Hypothekenkredite. Die Wertsteigerung auf dem Immobilienmarkt kann sie sogar zur Ponzi-Finanzierung verleiten, d. h. ihre Verschuldung auszuweiten, da sie ihre Schulden durch Sachwerte und deren Wertzuwachs gedeckt sehen. Arbeitslosigkeit und Wertverlust ihres Immobilienbesitzes machen ihnen einen Strich durch ihre Rechnung und treibt sie in die Privatinsolvenz. Jüngste Beispiele hierfür sind in den USA und in Spanien und in Griechenland zu finden sowie auch in Irland.

Staaten betreiben seit geraumer Zeit mit ihrer permanenten Defizitpolitik eine Ponzi-Finanzierung ihrer Ausgaben. Das hat zur Folge, dass ihr Schuldenstand stetig wächst. Die kontinuierliche Deficit-Spending-Politik hat nicht nur in den westlichen Staaten über einen längeren Zeitraum die Gewinn-Investition Interaktion verstärkt und damit für vermehrte Impulse für Beschäftigung und Wachstum gesorgt. Sie hat so über einen längeren Zeitraum die Wirtschaftsentwicklung stabilisieren können. Auch hier zeigt sich die Kehrseite, der Preis, den die Gesellschaft dafür zahlen muss, erst später mit Verzögerung. Die Ponzi-Finanzierung treibt die Schulden in die Höhe und damit die Zinszahlungen. Sie engen den Handlungsspielraum der Fiskalpolitik ein und gefährden in der Grenze sogar die Solvenz von Staaten. Zudem fördert die staatliche Ponzi-Finanzierung die Ungleichheit im Einkommen, und zwar zum einen über die Gewinn-Investition-Interdependenz (Gl. 3.28), wo fortlaufend Defizite den Gewinnfluss stärken und zum anderen über die Kreditakkumulation, die vorwiegend zu Zinszahlungen bei Gewinnbeziehern führt, später dazu mehr. Anfangs stabilisiert die Deficit-Spending-Politik die Wirtschaft und reduziert über Beschäftigungseffekte eher die Ungleichheit. Ihre fortlaufende Anwendung führt aber ins Gegenteil.

In der jüngsten Krise können Staaten wegen ihrer hohen Verschuldung nur noch eingeschränkt zur Defizitpolitik greifen. Sie müssen das Feld zunehmend den Zentralbanken überlassen. Zentralbanken sind nicht nur für Privatbanken, sondern auch zunehmend für Staaten Kreditgeber der letzten Instanz *(lenders of last resort for governments)*. Ihre Geldpolitik hat aber, wie uns aus der ISLM-Diskussion bekannt ist, nur einen indirekten Einfluss auf die Beschäftigung mit geringer Wirkung. So verbleibt ihnen als zentrale Zielsetzung, das Funktionieren des Finanzmarktes zu sichern und Anleihen- sowie Aktienkurse zu stützen, und zwar über die Politik des billigen Geldes. Direkte Profiteure des billigen Geldes sind die Privatbanken. Denn das billige Zentralbankgeld können sie rentierlich anlegen. Und weitere Profiteure sind die Reicheren, die Haushalte der oberen Einkommensschicht, deren Vermögenswerte die Zentralbanken sichern. Denn Zentralbanken sorgen sich in erste Linie um das Funktionieren des Finanzmarktes. Und das erfordert erst einmal das Sichern von Finanzvermögen und damit der Vermögensakkumulation.

3.2.6 Minskys Ansatz und der Wandel der Zeit

Minskys Ansatz ändert die Sichtweise auf makroökonomische Prozesse, wie sie das ISLM-Modell beschreibt. Die Änderung in der Sichtweise ist auch dem Wandel in den ökonomischen Abläufen geschuldet. Ähnlich wie Keynes so sehen viele Ökonomen den Wirtschaftsprozess als immanent stabil, *„inherently stable"* an, exogene Schocks können ihn kurzfristig aus dem Gleichgewicht bringen. Aber die in ihm wirkenden Kräfte führen wieder zum Gleichgewicht. Minsky sieht dagegen den Prozess als immanent instabil an. Die Instabilität rührt von der steigenden Fremdfinanzierung her, die die Privatbanken forcieren. Privatbanken, die treibende Kraft, nehmen in der traditionellen makroökonomischen Literatur nur eine rudimentäre Rolle ein.

Minskys Vorstellungen über die Wirkungsweise des kapitalistischen Systems lassen an das „panta rhei" von Heraklit-Platon denken: „alles bewegt sich fort, alles wandelt sich, und nichts bleibt, wie es ist; es ist ein ewiges Werden und Wandeln". In seiner ökonomischen Welt zeigt sich der Wandel in einem fortlaufenden und sich beschleunigenden Innovationsprozess, der das gesamtwirtschaftliche Gefüge weltweit umstrukturiert. Die Innovation ist nicht nur auf den Gütermarkt beschränkt, wo sie das Güterangebot mit neuen Produkten bereichert und die Effizienz der Produktion steigert. Sie erstreckt sich in zunehmendem Maße auf den Finanzmarkt. Neue Finanzprodukte machen das Kreditrisiko handelbar. Dafür kreieren Privatbanken weltweit neue Märkte, sie weiten ihre Geschäftsfelder ständig aus und treiben die Finanzierung global voran. Die Innovationen sind zusammen mit der Fremdfinanzierung, der „Finanzialisierung" der Wirtschaft, ursächlich für die ökonomische Instabilität und diese liegt in der Natur des kapitalistischen Systems. Minsky spricht von einer *„intrinsically unstable economy"*. Die Instabilität zeigt sich in wirtschaftlichen Krisen. An die früheren Beschäftigungskrisen mit Inflation und Deflation schließen sich in jüngerer Zeit Immobilien-, Banken- und Staatsschuldenkrisen. Anders als in früheren Krisen sind nun in erster Linie Zentralbanken zur Stabilisierung aufgerufen.

Minskys Ansatz basiert auf der Aufteilung der Absatzerlöse PQ auf die variablen Arbeitskosten WN und den Gewinn Π gemäß Gl. 3.30. Mit dieser Aufteilung bringt er die *Gewinne* Π ins Spiel. Gewinne erzielen Unternehmen nach Minsky über den Preisaufschlag (Gl. 3.32) auf die technisch bestimmten variablen Arbeitskosten. Die Gewinne enthalten auch die hohen Gehälter für die Vielzahl der hoch qualifizierten Fachleute, die die eigentlichen Macher und Vermarkter neuer konkurrenzfähiger Produkte auf dem Weltmarkt sind. Diese Unterscheidung zwischen ausführender und kreativer Arbeit, zwischen gering und hoch qualifizierter Arbeit, eröffnet eine Sicht auf die ökonomische Ungleichheit, die aus der Bezahlung ungleicher Tätigkeit erwächst; hierauf verweist auch Rajan (2010), der in der Ausbildung eine Ursache der Ungleichheit sieht. Die Kluft zwischen „Arm" und „Reich" triftet zudem durch die global ausgerichtete Produktion, das globale *„supply chain management"* weiter auseinander.

Minsky orientiert in seiner Gewinn-Investitions-Interdependenz (Gl. 3.28) die Investitionen I auf die Erwartung *künftiger* Gewinne Π und betont wie Keynes, dass die Investitionen von der Konstellation von Rendite, Marktzinssatz und Risikoeinschätzung abhängen. Sie sind zunehmend fremdfinanziert. Die Fremdfinanzierung erhöht die Chancen und die Risiken eines Investitionsprojekts, und damit steigen Unsicherheit und Volatilität.

Das Keynes-Minsky-Momentum beschreibt Abläufe in der Erwartungswelt, die auf die reale Welt einwirken, und umgekehrt. Es erfasst die psychologische Wahrnehmung von Chance und Risiko in Konjunkturumschwüngen. Im Aufschwung treten die Chancen ins Blickfeld und im Abschwung die Risiken. Die aus dieser Wahrnehmung resultierenden Aktionen der Marktteilnehmer können so die Auf- und Abschwünge noch verstärken. Ausführliche Beispiele erläutern später in Tab. 4.4 bis 4.7, wie die Fremdfinanzierung Chancen und Risiken erhöht.

Die Beispiele in den Tab. 4.4 bis 4.7 werden noch illustrieren, dass die Fremdfinanzierung die Risiken und Unsicherheiten auf den Märkten drastisch ansteigen lässt. Und die erhöhten Risiken und Unsicherheiten können zusammen mit dem Keynes-Minsky-Momentum die Krisen in der kapitalistischen Wirtschaft so verstärken, dass die Marktkräfte nicht mehr in der Lage sind, die Wirtschaftskrisen zu beheben. Die Überwindung der Krisen muss, wie es die weltweit massiven staatlichen Interventionen in der jüngsten Krise belegen, von außen kommen. In diesem Sinne ist die stark fremdfinanzierte Wirtschaft immanent instabil.

Mit seiner Gewinnaufschlaghypothese (Gl. 3.32) rückt Minsky von dem traditionellen Geldmengenansatz zur Erklärung des Preisniveaus und der Inflation ab. Konsequenterweise wendet er sich von der keynesianischen Geldmarktmodellierung (Gl. 3.8) ab und dem *Finanzmarkt* mit den *Privatbanken* zu. Sie schleusen das Geld in den

3.2 Grundzüge der Minskyschen Makroökonomie

Wirtschaftskreislauf, sie stimulieren die Kreditausweitung bei allen Marktakteuren, sie kreieren neue Produkte zur Risikoabsicherung, die letztendlich das systemische Risiko innerhalb des Finanzsektors erhöhen und damit den Staat, insbesondere die Zentralbank, zwingen, in den Wirtschaftsablauf einzugreifen, damit die Wirtschaft in der Krise überhaupt noch funktionieren kann.

Minsky entfernt sich mit seinem Gewinnaufschlagansatz auch von dem sogenannten neoklassischen Grenzkostenkalkül. Minsky betont die Allgemeinkosten. Er schlägt die Allgemeinkosten den Gewinnen im engeren Sinne zu. Und über den Gewinnaufschlag setzt das Unternehmen den Preis für sein Gut.

Bei neuen Produkten entscheidet neben der neuen Qualität auch der Preis, ob eine Neuplatzierung auf dem Markt erfolgreich sein wird oder nicht. Wie wichtig die Preissetzung für Innovationen ist, zeigt sich bei den Optionspapieren, deren erfolgreiche Vermarktung dazu beigetragen hat, dass in den letzten zwei Jahrzehnten vor der Finanzkrise 2007/2008 insbesondere in Großbritannien und den USA der Finanzmarkt überdurchschnittlich gewachsen ist. Auf die Optionspreisbildung gehen wir noch später ein.

Die Wirtschaft ist allgemein instabiler geworden. Ist es früher um die Stabilisierung von Nachfrageschwankungen auf dem Gütermarkt durch die keynesianische Deficit-Spending-Politik gegangen, so handelt es sich heute um die Stabilisierung der Gesamtwirtschaft, und hier steht die Stabilisierung des globalen Finanzsystems im Zentrum. Denn das Funktionieren der Finanzwirtschaft wird als „conditio sine qua non" für das Funktionieren der Wirtschaft allgemein angesehen. Geht es bei der Konjunkturstabilisierung darum, die schwächelnden „Mean reversing"-Kräfte auf dem Gütermarkt durch staatliche Nachfrage zu stärken, so handelt es sich heute darum, eine internationale Wirtschaftsordnung mit geeigneten Institutionen zu schaffen, sodass der Wirtschaftskreislauf auf allen Märkten, dem Güter-, dem Arbeits- und dem Finanzmarkt funktionieren kann. Hierbei ist allerdings der Gesichtspunkt der Ungleichheit nicht vernachlässigbar. Denn eine gesellschaftlich unakzeptable Ungleichheit gefährdet die Akzeptanz der Marktwirtschaft.

Der ökonomische Prozess und seine Stabilität haben sich geändert. Der Wandel ist auf unterschiedliche Faktoren zurückzuführen. Sie interagieren und können sich gegenseitig verstärken. Zu nennen sind:

- Innovationen,
- Ausbildung,
- Globalisierung,
- Fremdfinanzierung,
- Systemisches Risiko,
- Ökonomische Ungleichheit.

Unternehmen sind ständig bemüht ihre Gewinnmargen, ihre Eigenkapitalrendite und damit den Marktwert ihrer Firma zu steigern. Nach der Preisaufschlaghypothese (Gl. 3.32) und der Gewinn-Investitionsinterdependenz (Gl. 3.28) können sie ihre Gewinnmarge steigern, indem sie zum einen kostengünstiger produzieren und zum anderen indem sie die Nachfrage stimulieren. Zur Senkung der Arbeitsstückkosten $NW/Q = W/A_p$ werden sie bei den Löhnen W und bei der Arbeitsproduktivität A_p ansetzen. Hierbei haben sie die *Innovation* und die *Globalisierung* auf ihrer Seite. Die Lohnkosten WN können sie durch das globale *„supply chain management"* drücken und die Arbeitsproduktivität A_p durch innovative Produktionsverfahren steigern. Ein wesentliches Element der *globalen Produktion* ist zum einen das „Outsourcing" von einfachen Fertigungsarbeiten in Billiglohnländer und zum anderen das verstärkte weltweite Anwerben hoch qualifizierter teurer Fachkräfte für die heimischen Entwicklungs- und Vermarktungszentren der Industriestaaten. Damit stärken diese Staaten ihre *globale Wettbewerbsfähigkeit.* Der Konkurrenzkampf erfordert Investitionen in *Innovationen.* Unternehmen entwickeln daher Produkte mit neuen Eigenschaften und neue Produktionsprozesse. Sie sichern sich weltweit Patente und rüsten sich durch Unternehmenszukäufe für den globalen Wettbewerb. Sie greifen auf Headhunter zurück, um die besten Köpfe für ihr Unternehmen zu gewinnen. Denn neben dem technischen Fortschritt, der sich in Innovationen manifestiert, zählt der Fortschritt im Wissen, der sich in Bildung und Ausbildung entfaltet. Der Kampf um die weltweit besten Köpfe mit hoher Bezahlung kennzeichnet insbesondere den Finanzmarkt, der sich dank zahlreicher Innovationen, neuer Finanzprodukte, stark ausweiten konnte, vor allem in den USA und in Großbritannien. Hierbei hilft weltweit die englische Sprache als *„lingua franca",* vgl. The Economist (2014b).

Der Kampf um die besten, die kreativen Köpfe für die heimischen Zentren und die Auslagerung einfacher manueller Tätigkeiten in Billiglohnländer lassen die Gewinnmargen steigen und damit auch die ökonomische Ungleichheit, gleich ob man sie mit dem Abstand zwischen unteren und oberen Quantilen oder mit dem Gini-Koeffizienten misst. Die heimischen Löhne driften gar so weit nach unten, dass sie vielen Arbeitern noch nicht einmal das Subsistenzminimum aus dem laufenden Arbeitseinkommen sichern, ganz zu schweigen vom niedrigen Renteneinkommen; heute eine Tatsache, die sich zur Zeiten der industriellen Revolution nicht einmal Karl Marx hat vorstellen können – denn nach der heute gängigen neoklassischen Grenzproduktivitätstheorie muss die Entlohnung nicht das Existenzminimum sichern.

Die im Economist besprochenen Studien belegen anhand des Gini-Koeffizienten die zunehmende Ungleichheit innerhalb zahlreicher Staaten. Sie zeigen aber auch an, dass die globale Ungleichheit abnimmt. Hierin kann man einen positiven Effekt der Globalisierung sehen, vgl. The Economist (2012).

Nach der Gewinn-Investitions-Interdependenz (Gl. 3.28) begünstigt die staatliche Defizitpolitik die Gewinnentwicklung. Zudem lässt ihre permanente Anwendung die Kreditforderungen der Reicheren ansteigen und verschafft ihnen Zusatzeinkünfte in Form von Zinszahlungen, die sie bei längerfristig ausgeglichenem Staatshaushalt nicht hätten. Hier zeigt sich ein *Paradoxon der Fiskalpolitik:* Kurzfristig stabilisiert die Fiskalpolitik die Nachfrage Y auf dem Gütermarkt, die Beschäftigung N und damit die Lohneinkommen WN der geringer Qualifizierten, langfristig schmälern die aus den Staatsschulden D resultierenden Zinszahlungen Z ihre Wirkung auf die Güter- und Arbeitsnachfrage und die lange Folge von Defiziten begünstigt die Akkumulation von Kreditforderungen und die Zinseinkünfte Z der Reicheren, deren Gewinne sie wegen des Gewinneffekts von Df in Gl. 3.28 zudem erhöht. Des Weiteren verstärkt auch die Zentralbankpolitik die *ökonomische Ungleichheit*, indem sie die Anleihe- und Aktienkurse stützt und damit Vermögenswerte der Reicheren. Denn sinkenden Aktienkursen wird ein negativer *„wealth effect"* auf den Konsum zugesprochen. Dies gilt insbesondere für die USA, wo die Wirtschaft stark auf dem inländischen Konsum basiert. Daher überwacht die Fed nicht nur das Wachstum, die Beschäftigung und die Inflation, sondern stützt auch Anleihen- und Aktienkurse.

Nicht nur beim Staat wachsen die Schuldenstände. Allgemein nimmt die *Fremdfinanzierung* auf Kosten der Vorsorge für künftige Eventualitäten zu.

Bei Investitionen und Finanzanlagen erhöht die Hebelwirkung der Fremdfinanzierung die Chancen und die Risiken der Geldanlagen. Die Unsicherheit wächst und damit die Instabilität. Das führt dazu, dass die Trendextrapolationen der subjektiven Erwartungen à la Keynes immer kürzer werden und dass die Gefahr stärkerer Trendkorrekturen in dem Keynes-Minsky-Momentum wächst: Die Instabilität nimmt zu.

Die *Privatbanken* sind die treibende Kraft in der *Kreditausweitung*. Sie entledigen sich der kostspieligen Kreditüberwachung vor Ort, kreieren neue Absicherungspapiere und profitieren noch obendrein an ihrer weltweiten Vermarktung. Viele dieser Papiere verbleiben innerhalb des Finanzsektors. Der interne Handel verstärkt die Interdependenz zwischen den Banken, und lässt ein systemisches Risiko entstehen, das auf dem gesamten Wirtschaftsablauf lastet. Die letzte Absicherung obliegt dem Staat, vorwiegend den Zentralbanken, letztendlich aber trägt die Gesellschaft das Risiko, die es aber möglicherweise nicht länger tragen will.

Die *Privatbanken* stimulieren die *Verschuldung* und verstärken so die *Unsicherheit*. Sie schleusen das Geld von der Zentralbank zur Finanzierung lukrativer Geldanlagen. Sie haben ein Schleusenprivileg, das ihnen eine Basisrendite sichert. Es ist schwer, der Gesellschaft zu vermitteln, wieso Privatbanken dank dieses Privilegs Gewinne einstreichen können.

Die Ausdehnung der Verschuldung hat zwei Aspekte. Sie geht zum einen, wie am Beispiel der keynesianischen Liquiditätsfunktion L(i) erläutert, auf Kosten der Vorsorge für schlechte Zeiten, und dadurch verschärft sie das Keynes-Minsky-Momentum, d. h., sie lässt die Instabilität anwachsen. Zum anderen verstärkt die staatliche Kreditfinanzierung mit den Zinszahlungen die Ungleichheit. Was gestern reicheren Bürgern an Steuerzahlungen erspart geblieben ist, erhalten sie heute an Zinseinkünften aus der Besteuerung der breiten Masse. Vordergründig kann man, wie das auch führende Ökonomen tun, die Wirkung der Verschuldung auf die Ungleichheit abtun, indem man erklärt, dass Schulden eine Gesellschaft als ganzes nicht ärmer macht; etwa vermerkt Krugman (2012, S. 43) „debt does not make society as a whole poorer: one person's debt is another person's asset, so total wealth is unaffected by the amount of debt out there". Aber bei der Ungleichheit interessiert die Verteilung der Forderungen, und sie ist, wie beim Vermögen allgemein, konzentriert auf die Reicheren. Wir müssen also unterscheiden: es sind unterschiedliche Gruppen, die die Last tragen und die die Früchte ernten, sowohl heute wie auch morgen. Es ist daher zu kurz gegriffen zu behaupten, zukünftige Generationen müssten die Last der Schulden tragen. Denn auch bei den künftigen Generationen gibt es eine Gruppe, denen die Früchte zufallen, und eine andere, die die Last schultern müssen.

Wenn wir uns die Variablen betrachten, die das ökonomische Geschehen determinieren, so sehen wir einen Wandel im Laufe der Zeit. Nach den Preisen – dem Preismechanismus in der Mikroökonomie – und den Stromgrößen – wie Einkommen Y, Konsum C und Investition I in dem ISLM-Modell – kommt akkumulierten Größen, *Bestandsgrößen wie Schuldenstand D und Vermögen* Σ, in der ökonomischen Theorie eine zunehmend wichtige Rolle zu. Nun ist das nicht ganz korrekt. Bereits Karl Marx hat die Akkumulation des Kapitals hervorgehoben, gemeint ist eher die Akkumulation des Produktionskapitals K durch die Sachinvestitionen I. An ihm nagen insbesondere die Innovationen, die im Laufe der Zeit die Effizienz etablierter Anlagen und Maschinen schwächen und so zu erheblichen Abschreibungen führen. Trotzdem wächst der Wert des Kapitalstocks. Hier hinzu gesellt sich als Vermögen der Bestand an Immobilien und Kunstgegenständen. Und anders als das Preisniveau P der Konsumgüter nimmt in aktueller Zeit das Preisniveau der Bestandgrößen zu, mitunter mit stark inflationären Zügen. Die Vermögenszuwächse schreiten fort und werden zu nicht vernachlässigbaren Faktoren im ökonomischen Geschehen.

Weniger günstig als im ISLM-Modell fällt das zweite Fazit zur Staatsintervention in der sich mittlerweile stark gewandelten Welt aus: *Die Fiskalpolitik weitet die Fremdfinanzierung aus und fördert so die Instabilität. Sie hat durch ihre permanenten Defizite viel von ihrer Wirkung auf die Stabilisierung des Güter- und Arbeitsmarktes verspielt. Die durch die lange Folge von Defiziten aufgebauten Staatsschulden schränken die Handlungsfähigkeit der Fiskalpolitik ein und machen sie abhängig von der Zentralbank. Die aus der Verschuldung resultierenden Finanzvermögen und Zinseinkünfte verstärken die ökonomische Ungleichheit.* Als Hauptakteur verbleibt die Zentralbank. Ihr Augenmerk richtet sich auf den Finanzmarkt und auf seine Stabilisierung. Denn sie erachtet das Funktionieren des Finanzmarktes als „conditio sine qua non" für das Funktionieren der Wirtschaft insgesamt. Die Zentralbankpolitik lässt ebenfalls die Ungleichheit ansteigen. Denn ihre Maßnahmen zielen in der Krise darauf ab, die gefährdeten Vermögenswerte Σ zu stützen und den schwächer werdenden Fluss an Gewinnen Π zu stärken, damit heutige Investitionen I sich künftig lohnen können.

3.3 Zusammenfassung

In dem neuartigen ökonomischen Denkmuster Minskys spielen anders als im keynesianisch geprägtem ISLM-Modell Gewinne, Privatbanken und die Fremdfinanzierung eine zentrale Rolle. Minsky ersetzt die keynesianische Beziehung zwischen Investition und

Sparen durch die auf die Zukunft orientierte Interdependenz zwischen Investition und Gewinn. Auf Gewinne sind letztendlich die ökonomischen Aktivitäten in der kapitalistischen Marktwirtschaft ausgerichtet. In guten Zeiten erhöht darin die Fremdfinanzierung über ihre Hebelwirkung die Gewinnchancen drastisch, aber in schlechten Zeiten das Verlustrisiko eher noch drastischer. Sie vergrößert die wirtschaftlichen Risiken und macht den Wirtschaftsprozess immanent instabil. Und Privatbanken treiben die Fremdfinanzierung voran.

Der Wandel im Wirtschaftsgeschehen geht einher mit dem Wandel in der staatlichen Stabilisierung. Die keynesianische Konjunkturstabilisierung fördert mit ihren permanenten Defiziten die Fremdfinanzierung und damit die Instabilität und begünstigt mit der Akkumulation von Forderungen und mit den daraus erwachsenden Zinszahlungen die Ungleichheit. Die keynesianische Fiskalpolitik hat sich durch ihre Verschuldung selbst wirkungslos gemacht und hat zusammen mit den Privatbanken den Schwerpunkt von der realen Ökonomie auf den Finanzmarkt verschoben. Als Hauptakteur zur Stabilisierung verbleibt die weniger effektive Zentralbank.

Literatur

Fisher, I.: The Debt-Deflation Theory of Great Depressions. Econometrica 1, 337–357 (1933)
Hayek, F. A.: The Constitution of Liberty, London (1960)
Keynes, J.M.: The General Theory of Employment, Interest, and Money, New York (1936)
Keynes, J.M.: Some Economic Consequences of a Declining Population. Eugenics Review XXIX, 13–17 (1937)
Krugman, P.: End this Depression now!, New York (2012)
Le Monde: France: les salaries réels à la hausse. 12.12.2014
Minsky, H.P.: Stabilizing an Unstable Economy, Yale (1986)
Rajan, R.G.: Fault Lines, How Hidden Fractures Still Threaten the World Economy, Princeton (2010)
The Economist: Special Report: For Richer, for Poorer, October 13th 2012, 3–26
The Economist: Risk off, January 25th 2014a, 60
The Economist: The English Empire, February 15th 2014b, 57
The Economist: Debt Calm, August 2nd 2014c, 56
The Economist: Wage Stagnation, The Big Freeze, September 6th 2014d, 65–66

Ausblick auf den Wandel der Marktwirtschaft und ihrer Stabilisierung

Zusammenfassung

Zentralbanken verbleiben als Hauptakteure. Sie müssen ohne ein tragfähiges Konzept vielfältig auf dem Finanzmarkt intervenieren, und das mit ungewissem Ausgang. Ihre Maßnahmen zielen darauf ab, wirtschaftliche Risiken aus dem Privaten Bereich zu übernehmen, den Gewinnfluss zu fördern, Vermögensbestände zu sichern und die Zuversicht der Marktakteure zu stärken. Ihre Interventionen kommen den Reicheren, den Gewinnbeziehern und den Besitzenden, zugute. Sie fördern so die Ungleichheit. Auch bei den Begünstigten staatlicher Eingriffe vollzieht sich ein Wandel. Denn die ursprünglich wirksame keynesianische Fiskalpolitik ist den weniger begüterten Arbeitnehmer zugute gekommen. Diese sind mittlerweile zudem bereits Verlierer der Automatisierung und der Globalisierung in den Industriestaaten. Insbesondere die durch den Staat bewirkte Ausweitung der Ungleichheit ruft nach einer staatlichen Korrektur, beispielsweise durch eine stärker progressiv ausgestaltete Besteuerung der Einkommen Y und der vererbten Vermögen Σ. Die kapitalistische Markwirtschaft zeigt eklatante Schwächen. Im Wandel der Zeit bleibt ihr das Übel der Arbeitslosigkeit erhalten, und dazu treten mit der Instabilität und der Ungleichheit zwei weitere gesellschaftliche Bürden. Und die Stabilisierungspolitik der Zentralbanken, die in erster Linie auf die Stabilisierung des Finanzmarktes zielt, hat das Risiko, dass sie langfristig die Instabilität und Ungleichheit noch verstärkt und dass sie die wechselseitigen Abhängigkeiten zwischen Markt und Staat vertieft sowie ökonomische Strukturen und Mechanismen nachhaltig verändert.

4.1 Zinsen Z: Ihr Effekt auf die Π-I-Dynamik, auf Ungleichheit und auf die künftige Zentralbankpolitik

In Krisenzeiten, wie in der aktuellen, kauft die Fed in großem Umfang neu emittierte Staatspapiere und senkt so den Zinssatz für Staatsanleihen auf ein extrem niedriges Niveau. Die Niedrigzinspolitik der Fed begünstigt so die *monetäre Haushaltsfinanzierung* und erweitert damit den Spielraum für weitere Verschuldung, ohne dass dadurch unmittelbar die staatlichen Zinszahlungen Z steigen müssten. Sie erleichtert somit die Ponzi-Staatsfinanzierung in den USA mit dem Risiko steigender Zinszahlungen Z beim Ausstieg der Fed aus der Niedrigzinspolitik.

Der Ausweitung der Schulden hat sich der amerikanische Staat allerdings selbstauferlegte Schranken gesetzt, über deren Neufestsetzung der Kongress und der Präsident in mitunter schwierigen Abstimmungsprozessen verhandeln. Die politischen Akteure sind sich nicht einig über die Auswirkung der Ponzi-Staatsfinanzierung. Die Einen möchten über diese Finanzierung die aktuelle Krise möglichst schnell überwinden, die Anderen warnen vor künftigen wirtschaftlichen Risiken einer Ausweitung der Verschuldung mit steigenden Zinszahlungen Z und den sich daraus ergebenden künftigen Instabilitäten.

In der aktuellen Krise – und wohl auch künftig – dominiert die Zentralbankpolitik über die Fiskalpolitik. Sie unterstützt über den Erwerb von Staatspapieren die Defizitpolitik des Staates. Die fortlaufenden Defizite Df haben den Schuldenstand D_g des Staates im Laufe der Zeit drastisch anwachsen lassen und damit auch die staatlichen Zinszahlungen Z_g, die mittlerweile einen erheblichen Brocken bei den Staatsausgaben darstellen, auch wenn die aktuellen Zinssätze niedrig sind.

Die Zinszahlungen Z_g *schwächen* die Wirkung der Defizite Df auf die Π-I-Dynamik. Denn anders als Transferausgaben Tr sind *Zinsen Z_g nur zum Teil nachfragewirksam auf dem Gütermarkt, zum großen Teil fließen sie zum Finanzmarkt und dort vorwiegend in den Handel bestehender Vermögenswerte.* Damit kommt nicht mehr das *gesamte* Defizit dem Gütermarkt zugute und als Folge reduziert sich seine Wirkung auf die Gewinn-Investition-Dynamik des Gütermarktes.

Diesen Sachverhalt wollen wir uns klar machen, indem wir zu den Staatsausgaben die Zinsausgaben Z_g hinzufügen – dadurch dass wir beim Staat die Zinszahlungen Z_g explizit aufführen, separieren wir sie vom Gewinn Π, zu dem sie eigentlich gehören. Mit der expliziten Berücksichtigung der Zinszahlung Z_g und seiner Besteuerung $T(Z_g)$ ergibt sich das staatliche Defizit Df aus Gl. 3.20 nun in Form von

$$Df_z = W_g N_g + \Pi_g + Tr - T_w - T_\pi + Z_g - T_z(Z_g)$$
$$= G + Tr + Z_g - T_w - T_\pi - T_z \tag{4.1}$$

und unter Beachtung der Konsumneigung aus Zinseinnahmen $c_z(Z_g - T_z)$ die Gütermarktgleichung (Gl. 3.18) in Form von

$$P_c Q_c = c_w W^* + c_\pi \Pi^* + c_z Z_g^* + Tr \quad \text{mit} \quad Z_g^* = Z_g - T_z. \tag{4.2}$$

Diese Modellerweiterung ist wegen des mittlerweile stattlichen Umfangs der Zinsen Z_g geboten. Die Transferausgaben Tr des Staates kommen in erster Linie den Ärmeren zugute. Daher haben wir die Sparquote s_{tr} bei den Transfers auf Null gesetzt und keine Steuerzahlung aus Transfereinnahmen unterstellt. Die Zinszahlungen Z_g sind vor allem Einkünfte der Reicheren. Anders als beim Lohneinkommen W eröffnen sich für Zinseinkommensbezieher Möglichkeiten zur Steuerhinterziehung in nicht unerheblichem Ausmaß, sodass die Besteuerung $T(Z_g)$ die Zinseinkünfte Z_g effektiv nicht stark schmälern wird. Auf der anderen Seite ist bei Reicheren von einer hohen Sparquote s auszugehen, sodass die Ersparnis aus den Nettozinseinkünften $s_z Z_g^*$ das Defizit Df_z deutlich mindern wird. Und nur der Überschuss der Defizite über die Zinsersparnisse $Df_z - s_z Z_g^*$ hat eine stimulierende Wirkung auf die Gewinn-Investition-Dynamik.

Das sehen wir, wenn wir analog zur Herleitung der Gl. 3.26 die Transfers Tr aus Gl. 4.1 in Gl. 4.2 einsetzen und dann umformen. Aus der Umformung resultieren die modifizierte Π-I-Interdependenz

$$\Pi^* = (I + [Df_z - s_z Z_g^*] - s_w W^*)/(1 - c_\pi) \tag{4.3}$$

und die modifizierte traditionelle Spar-Investition-Gleichung

$$I + Df_z = s_\pi \Pi^* + s_w W^* + s_z Z_g^* = S. \tag{4.4}$$

Berücksichtigen wir in Gl. 4.3 die Außenhandelsbeziehung, dann erhalten wir die erweiterte modifizierte Π-I-Interdependenz

$$\Pi^* = (I + [Df_z - s_z Z_g^*] + Ex\ddot{u} + (c_w - 1)W^*)/(1 - c_\pi). \tag{4.5}$$

Gegenüber der Gl. 3.28 reduzieren die gesparten Zinszahlungen $s_z Z^*$ die stimulierende Wirkung der Defizite Df_z auf die Gewinn-Investition-Dynamik.

Die Staatsverschuldung D_g schwächt durch hohe Zinszahlungen Z_g die Wachstumswirkung der Defizitpolitik. Die permanent angewandte Defizitpolitik schwächt sich selbst und ihr verbleibender Gestaltungsspielraum hängt von der Zentralbankpolitik ab. Zudem verstärkt eine steigende Verschuldung D_g die Fremdfinanzierung weiter und damit die Instabilität sowie über die Zinszahlungen Z_g und die steigenden Kreditforderungen der Privaten, der Kehrseite der staatliche Schuldenstände D_g, die Ungleichheit. Die wachsende Ungleichheit beeinträchtigt die gesellschaftliche Zustimmung zur Marktwirtschaft.

Assoziieren wir mit den Transfers Tr eine Reduktion der Ungleichheit, so mit den Zinszahlungen Z_g eine Verstärkung. Die Ausgabenneigung c_{tr} aus Transfereinnahmen Tr haben wir wie üblich mit Eins angesetzt, die aus Lohneinkommen W wird in der Nähe von Eins und die aus Gewinn Π und Zinseinnahmen Z wird deutlich unter Eins liegen. Ein Großteil der Gewinne und Zinseinnahmen wird nicht konsumiert und kann auf dem Immobilien- und Finanzmarkt angelegt werden. Durch diese fortwährenden Immobilien- und Finanzanlagen können Gewinnbezieher und Bezieher von Zinseinnahmen beträchtliche Finanzvermögen akkumulieren; im Zusammenhang mit Ausführungen zu Piketty (2013) gehen wir näher auf die Vermögensakkumulation ein.

Kommt künftig, wie angestrebt, die Gewinn-Investition-Dynamik in Gang, und die Wirtschaft mündet in eine Aufschwungphase, dann wird die Zentralbank bei hoher Staatsverschuldung D_g noch *selektiver* in das Wirtschaftsgeschehen eingreifen. Steigt in der Boomphase die Zuversicht der Konsumenten und die Investitionsbereitschaft der Unternehmen an, dann können gemäß der Preisaufschlaghypothese Unternehmen höhere Preise P durchsetzen: das Inflationsrisiko steigt. Um dieses Risiko zu bannen, müsste die Zentralbank an und für sich die Politik des billigen Geldes aufgeben und die Zinssätze erhöhen, um die Π-I-Dynamik zu bremsen und damit auch die P-Π-Dynamik. Bei hohem Schuldenstand D_g können höhere Zinssätze aber ausgehend von dem extrem niedrigen Niveau der letzten Rezessionsjahre die staatlichen Zinszahlungen Z_g sprunghaft in die Höhe schnellen lassen und somit nach Gl. 4.1 auch das staatliche Defizit $Df_z = G + Tr + Z_g - T$, selbst wenn Steuereinnahmen T stärker sprudeln und Transferausgaben Tr zurückgehen werden. Will die ZB vermeiden, dass die Zinszahlungen Z_g und Staatverschuldung D_g im Boom stark zunehmen, dann wird sie dem Staat Sonderkonditionen einräumen müssen. Die ZB kann im nächsten Aufschwung dem Immobilienmarkt und dem Bankensektor ihre Unterstützung entziehen und die Zinssätze im Privatsektor ansteigen lassen, aber wohl nicht im selben Ausmaße die Zinssätze für den Staat. Sie wird verhindern wollen, dass die Kosten der Staatsverschuldung explodieren und dass dadurch erneut eine Staatsschuldenkrise ausbricht, mit fatalen Konsequenzen vor allem in der Euro-Zone. Sie wird sich in der Pflicht sehen, *asymmetrisch* zu agieren und beim Staat mit niedrig gehaltenen Zinssätzen weiter für eine monetäre Haushaltsfinanzierung zu sorgen, die trotz hohem Schuldenstand D_g einen weiteren Anstieg in der Verschuldung begünstigt. Und mit der monetären Haushaltsfinanzierung wird sie das Budgetrecht des Parlaments untergraben.

Wie wir aus Gl. 4.5 wissen, wirkt nicht das gesamte Defizit Df_z stimulierend auf die erwarteten Gewinne Π, sondern nur das um die Zinsabflüsse $s_z Z*$ bereinigte Defizit. Auch dieses Defizit

$$Df_z - s_z Z_g^* = G + Tr - T_w - T_\pi + c_z Z_g^* \tag{4.6}$$

wird in der Boomphase steigen, wenn die Zentralbank ihre Zinspolitik nicht asymmetrisch ausgestaltet, um dadurch einem starken Anstieg der Zinszahlungen entgegen zu wirken. Der Anstieg stimulierte nach Gl. 4.5 anders als konjunkturell geboten über stark steigende Nettozinszahlungen Z_g^* die Gewinn-Investitionsdynamik. Er begünstigte eine Preiserhöhung P durch die Unternehmen und konterkarierte eher die Antiinflationspolitik der ZB. Selbst wenn eine asymmetrische Zinspolitik kurzfristig erfolgreich sein sollte, so fördert sie jedoch langfristig die Akkumulation der Schulden D und der Vermögen Σ und dadurch die ökonomische Ungleichheit.

4.2 Ungleichheit im Einkommen und im Vermögen

Nicholas Kaldor, ungarischer Ökonom (1908–1986), hat als eine der wenigen ökonomischen Konstanten, „stylised facts", das Verhältnis des Lohneinkommens zum gesamten Einkommen angeführt. Der *Economist* stellt den Prozentsatz der Lohnkosten zum nominalen Bruttoinlandsprodukt für eine Reihe von Ländern im Zeitraum von 1970 bis 2012 zusammen, vgl. The Economist (2013d, S. 65). Danach sinkt der Lohnanteil. Das bedeutet, dass der Anteil des Kapitaleinkommens wächst. Zudem weist er darauf hin, dass innerhalb der Lohnbezieher die Hoch bezahlten die weitaus größeren Einkommenszuwächse gehabt haben. Als Gründe für die wachsende Ungleichheit führt der *Economist* drei Faktoren an, und zwar den internationalen Handel, die technologische Entwicklung und die erhöhte Nachfrage der Unternehmen nach hoch qualifizierten Arbeitnehmern. Diesen Trend sieht der *Economist* auch für die Zukunft: „Most jobs will not be on the factory floor but in the offices nearby, which will be full of designers, engeneers, IT specialists, logistics experts and other professionals". Ferner: „The revolution will affect not only how things are made, but where. Factories used to move to low-wage countries to curb labour costs. But labour costs are growing less and less important: a $499 first-generation iPad included only about $33 of manufacturing labour, of which the final assembly in China accounted for just $8", vgl. The Economist (2012, S. 13).

Die Logistik fördert die internationale Arbeitsteilung und weitet nationale zu globalen Märkten aus. Die weniger qualifizierten Arbeitnehmer N der Industriestaaten treten durch die Globalisierung in unmittelbare Konkurrenz zu niedrig bezahlten Arbeitnehmern in geringer entwickelten Volkswirtschaften im Ausland, wie das Beispiel der Apple-Produktion zeigt. Der Konkurrenzdruck mindert den Anstieg der Löhne W im Inland. Anders gestaltet sich die Situation der hoch qualifizierten Mitarbeiter. Die Globalisierung erweitert ihr Tätigkeitsfeld, ohne dass ihnen Konkurrenz von außen erwächst. Diese Asymmetrie macht die niedrig entlohnten Arbeitnehmer N zu Verlierern und die hoch bezahlten Mitarbeitern zu Gewinnern der Globalisierung. Sie lässt den Anteil der Lohneinkommen WN am Gesamteinkommen Y zugunsten der Gewinne Π schrumpfen. Sie fördert somit die Ungleichheit, die nach einem Ausgleich ruft. Samuelson hat bereits Anfang 2000 auf die aus der Globalisierung erwachsende Ungleichheit hingewiesen und für eine steuerliche Umverteilung plädiert, vgl. Der Spiegel (2005, S. 86–90).

Der internationale Handel ermöglicht mittels des Supply Chain Management, verstärkt einfache Fertigungen ins Ausland zu verlagern, und die Roboter- und Computertechnologie schafft die Voraussetzung zur verstärkten Automatisierung einfacher Arbeitsvorgänge mit dem Effekt, dass diese technologische Entwicklung die Nachfrage nach einfacher Arbeit N zurückdrängt, vgl. The Economist: Special Report Immigrants from the future (2014c). Die Automatisierung der Produktion will Deutschland vorantreiben, unter dem Schlagwort „Industrie 4.0" soll die Informatisierung der Industrie weiter ausgebaut werden. Künftig sollen in verstärktem Maße „Dinge" miteinander kommunizieren; ein Werkstück ordert beispielsweise einen Roboter zur nächst anstehenden

Fertigungsphase heran, wodurch der Fertigungsprozess weitgehend autonom ablaufen kann. Auch die Automatisierung dürfte die wenig qualifizierten Arbeitnehmer N zu Verlierern machen.

Angesichts des rückläufigen Lohnanteils und der wachsenden Ungleichheit sieht der marktliberale *Economist* einen staatlichen Handlungsbedarf für Mindestlohnregeln, siehe The Economist (2013e). Die Einkommensungleichheit behandelt der *Economist* ausführlich in einem Übersichtsartikel. Danach wächst in vielen Ländern die Ungleichheit gemessen mit dem Gini-Koeffizient. Nimmt man den Einkommensanteil, der den 1 % Reichsten zukommt, als Ungleichheitsmaß, dann nimmt ab 1980 die Ungleichheit zu. Beispielsweise haben ausgehend vom Jahr 1980 die 1 % reichsten US-Amerikaner ihren Einkommensanteil innerhalb von 30 Jahren von 10 % im Jahr 1980 auf 20 % verdoppelt, vgl. The Economist (2013c, S. 6). Über die weltweite Ungleichheit im Vermögen informiert die Übersicht „Global Wealth" in The Economist (2014e, S. 85). Danach besitzen 0,7 % der Reichsten in der Welt 44 % des Weltvermögens und 69,8 % der Ärmsten lediglich 8,9 %.

Auf die zunehmende Einkommensungleichheit weist, wie wir aus dem Prolog wissen, Rajan hin. Die Ursache dafür sieht er in der Ausbildung und in der Berufsqualifikation. Minskys Ansatz bietet einen Rahmen, dieses wachsende gesellschaftliche Problem zu beleuchten. Darin sind in der Güterproduktion die technologisch bestimmten variablen Lohnkosten NW für weniger qualifizierte Arbeitnehmer von den Gewinnen Π getrennt. In den Gewinnen Π stecken die Allgemeinkosten, die, wie ausgeführt, mit der Zunahme der hoch qualifizierten Spezialisten eine immer größere Bedeutung erhalten – hier weicht Minsky von der in der VGR üblichen Definition von Lohneinkommen ab. Um im globalen Wettbewerb bestehen zu können, engagieren Unternehmensmanager in Industriestaaten eine Vielzahl von hoch qualifizierten Fachleuten wie Ingenieure, Logistiker, Controller, Designern, Informatiker, Juristen und andere Experten wie Bilanzanalysten; Roboter ersetzen zunehmend einfache manuelle Tätigkeiten im Produktionsprozess, von denen viele Stufen in Billiglohnländer ausgelagert werden. Auf der einen Seite kommt somit den allgemeinen Kosten, die kurzfristig fix sind, eine immer größere Bedeutung zu, und auf der anderen Seite nimmt die Bedeutung der variablen Kosten ab, die man über „*outsourcing*" zulasten der inländischen, aber zugunsten der ausländischen Arbeitskräfte ins Ausland verschiebt. Beispielsweise liegen die Entwicklungszentren mit hoch qualifizierten Mitarbeitern der spanischen Modefirmen Zara und Mango in Galizien und Katalonien, wohingegen die Fertigung zum großen Teil in ausländische Billiglohnländer ausgelagert ist. Ähnliches gilt in anderen Wirtschaftssektoren, zum Beispiel für die Entwicklung und Produktion des iPads, und auch für mittelständische Unternehmen wie die italienische Firma Moleskine. Die wenig qualifizierten Arbeitnehmer stehen durch das Supply Chain Management – niedrige Transportkosten und starke internationale Produktionsverflechtung – global in Konkurrenz miteinander und der globale Wettbewerb bedroht sogar das Subsistenzminimum in den westlichen Industriestaaten.

Dem Umbruch in der Kostenstruktur entspricht ein Umbruch in der Entlohnungsstruktur. Dieser Umbruch verstärkt zunehmend die Einkommensungleichheit. Entsprechendes gilt

4.2 Ungleichheit im Einkommen und im Vermögen

auch für den Finanzmarkt, wo hoch bezahlte Manager, Finanzanalysten und Investmentbanker einen Großteil der Erlöse als Gehalt und Boni einheimsen.

Um die Ungleichheit Privater Haushalte zu illustrieren, schauen wir uns die Einnahmen und Ausgaben Privater Haushalte näher an. Haushalte unterscheiden sich in ihren Einnahmen, und zwar der Höhe und der Art nach. Bisher haben wir die Haushalte insgesamt betrachtet. Ihr verfügbares Einkommen Yv ist

$$Yv = Tr + W^* + \Pi^* + Z^*. \tag{4.7}$$

Auch hier führen wir die Zinseinkünfte getrennt von den Gewinnen auf. Die gesamten Zinseinkünfte Z enthalten u. a. die staatlichen Zinszahlungen Z_g. Entsprechendes gilt für den gesamten Schuldenstand D, der u. a. die staatlichen Schulden D_g einschließt.

Vom verfügbaren Einkommen verbleibt ihnen nach Konsumausgaben

$$C = c_{tr}Tr + c_w W^* + c_\pi \Pi + c_z Z^* \tag{4.8}$$

die Ersparnis

$$S = Yv - C = s_{tr}Tr + s_w W^* + s_\pi \Pi^* + s_z Z^*. \tag{4.9}$$

Das Geld aus der Ersparnis halten die Haushalte entweder als Barreserve, wozu wir kurzfristige Bankeinlagen zählen, oder sie legen es in Finanzanlagen längerfristig rentierlich an. Mittels der Finanzanlagen bauen die Haushalte ihr Vermögen auf.

Die Sicht auf alle Haushalte versperrt den Blick auf Unterschiede, auf Ungleichheit im Einkommen und Vermögen. Erst eine Disaggregation und eine starke Akzentuierung machen Unterschiede sichtbar. Daher unterscheiden wir grob in „ärmere" Haushalte, Haushalte der unteren Einkommensschicht, und „reichere" Haushalte, Haushalte der oberen Einkommensschicht. Diese beiden extremen Haushaltsgruppen unterscheiden sich nicht nur in der Höhe, sondern auch in der Art ihrer Einkünfte und ihrer Geldanlagen.

Haushalte der unteren Schicht haben vorwiegend geringe Einkünfte aus niedrig qualifizierter Arbeit Ws und aus Transfereinnahmen Tr. Trotz niedrigem Steuersatz $t_w = T_w/$ Ws auf Lohneinkommen verbleibt den ärmeren Haushalten nach Konsum C_u kaum Geld, um ein nennenswertes Vermögen zu bilden. Im Gegenteil. Bei einem Großteil der ärmeren Haushalte liegen die Einkünfte unter dem Existenzminimum. Sie benötigen staatliche Unterstützung zum Leben. Zur Vorsorge für Krankheit, Arbeitslosigkeit und für ihr Leben als Rentner verbleiben oft nicht genügend Mittel, sodass der Staat Lücken in ihrer Vorsorge schließen muss. Der Staat muss aus sozialen Gründen intervenieren und korrigierend in den Wirtschaftprozess eingreifen.

Haushalte der oberen Schicht erzielen hohe Einkünfte aus hoch qualifizierter Tätigkeit sowie aus eigentlichen Unternehmensgewinnen wie Dividenden. Die Progressivität der Besteuerung sorgt formal für eine höhere Besteuerung höherer Einkommen. Allerdings ist im Vergleich zu den Lohneinkommen W der Gestaltungsspielraum der Gewinne Π für die Besteuerung groß. Unterstützt von hoch qualifizierten Spezialisten können Gewinnbezieher diesen Spielraum zu ihren Gunsten nutzen. Hierbei spielen selbst EU-Staaten aktiv mit, indem sie innerhalb der EU über den Steuerwettbewerb Wirtschaftssubjekten helfen, ihre Steuerbemessungsgrundlagen auf Kosten nationaler Steueraufkommen zu reduzieren. Entsprechendes gilt weltweit. Ein beachtlicher Teil der Gewinne Π entgeht zudem der Kenntnis der Finanzämter, sodass die effektive Progressivität deutlich geringer ist als die formale des Steuertarifs. Es bleibt somit nach Besteuerung T(Π) noch ein hoher Nettogewinn Π* übrig. Entsprechendes gilt für die Zinseinkünfte Z*. Wegen den niedrigeren Konsumneigungen verbleiben den Haushalten der oberen Schicht beträchtliche Geldbeträge, die sie langfristig gewinnbringend anlegen können. Diese Geldanlage schlägt sich nieder in ihrem Vermögensänderungskonto.

Schauen wir uns die Konsumneigungen näher an, so fallen sie von den Transfereinkommen Tr zu den Zinseinkünften Z* ab:

$$1 = c_{tr} > c_W > c_\Pi \approx c_Z.$$

Mit $c_{tr} = 1$ übernehmen wir die Minskysche Konsumneigung aus Transfereinnahmen Tr. Die Konsumneigung c_W aus Lohneinkommen W* dürfte kaum nennenswert darunter liegen, sodass wir das Vermögensänderungskonto der Haushalte der unteren Schicht vernachlässigen können. Denn ihre Nettoeinnahmen aus Lohneinkommen W* und Transfereinkommen Tr verwenden die Haushalte der unteren Schicht praktisch vollständig für ihren Konsum C_u. Ihnen verbleibt somit keine nennenswerte Ersparnis S_u zur Vermögensbildung.

Unsere beispielhafte Ausführung zum Sparen und zur Bildung von Vermögen bestätigt eine detaillierte empirische Untersuchung der Vermögensungleichheit in den USA von Saez und Zucman (2014). Sie analysieren das Sparverhalten in Abhängigkeit des Vermögens und kommen zu folgendem Ergebnis für die Sparquote s = S/Y, hier in Prozent:

	Sparquote s in den USA	
Vermögensbezieher	1929–1986	1986–2012
Gesamt	12 %	9 %
Untere 90 %	6 %	0 %
Obere 10 %	24 %	22 %
Obere 1 %	24 %	36 %

Insgesamt nimmt die Sparquote s vom Zeitraum 1929–1986 zum Zeitraum 1986–2012 von 12 % auf 9 % ab. Drastischer ist die Abnahme bei den unteren 90 % der Vermögensbesitzer. Bei ihnen fällt die Sparquote s von 6 % auf 0 %. Aktuell bildet diese unter Gruppe, immerhin 90 %, kaum Vermögen aus Ersparnis. Ihr Vermögensanteil sinkt von rund 35 % im Jahr 1986 auf nahezu 20 % im Jahr 2012. Zudem sinkt ihr Einkommensanteil in dieser Zeit von etwa 70 % auf 60 %.

Ein ganz anderes Bild zeichnet sich für die oberen Vermögensgruppen ab. Die Sparquote s der 1 % Reichsten erhöht sich von 24 % auf 36 %, ihr Anteil am Einkommen von 10 % auf nahezu 20 % und am Vermögen von 25 % auf mehr als 40 %. Die Tendenz zur

4.2 Ungleichheit im Einkommen und im Vermögen

Ungleichheit ist eindeutig. Die Daten sind Table. 2: *Rates of Growth, Saving and Return by Wealth Group* und Figure 12: *Income and Wealth Share of Bottom 90 % and Top 1 % Wealth Holders* in Saez and Zucman (2014) entnommen.

Nun wieder zurück zu unserem Beispiel und hier zur Situation der oberen Schicht. Sie sieht nach der obigen empirischen Analyse vollständig anders aus als für die untere Schicht und sie spiegelt sich in den Konten in Tab. 4.1 wider.

Die Ersparnisse S_o sind in der reicheren Schicht beträchtlich. Einkünfte eines Haushalts der oberen Schicht übersteigen erheblich die Einkünfte eines Haushalts der unteren Schicht. Und die niedrigen Konsumneigungen c_π und c_z belassen den reicheren Haushalten beträchtliche Gelder S_o zur Akkumulation von Vermögen, zu Änderungen in den Beständen „Barreserven" und „Finanzanlagen", symbolisiert durch Δ.

Die Finanzanlagen betreffen u. a. den Kauf von Wertpapieren wie Anleihen, Aktien und Derivaten. Ausgaben für Wohnimmobilien aus der laufenden Produktion gehören nach der VGR zum Konsum C_o. Aber auch sie erhöhen das Vermögen der Haushalte der oberen Schicht und sind somit der Vermögensakkumulation zuzurechnen.

Die Akkumulation der Vermögen Σ schlägt sich nieder in Beständen von Immobilien, Anleihen und Aktien und anderen Vermögensbeständen. Immobilienpreise, Anleihe- und Aktienkurse schwanken. Und diese Volatilität verstärkt, wie wir aus dem Keynes-Minsky-Momentum wissen, die Unsicherheit auf dem Finanz-, dem Güter- und damit auch auf dem Arbeitsmarkt.

Viel Geld fließt in den Handel mit Beständen, seien es Vermögenswerte auf dem Immobilienmarkt oder Vermögenswerte auf dem Finanzmarkt. Der Handel von Bestandsimmobilien und Bestandswertpapieren dürfte den Handel an Neubauten und Wertpapieremissionen deutlich übersteigen.

Die Akkumulation der Vermögen lässt die Bedeutung der Bestände für den Wirtschaftsprozess wachsen. Zur Interdependenz zwischen Märkten gesellt sich in jüngerer Zeit zunehmend die *Interdependenz zwischen Strom- und Bestandsgrößen*. Damit erlangen *Bilanzen* wachsende Bedeutung. Sie stellen zentrale Bestände zusammen, deren

Tab. 4.1 Laufendes Konto und Vermögensänderungskonto der oberen Schicht

Laufendes Konto Haushalte der oberen Schicht	
Ausgaben	Einnahmen
C_o	Π^*
	Z^*
S_o	
Vermögensänderungskonto Haushalte der oberen Schicht	
Δ Barreserven Δ Finanzanlagen	S_o

Werte wesentlich vom Finanzmarkt bestimmt werden. So wundert es nicht, dass sich Admati und Hellwig (2013) in ihrer Analyse der jüngsten Wirtschaftskrise auf Bilanzen stützen. Wir werden das Bankgeschäft ausführlicher anhand einer schematischen Bankbilanz besprechen.

Zentralbanken stützen in Krisenzeiten den Handel von Vermögenswerten und damit die Entwicklung der Vermögensbestände Σ. Dabei haben sie das Funktionieren des Finanzmarkts im Auge. Bricht der Handel und brechen mit ihm die Preise ein, so schwindet das Vertrauen in die Wirtschaft und damit die Voraussetzung für die Π-I-Dynamik. Allerdings ist zu bezweifeln, ob der „wealth effect" tatsächlich die Konsumneigung stützt. Auf jeden Fall begünstigt die Stützung der Vermögenswerte Σ die Reicheren und verstärkt so die Ungleichheit.

Mit der Stärkung der Vermögenswerte Σ erhöht die Zentralbank zudem die Eigenkapitalquote. Fallende Wertpapierpreise führten zu niedrigeren Eigenkapitalquoten und damit zu einem niedrigeren Risikopolster. Die Zentralbankpolitik beschönigt somit die Lage der Privatbanken. Darin kann man eine Unterstützung einer Bilanzpolitik, in der Grenze eine Bilanzmanipulation, sehen. Die Zentralbank lässt Privatbanken sicherer erscheinen und bringt so Vertrauen ins Finanzsystem zurück, was sie ja auch anstrebt.

4.3 Piketty zur Ungleichheit im Einkommen und im Vermögen

Piketty (2013) untersucht umfassend die Ungleichheit. Seine Grafik 1.1 „L'inégalité des revenues aux Etats-Unis, 1910–2010" auf S. 52, welche die Entwicklung des Einkommensanteils der 10 % reichsten Einkommensbezieher angibt, ist ein beredtes Zeugnis für den Wiederanstieg der Ungleichheit im Einkommen seit 1980. Piketty analysiert ferner ausführlich in einer groß angelegten historischen Studie die Langzeitentwicklung der Vermögen und der Ungleichheit im Vermögen für zahlreiche Länder. Das volkswirtschaftliche Vermögen grenzt er umfassend ab. Es enthält neben dem Produktionskapital K, das langfristig das Wachstum g fördert, u. a. auch das Immobilienvermögen Privater Haushalte und entspricht dem Vermögen Σ. Dieses setzt er in Beziehung zum laufenden Einkommen Y und stellt lange Zeitreihen für das Verhältnis $\beta = \Sigma/Y$ zusammen. Dabei zeigt sich, dass am Ende des 19. und zu Beginn des 20. Jahrhunderts das Vermögen Σ in Frankreich und Großbritannien mehr als das sechsfache des laufenden Einkommens Y ausgemacht hat und dass nach 1910 das Verhältnis β bis 1950 zurückgegangen ist auf deutlich unter das Vierfache. Danach wächst das Vermögen wieder stärker, sodass das Vermögensverhältnis β im Jahre 2010 auf mehr als das Fünffache ansteigt und damit fast wieder das Niveau vor dem 1. Weltkrieg erreicht. Ein ähnliches Entwicklungsmuster hat Deutschland, vgl. Grafik 1.2 „Le rapport capital/revenu en Europe, 1870–2010" in Piketty (2013, S. 54).

Die Ungleichheit zugunsten des Vermögens nimmt zu, wenn das Vermögen Σ schneller als das Einkommen Y wächst. Das ist nach Piketty in seiner retrospektiven Analyse der Fall, wenn die volkswirtschaftliche Rendite $r = \Pi/\Sigma$ signifikant über der Wachstumsrate

4.3 Piketty zur Ungleichheit im Einkommen und im Vermögen

$g = \Delta Y/Y$ des Einkommens Y liegt; wenn r deutlich g übersteigt – Piketty spricht dann von der „force de divergence fondamentale". Zu bemerken ist hier, dass Piketty den Gewinn Π in Anlehnung an die VGR enger als Minsky abgrenzt. Nach Piketty bleiben künftig die Wachstumsraten g nach der Phase der hohen Wachstumsraten in den Jahren 1950 bis 1980 niedrig, vgl. „La fin de la croissance?" in Piketty (2013, S. 156–159) Und niedrige Wachstumsraten g der Einkommen verstärken die Ungleichheit im Vermögensverhältnis β.

Piketty illustriert die Wirkung der „force de divergence fondamentale r > g" auf die Ungleichheit im Vermögen an einem Beispiel. Darin setzt er g = 1 % und r = 5 %. Dann ist es nach ihm ausreichend, dass die Besitzer hoher Vermögen mehr als ein Fünftel ihres laufenden Einkommens sparen und investieren, damit ihr Vermögen schneller wächst als das Durchschnittseinkommen der Gesellschaft, vgl. Piketty (2013, S. 573).

Diese Aussage Pikettys können wir leicht nachvollziehen, indem wir auf die Konten der oberen Einkommensschicht in Tab. 4.1 zurückgreifen und in die Gewinne wie in der VGR üblich die Zinseinkünfte Z einschließen. Das Vermögen Σ der oberen Schicht wächst mit der Ersparnis S_o, d. h. $\Delta \Sigma = S_o$. Die Wachstumsrate des Vermögens $g_\Sigma = \Delta \Sigma / \Sigma$ ist somit $S_o/\Sigma = S_o/\Pi \cdot \Pi/\Sigma = s_\pi \cdot r$. Ist $s_\pi > 0{,}2$, dann ist für r = 0,05 die Wachstumsrate $g_\Sigma > g = 0{,}01$.

Das Wachstum des Vermögens ist allerdings nicht nur auf die Ersparnis, sondern auch auf enorme Wertsteigerungen des Immobilienbesitzes Privater Haushalte zurückzuführen. Nach Koo ist diese in Deutschland anders als in vielen anderen Ländern mit 10 % von 1995 bis 2014 verhältnismäßig sehr niedrig gewesen, vgl. Koo (2015, S. 2). Das erklärt auch, warum im Jahre 2010 bezogen auf das Einkommen allein der Wert des Immobilienbestands in Frankreich in etwa so groß ist wie der Wert des gesamten Vermögensbestands in Deutschland, vgl. Grafik 3.2 „Le capital en France, 1700–2010" und Grafik 4.1 „Le capital en Allemagne, 1870–2010" in Piketty (2013, S. 189 und S. 225).

Der Unterschied in der Vermögensstruktur zwischen Deutschland und Frankreich macht offensichtlich, dass durch das Immobilienvermögen das Produktionskapital K, der Kapitalstock in der klassischen Wachstumstheorie, und das Volksvermögen Σ beträchtlich auseinander klaffen können. Das Produktionskapital K wächst mit den Sachinvestitionen I der Unternehmen an, wodurch kurz- und langfristig das Wachstum g des Einkommens Y gefördert wird. Das Vermögen Σ steigt u. a. wegen der Immobilienpreise in einigen Volkswirtschaften inflationär an. Diesem Anstieg kommt kein nennenswerter Wachstumseffekt zu, zumindest kein lang anhaltender. Und ZB Maßnahmen stärken weniger die Π-I-Dynamik und damit das Wachstum g als vielmehr die Preissteigerung in Vermögensbeständen, sodass sie Pikettys Vermögensverhältnis β = Σ/Y erhöhen und damit die Ungleichheit im Vermögen. Kritische Anmerkungen zu Piketty in The Economist (2015, S. 70) verweisen ebenfalls auf die steigenden Hauspreise als ein Hauptfaktor für den Anstieg in der Ungleichheit.

So vermerkt der *Economist*, dass hauptsächlich die Inflation auf dem Immobilienmarkt für den Anstieg der Rendite verantwortlich ist. Er führt dazu aus:" In fact, surging house prices are almost entirely responsible for growing returns on capital", vgl. The Economist (2015, S. 70). Zu einem ähnlichen Ergebnis kommen Bastagli und Hills

(2012) in ihrer Studie für Großbritannien. Nach ihrer Untersuchung ist vor allen Dingen der dortige Vermögensanstieg auf das Immobilienvermögen zurückzuführen. Sie belegen die Tendenz mit folgenden Zahlen:

		Immobilienvermögen von Haushalten nach Vermögensschichten in Großbritannien		
		(£000, in Preisen von 2005)		
		Vermögensperzentile		
	10	50		90
1995	0	27 [73 %]		121 [64 %]
2000	0	44 [81 %]		197 [80 %]
		{63 %}		{63 %}
2005	0	102 [90 %]		306 [79 %]
		{278%}		{153 %}

In eckigen Klammern steht der Anteil des Immobilienvermögens am gesamten Vermögen und in geschweiften Klammern der Wertanstieg zum Basisjahr 1995. Die Zahlen stammen aus Table. 1: Net Household Worth in 1995, 2000 and 2005 aus Bastagli und Hills (2012, S. 10).

Wie die Daten zeigen, kann bereits der Median-Haushalt (Vermögensperzentil 50) am Wertzuwachs des Vermögens partizipieren, und daran hat das Immobilienvermögen einen ganz erheblichen Anteil; dies verdeutlichen die Prozentsätze in eckigen Klammern. Der Wertzuwachs bei den Immobilien ist weitgehend auf die Preissteigerung zurückzuführen. Von dem enormen prozentualen Anstieg von 278 % bzw. 153 % sind lediglich 8 % bzw. 9 % auf den realen Zuwachs von Immobilien zurückzuführen; dies geht aus Zahlen Tab. 2: Net Household Worth in 1995 and 2005 aus Bastagli und Hills (2012, S. 12) hervor.

Der hier öfter betonte Wertzuwachs des Vermögensbestands Σ bleibt in der Wachstumsformel $g_\Sigma = s_\pi \cdot r$ unberücksichtigt. Die Erweiterung $g_\Sigma = p_\Sigma + s_\pi \cdot r$ hebt mit dem Summanden p_Σ den relativen Wertzuwachs des Vermögens Σ auch formal hervor; sie folgt aus $\Delta \Sigma = p_\Sigma \Sigma + S_o$. Und wie wir gesehen haben, sind es vor allen Dingen die Preissteigerungen von Immobilien, die für den Wertzuwachs verantwortlich sind.

Piketty informiert über die Ungleichheit in der personellen Einkommensverteilung nicht aber über die Ungleichheit in der personellen Vermögensverteilung. Seine Beziehung r > g bezieht sich jeweils auf das Einkommen und das Vermögen insgesamt und sagt somit wenig über die personelle Ungleichheit im Vermögen aus.

Anders als bei der personellen Einkommensverteilung ist in den letzten Jahren bei der personellen Vermögensverteilung ein deutlich geringerer Anstieg in der Ungleichheit feststellbar. Atkinson rät daher zur Vorsicht, beim Vermögen von einem Anstieg der Ungleichheit zu sprechen, vgl. Atkinson (2015), Reducing Inequality: Sharing Capital, S. 71–72. Er verweist hierbei auf eine detaillierte Studie von Roine und Waldenström (2014). Danach nimmt die Ungleichheit im Vermögen in Australien und in den USA von 1970 an zwar wieder zu, nicht aber in Dänemark, Frankreich, den Niederlande und Schweden, vgl. Tabellen und Grafiken in Roine und Waldenström (2014). Das Ergebnis für die USA bestätigen Saez und Zucman (2014).

Von besonderem Interesse ist die personelle Vermögensverteilung in Frankreich. Jorda et al. ermitteln für Frankreich, Deutschland, Japan, Großbritannien und die USA die Zusammensetzung des Vermögensbestands. Daran hat der Immobilienbesitz einen Anteil von nahezu 50 %, vgl. Jorda et al. (2017). Der Immobilienbesitz privater Haushalte ist in Frankreich hoch und breit gestreut. Damit kann ein Großteil der Franzosen am enormen Immobilienpreisanstieg der letzten Jahre partizipieren und wird dadurch weniger stark bei der ökonomischen Entwicklung abgehängt. Ein breiter Zugang zum Immobilienbesitz kann somit langfristig eine Teilhabe am Wohlstand sichern.

„Das Leben kann nur in der Schau nach rückwärts verstanden werden, aber nur in der Schau nach vorwärts gelebt werden" so ein Satz, der Sören Kiergegard zugeschrieben wird. Mag man auch nicht mit Pikettys Interpretation seiner Datenstudie übereinstimmen, so muss man doch konzedieren, dass er mit seiner umfassenden Datenanalyse einen beachtlichen Beitrag an Wissen über die Vergangenheit erstellt und dass er das wichtige Thema der ökonomischen Ungleichheit in der Forschung und in der Öffentlichkeit in den Vordergrund gerückt hat.

Er nutzt die IT-Technik, um eine umfassende Bestandsaufnahme zur ökonomischen Ungleichheit zu erstellen, und so hilft er uns, auf diesem wichtigen Gebiet mehr über das zu wissen, was tatsächlich gewesen ist. Das gilt beispielsweise auch für die großen Datenanalysen von Roine und Waldenström, Saez und Zucman, Jorda et al. und Milanovic, die die moderne Informationstechnologie benutzen, um uns über historische Gegebenheiten umfänglich in Form von Tabellen und Grafiken zu informieren. Tirole spricht sogar davon, dass die „Big Data" Studien das ökonomische Fachgebiet zu ändern beginnen, vgl. Tirole (2016), wo er auf Seite 117 ausführt:"Aujourd'hui, le Big Data commence à chambouler la discipline". Er verweist dabei auch auf angewandte mikroökonomische Studien wie z. B. die Studien von Levitt, vgl. Levitt und Dubner (2005).

Die großen Datenanalysen erinnern an die umfangreiche Datensammlung des dänischen Astronomen Tycho Brahé (1546–1601). Er selbst hat seinen Datenschatz nicht heben können. Er hat auf den Astronomen und Mathematiker Johannes Kepler (1571–1630) warten müssen. In der Ökonomie müssen wir ausharren, bis uns ein zweiter Schumpeter ein Konzept der wirtschaftlichen Entwicklung liefert, wo Strom- und Bestandsgrößen interagieren, und uns hilft, in der Schau vorwärts orientierter zu agieren. Wir kommen hierauf im methodischen Teil 4.10 „Wirtschaftsabläufe und ihre Analyse" zurück.

4.4 Scheidel zur Ungleichheit

Scheidels Langzeitanalyse bestärkt die Ausbeutungsvermutung von Claude Lévy-Strauss, dass hierarchische Gesellschaftsordnungen weniger der Aufklärung als vielmehr der Ausbeutung dienen. Er untersucht die Ungleichheit von der Steinzeit bis heute, also auch in einem längeren Zeitraum, bevor sich das kapitalistische System etabliert hat. Smith „invisible hand", die den Eigennutz vieler einzelner Akteure zum allgemeinen Wohl der Gesellschaft führt, ist in der Frühzeit wenig wirksam. Es ist nach Scheidel eher der Zwang der Herrschenden, der ein dominanter Faktor in der Gesellschaft und in der Wirtschaft gewesen ist. Und die herrschende Schicht nutzt ihre Vormachtstellung aus, um sich zu bereichern, vgl. Scheidel (2017, S. 73): „And indeed, our sources emphasize the paramount significance of coercion as a source of top incomes and fortunes", und weiter S. 84: „In premodern societies, very large fortunes regularly owed more to political power than to economic prowess". Ähnlich äußert sich Scott (2017, S. 150–182), beispielsweise zu Beginn seines „Chapter Five, Population Control: Bondage and War".

Beide Autoren benutzen in ihren Ausführungen die Begriffe „Existenzminimum (subsistence)" und „Überschuss (surplus)". Bezeichnen wir mit min das Existenzminimum und mit de das Durchschnittseinkommen, dann ist $\alpha = de/min$ eine Kennziffer für den Überschuss. Diese Überschusskennziffer α geht in einem von Milanovic, Lindert und Williamson entwickelten modifizierten Ginikoeffizienten ein, den ebenfalls Scheidel heranzieht, um die Einkommensungleichheit in vorindustriellen Gesellschaften zu messen. Damals sind der Überschuss und damit das Potenzial für Ungleichheit deutlich geringer gewesen, und das will in Langzeitstudien berücksichtigt werden.

Der herkömmliche Ginikoeffizient Gk liegt zwischen 0 und 1. Die Untergrenze wird erreicht bei Gleichverteilung und die Obergrenze, wenn das Einkommen oder das Vermögen sich in einer Hand befindet. Diese extreme Konzentration ist denkbar beim Vermögen, aber nicht beim Einkommen. Denn zum Überleben brauchen die Menschen ein Mindesteinkommen, das Existenzminimum.

Unter Berücksichtigung des Existenzminimums min reduzieren Milanovic, Lindert und Williamson das Maximum des Ginikoeffizienten Gk auf

$$Gk^* = (\alpha - 1)/\alpha$$

Das Maximum Gk^* nimmt mit α zu. Im Laufe der wirtschaftlichen Entwicklung steigt der Überschuss, das Ungleichheitspotenzial, und damit α. Und mit α wächst das Maximum Gk^*. Die Kurve bezeichnen Milanovic, Lindert und Williamson als „Inequality possibility frontier (IPF)". Über den Verlauf der IPF-Kurve informiert die Grafik A.1 in Scheidel (2017, S. 446) und die Grafik 1 in Milanovic et al. (2011, S. 258). Je näher der gemessene Ginikoeffizient Gk an der Kurve IPF liegt, desto größer ist die Ungleichheit in der Gesellschaft. Die Grafik 3 in Milanovic et al. (2011, S. 258), zeigt, dass in vorindustriellen Gesellschaften die Ginikoeffizienten Gk deutlich näher an der IPF-Kurve liegen als in modernen Gesellschaften. Demnach nimmt die Ungleichheit im Laufe eines langen Zeitraums nicht zu, sondern eher ab.

Die Abnahme wird besonders deutlich in der „Inequality extraction ratio (IER)". Sie setzt den jeweils gemessenen Ginikoefizienten Gk ins Verhältnis zu seinem Maximum Gk^*. Dieser Quotient ist das „Inequality extraction ratio (IER)":

$$IER = Gk/Gk^*$$

Der Quotient misst den Grad der Ungleichheit, der durch die ungleiche Verteilung des Überschusses über das Existenzminimum entsteht. Nach Tab. 2 in Milanovic et al. (2011, S. 263) sinkt der Wert des Inequality extraction ratio IER deutlich von 77 % auf 44 % von vorindustriellen zu modernen Gesellschaften. Von einer besonderen Ungleichheit in der kapitalistischen Wirtschaft kann also keine Rede sein. Die Analyseergebnisse lassen Pikettys Analyseergebnisse, die sich kritisch mit der kapitalistischen Wirtschaft beschäftigen, in einem anderen Licht erscheinen. Scheidel (2017, S. 445–456) hat die Untersuchungserbnisse der drei Autoren zum großen Teil in seinem Anhang „The limits of inequality" übernommen.

Hinsichtlich des Abschröpfens von Überschüssen durch die herrschende Schicht in frühen landwirtschaftlich Gesellschaften äußert sich Scheidel (2017, S. 47) wie folgt: „Rulers, their agents, and large landowners, categories that commonly intersected, were locked in conflict over the control of the surplus that could be siphoned off through state taxes and private rents". Auch wenn heutzutage die Gesellschaft offener ist und innovative Unternehmer vielfach aus dem Nichts riesige Vermögen erwirtschaften können, so beeinträchtigen doch die enormen Ungleichheiten im Einkommen und Vermögen die Chancengleichheit. Hierauf verweist Atkinson (2015, S. 10–11). Die Ungleichheit lastet auf der Wirtschaftsaktivität, umso mehr als die Menschen sie nicht mehr als akzeptabel hinnehmen wollen. Denn dann schmälert sie die Kooperationsbereitschaft der Menschen, die eine Basis für die arbeitsteilige Wirtschaft und den wirtschaftlichen Fortschritt ist.

Auch wenn Scheidel sich in seiner historischen Studie skeptisch gegenüber der Wirkung von Umverteilungsmaßnahmen äußert, besteht dennoch für moderne Industriestaaten Handlungsbedarf. Hier wird sich zeigen, ob der Staat die Kluft zwischen Gesellschaft und Wirtschaft reduzieren kann. Sicherlich muss er hier umdenken und sich innovative Konzepte in der Ausbildung und in der Besteuerung einfallen lassen müssen, insbesondere in der Besteuerung von vererbtem Vermögen.

4.5 Privatbanken: Eigenkapitalquote, Geschäfte, Risiken und Regulierung

4.5.1 Eigenkapitalquote

Mit den Bestandsdaten interessieren auch zunehmend Bilanzen und hier insbesondere Bilanzen von Banken. *Traditionell spielen Privatbanken in makroökonomischen Modellen keine bedeutende Rolle.* Minsky öffnet seinen Makroansatz für Privatbanken und weist darauf hin, dass das Bankgeschäft zentral für die moderne Ökonomie ist. Admati und Hellwig (2013) stellen Bilanzen in ihrer Analyse ins Zentrum ihrer Betrachtung. Sie plädieren dabei für höhere Eigenkapitalquoten. Dadurch stehen auf der einen Seite geringere Mittel für riskante Finanzanlagen zur Verfügung und auf der anderen Seite ist der Puffer größer, um entstehende Verluste auffangen zu können. Die Stärkung der Selbsthaftung verringert obendrein das systemische Risiko.

Die Eigenkapitalquote ist der Quotient von Eigenkapital und Bilanzsumme der Aktiva. Je höher die Eigenkapitalquote ist, desto höher ist der Puffer gegen Risiken/Verluste. Sinkt der Aktienkurs und wird der niedrigere Kurs bilanziert, dann reduziert sich die Eigenkapitalquote. Sie steigt, wenn ein Kursanstieg in der Bilanz festgehalten wird. Gewinne/Verluste aus der GuV erhöhen/reduzieren das Eigenkapital und somit auch die Eigenkapitalquote. Die Eigenkapitalquote ist eine *Residualgröße*. Sie ist das Resultat aus der Bilanzierung und der Gewinn- und Verlustrechnung. Sie unterliegt mit den Kursschwankungen *Marktrisiken*.

Das Eigenkapital ist ein Puffer gegenüber eventuellen künftigen Verlusten. Je höher die Eigenkapitalquote ist, desto mehr Verluste kann ein Unternehmen aus eigener Kraft auffangen. Die Eigenkapitalquote ist, wie gesagt, eine Residualgröße. Andere Größen bestimmen ihren Wert. Wie dies geschieht, haben Admati und Hellwig (2013) in zahlreichen Bilanzbeispielen für Haushalte, Unternehmen und Banken illustriert.

Gemäß der Tab. 4.2 Bankbilanz und der Tab. 4.3 Gewinn- und Verlustrechnung (GuV) sind zwei Determinanten hervorzuheben:

- die Wertentwicklung der Wertpapierbestände,
- die Gewinnentwicklung in der GuV.

Steigen die Kurse von Anleihen und von Aktien in den Beständen der Bank, und erzielt sie Gewinne, dann steigt die Eigenkapitalquote. Im umgekehrten Fall sinkt sie. Wird sie zu gering, dann muss die Bank nach der Basel-Regulierung Maßnahmen treffen, um ihre Eigenkapitalquote wieder zu stärken. Beispielsweise kann sie Wertpapiere veräußern und damit ihren Wertpapierbestand reduzieren und in entsprechendem Maße auch ihre Verbindlichkeiten.

Um die Wirkung von Verkäufen auf die EKQ zu illustrieren, greifen wir auf ein in Admati und Hellwig ausführlich erörtertes Beispiel zurück, das den Immobilienbesitz einer Frau namens Kate behandelt. Hier gehen wir davon aus, dass Kate ein Haus mit zwei gleichwertigen Wohnungen kauft. Das Haus kostet 500.000 €. Sie finanziert den Kauf mit einem Hypothekendarlehen von 400.000 € und einem Eigenkapital in Höhe von 100.000 €. Ihre Eigenkapitalquote ist also 20 %.

Aktiva	Passiva
500.000 Wert des Hauses	400.000 Hypothekendarlehen 100.000 Eigenkapital

Eine Immobilienkrise überrascht Kate nach ihrer Kaufentscheidung. Der Wert ihres Hauses fällt um 10 % und ihre EKQ damit auf 11,1 %.

4.5 Privatbanken: Eigenkapitalquote, Geschäfte, Risiken und Regulierung

Tab. 4.2 Bankbilanz

Aktiva Vermögen Mittelverwendung	Passiva Verbindlichkeiten Mittelherkunft
Barreserven Reserven bei der Zentralbank	Verbindlichkeiten gegenüber der Zentralbank **steigen** **mit ZB-Niedrigzinspolitik**
Kredite an Nichtbanken, speziell Hypothekendarlehen	Einlagen von Nichtbanken, **sinken** speziell von Haushalten
Kredite an Banken **Übergang zum** **Investmentbanking**	Verbindlichkeiten gegenüber Banken
Verbriefte Kredite (u.a. ABS, MBS und CDO)	Schuldverschreibungen (Bankanleihen)
Unternehmensanleihen	
Staatsanleihen	
Aktien	Eigenkapital EK

Gewinn/Verlust aus Gewinn- und
Verlustrechnung (GuV)

ABS Asset-backed securities (Forderungsbesicherte Wertpapiere)
MBS Mortgage-backed securities (Hypotheken gesicherte Wertpapiere)
CDO Collateralized debt obligations (besicherte Schuldverschreibungen)

Aktiva	Passiva
450.000 Wert des Hauses	400.000 Hypothekendarlehen 50.000 Eigenkapital

Mit der geringeren EKQ sinkt Kates Bonität. Bei der Anschlussfinanzierung ihres kurzfristig finanzierten Darlehens verlangt ihre Bank höhere Zinssätze. Die erhöhten Zinszahlungen kann sie nicht mehr aus ihren laufenden Einnahmen bestreiten. Sie verkauft

Tab. 4.3 Gewinn- und Verlustrechnung einer Bank (GuV)

Aufwendungen	Erträge
Zinsaufwendungen und ähnliche Aufwendungen (u.a. CDS-Prämienzahlung) Risikovorsorge im Kreditgeschäft	Zinsen und ähnliche Erträge (u.a. CDS-Prämieneinnahmen)
Zinsunabhängige Aufwendungen	Zinsunabhängige Erträge
Gewinn/Verlust	

CDS-Papiere (Credit Default Swaps) sind wie andere Derivate schwebende Geschäfte und damit außerbilanzielle Geschäfte. Sie wirken sich über Wertberichtigungen und über Prämienzahlungen und Prämieneinnahmen auf Gewinn und Verlust in der GuV aus, und damit indirekt auf das Eigenkapital der Bilanz.

daher eine der beiden Wohnungen. Ihre EKQ steigt dadurch auf 22,2 % und damit auch ihre Bonität. Selbst wenn ihre Bank in der Immobilienkrise den Zinssatz anhebt, so wird dennoch wegen der halbierten Schulden ihre Zinslast sinken und für Kate bezahlbar sein.

Aktiva	Passiva
225.000 Wert der Wohnung	175.000 Hypothekendarlehen 50.000 Eigenkapital

Kate hat das Finanzierungsproblem, das die Immobilienkrise hat entstehen lassen, gelöst. Sie hat sich „gesund geschrumpft". Die Gesundschrumpfung hat bei Kate funktioniert. Sie bleibt solvent.

Die Immobilienkrise wird allerdings nicht nur Kate betreffen, sondern eine Vielzahl von Immobilienbesitzern, die vielfach nicht in der komfortablen Lage sind, sich von einer Teilimmobilie trennen zu können. Viele gehen insolvent und müssen sich von ihrer gesamten Immobilie trennen. Und ein drastischer Anstieg von Zwangsverkäufen lässt die Immobilienpreise weiter purzeln. Eine Preisspirale nach unten kann einsetzen und Vermögenswerte in erheblichem Maße vernichten.

Ähnlich ist der Effekt einer Verkaufswelle von Wertpapieren einzuschätzen, wenn die Basel-Bankregulierung in einer Bankenkrise strikt auf die Einhaltung ihrer geforderten Eigenkapitalquote pocht. Hierauf gehen wir noch später ein, zuvor schauen wir uns die Geschäfte der Banken genauer an.

4.5 Privatbanken: Eigenkapitalquote, Geschäfte, Risiken und Regulierung

Davor diskutieren wir aber noch den Fall, dass Kate sich nicht „gesund schrumpfen" kann, indem sie eine Wohnung ihres Hauses verkaufen kann. Und vergegenwärtigen wir uns näher ihre Lage vor und nach der Immobilienkrise. Kate verdient gut, sagen wir netto 3000 € pro Monat nach Steuern, Sozialabgaben und Krankenversicherungszahlung. Sie verfügt über 100.000 € Eigenkapital. Die Immobilienpreise steigen – nach Koo zum Beispiel von 2000 bis 2006 in den USA um 120 %, von 1995 bis 2007 in Irland um 400 %, in Griechenland um 240 % und in Spanien um 200 %, vgl. Koo (2015, S. 2). Kate kauft in der ihr günstigen Lage das Haus für 500.000 €. Dazu nimmt sie einen Kredit von 400.000 € auf, sagen wir zu einem Hypothekenzinssatz einschließlich Tilgung von 4,8 %. Ihre Eigenkapitalquote ist 0,2, und nach Zinszahlung und Tilgung verbleiben ihr netto 1400 € zur freien Verfügung. Damit kann sie gut und sorglos leben, wenn alles so bleibt. Aber die Lage kippt auf dem Immobilienmarkt, und das Keynes-Minsky-Momentum kommt zur Wirkung. Die Immobilienpreise sinken drastisch – nach Koo (2015, S. 2) beispielsweise in Irland von 2007 auf 2012 nahezu um 50 %. Bei Kate unterstellen wir einen Preiseinbruch von 10 %. Sie hat ihren Hauskauf kurzfristig finanziert und braucht in der jetzt ungünstigen Lage eine Anschlussfinanzierung. Der gesunkene Immobilienpreis senkt ihre EKQ und damit ihre Bonität. Die Banken sehen Risiken bei ihrer Kreditforderung, die zu erhöhten Rückstellungen führen könnten. Sie erhöhen den Zinssatz für Kate, sagen wir auf 6,9 %. Damit steigen ihre monatlichen Zinszahlungen auf 2300 €, und Kate verbleiben nur noch 700 € zum Leben. Hatte sie vorher 47 % ihres Nettoeinkommens zur freien Verfügung, so reduziert sich nun die Verfügungsquote drastisch auf 23 %. Kate muss nun ihre Ausgaben an die stark gesunkenen Einnahmen anpassen.

Sind zahlreiche Wirtschaftssubjekte betroffen, dann dreht sich die allgemeine wirtschaftliche Spirale nach unten: der Konsum der Haushalte sinkt, Unternehmer stellen ihre Investitionspläne zurück, ausstehende Forderungen der Privatbanken sind gefährdet, das Risiko steigt und Pessimismus breitet sich aus. Jetzt sieht sich sie Zentralbank aufgerufen, die Abwärtsspirale zu stoppen. Sie senkt den Zentralbankzinssatz, kauft Immobilienanleihen sowie Staatsanleihen und sichert Wertbestände. Privatbanken können zu niedrigeren Sicherheitsanforderungen Zentralbankgeld erhalten – ihre Verbindlichkeiten gegenüber der Zentralbank in der Tab. 4.2 Bankbilanz erhöhen sich. Das Zentralbankgeld werden die Privatbanken nutzen und ihre Bestände in ihrer Bilanz umzuschichten, um so ihre Risiken zu senken und sich neue Gewinnchancen zu eröffnen. Sie liegen weniger in der Kreditausweitung an Private Haushalte und an Unternehmen als vielmehr im Bereich des Investmentbankings. Koo verweist darauf, dass viel Geld innerhalb des Bankensektors verbleibt und dass trotz niedriger Zentralbankzinssätze wenig Geld der Privatbanken zum Konsum C und zur Investition I fließt. Denn die Kredite an den Privaten Sektor werden sich nicht wie gewünscht durch den niedrigen Zentralbankzinssatz erhöhen, da die Last der Fremdfinanzierung noch auf den Privaten Haushalten und Unternehmen liegt, vgl. Koo (2015, S. xx): „The private sector is minimizing debt because liabilities incurred during the bubble remain, while the bubble burst, leaving balance sheets deeply underwater. While everyone saving or paying down debt and no one borrowing, even at zero interest rate – gemeint ist der Zentralbankzinssatz, the economy started shrinking". Koo sieht in seiner Analyse die QE-Politik der Zentralbanken als wenig effektiv an und plädiert für eine Fiskalpolitik.

4.5.2 Bankdienstleistungen und -geschäfte

Banken sorgen für einen effizienten Zahlungsverkehr, sie erleichtern Käufe und Verkäufe und begünstigen die Markttransaktionen *(Transaktionen)*.

Traditionell sammeln Geschäftsbanken Geld von einer Vielzahl von Einlegern, speziell von Haushalten, und gewähren mit den Einlagen Kredite. Beispielsweise gewähren Banken Haushalten Hypothekenkredite zur Finanzierung eines Hauskaufs und Unternehmen Kredite zur Finanzierung von Käufen effizienter Fertigungsanlagen und leistungsstarker IT-Produkten. Bei Haushalten prüfen sie vor Kreditvergabe, ob deren Einkommensströme in der Zukunft ausreichen werden, um künftig anstehende Zins- und Tilgungszahlungen bestreiten zu können. Bei Unternehmen überprüfen sie, inwieweit die erwartete Rentabilität aus deren Investitionsprojekten fundiert belegt ist oder nicht. Die Überprüfung ist kostspielig und trotz eingehender Prüfung verbleiben bei gewährten Krediten Unsicherheiten in der Zukunft, sodass Banken in ihren Gewinn- und Verlustrechnungen Rückstellungen für Kreditausfälle einstellen, siehe Tab. 4.3 GuV-Rechnung. Das Kreditgeschäft ist die zentrale Tätigkeit der Geschäftsbanken. Sie überprüfen die Kreditwürdigkeit, vergeben die Kredite und setzen die Kreditkonditionen und überwachen die Einhaltung der Konditionen, die Zins- und Tilgungszahlung. Traditionell verwenden sie ihre Mittel zur Kreditvergabe und ihre Mittel stammen vorwiegend aus Geldeinlagen der Privater Haushalte *(Traditionelle Geschäftsbank, Finanzintermediäre I, Risikoübernahme)*.

Banken gehen kurzfristige Verbindlichkeiten ein, sei es dass sie Einlagen von Haushalten übernehmen oder sei es dass sie sich kurzfristig bei der Zentralbank verschulden, und gewähren mit diesen Mitteln längerfristige Kredite, beispielsweise für den Auto- und Hauskauf von Haushalten oder für längerfristige Investitionsprojekte von Unternehmen. In dieser Fristentransformation wird eine der Quellen der Instabilität der Privatbanken gesehen, im „mismatch between ‚long-term loans' and ‚short-term deposits'", vgl. The Economist: The inevitability of instability (2014a, S. 56) *(Fristentransformation, Risikoübernahme)*.

Traditionelle Geschäftsbanken bauen ihr Kreditgeschäft aus und übernehmen die Vermögensverwaltung vermögender Großkunden, handeln mit Wertpapieren und unterstützen Unternehmen bei der Finanzierung von Projekten sowie der Kapitalerhöhung und kreieren neue Wertpapiere und damit neue Märkte *(Investmentbanking)*.

Der Wandel von Geschäftsbanken zu Investmentbanken zeigt sich in der Verlängerung der Bankbilanz über die Kreditgeschäfte hinaus, vgl. Tab. 4.2 Bankbilanz. Sie übernehmen beispielsweise auf eigenes Risiko Emissionen von Wertpapieren und verkaufen sie mit Gewinn weiter.

4.5 Privatbanken: Eigenkapitalquote, Geschäfte, Risiken und Regulierung

Investmentbanken kreieren mit Optionspapieren neue Wertpapiere und für ihre Emissionen benötigen sie einen passenden Preis. Optionen sind Wetten auf die künftige Entwicklung von Preisen, auf dem Finanzmarkt von Kursen etwa von Aktien, Anleihen und Währungen. Kursschwankungen bedeuten Chancen auf einen Gewinn und mit der Option kann man künftige Gewinnaussichten kaufen. Damit Banken Optionen erfolgreich vermarkten können, brauchen sie, wie gesagt, einen adäquaten Startpreis für ihr Optionsangebot. Diesen liefert die 1973 publizierte Black-Scholes-Formel und ermöglicht damit eine erfolgreiche Vermarktung von Optionen, eine Finanzinnovation mit beträchtlichem Marktvolumen. Robert C. Merton hat ebenfalls zur Entwicklung des finanzmathematischen Modells beigetragen. Myron S. Scholes und Robert C. Merton sind 1997 für die Entwicklung des Modells mit dem Nobelpreis ausgezeichnet worden.

Banken haben ein besonderes *Privileg*. Es ermöglicht ihnen, Zentralbankgeld M in den Wirtschaftskreislauf zu schleusen. Sie erhalten das Geld zu einem von der Zentralbank festgelegten Zinssatz gegen bestimmte Sicherheiten. Wie mit den Einlagen-Gelder Privater Haushalte gewähren sie mit dem Zentralbankgeld Kredite. Sie finanzieren profitable Projekte, seien es Real- oder Finanzinvestitionen; legen das Geld gewinnbringend an, indem sie für sich oder Dritte Wertpapiere und andere Finanzpapiere kaufen. Banken kaufen Staats- und Unternehmensanleihen, gewähren Privathaushalten Konsumenten- und Immobilienkredite und erwerben über Aktienkäufe Unternehmensanteile. Damit sind erhebliche Risiken verbunden. Unternehmen, Staaten und Haushalte können insolvent gehen und so ihren Zahlungsverpflichtungen nicht mehr nachkommen (Kreditrisiko). Aktienkurse können drastisch fallen und auch ausländische Staatsanleihen können durch Währungsschwankungen erheblich an Wert verlieren (Marktrisiken). Gegen Risiken möchten sich Banken absichern.

Privatbanken sind die Hauptakteure in dem Transmissionsmechanismus, durch den Zentralbankgeld in die Wirtschaft fließt. In Krisenzeiten mit einer Niedrigzinspolitik der Zentralbank können insbesondere Privatbanken von ihrem Privileg profitieren. Die Niedrigzinspolitik macht das Zentralbankgeld billig. Dann werden die Einlagen der Privaten Haushalte weniger attraktiv. Es kommt dann zu einer *strukturellen Verschiebung* weg von den Privaten Einlagen und hin zu Verbindlichkeiten gegenüber der Zentralbank, vgl. die Passiva-Seite der Bankbilanz in Tab. 4.2 *(Finanzintermediäre II, Bankenprivileg)*.

Banken weiten ihre Geschäftsfelder aus, indem sie die Fremdfinanzierung systematisch ausbauen. An jedem Kredit, den sie gewähren, und an jeder Anleihe, die sie platzieren, können sie verdienen. Die Fremdfinanzierung steigert die Chancen und die Risiken, sowohl für die Banken als Gläubiger als auch für die Fremdfinanzierer als Schuldner *(Verstärkte Fremdfinanzierung, verstärkte Finanzialisierung der Wirtschaft)*.

Als Finanzintermediäre gehen Banken Risiken ein, die durch die Fristentransformation verstärkt werden. Ein klassisches Beispiel dafür ist der Bank Run. Private Haushalte fürchten in Krisen um die Sicherheit ihrer Einlagen und ziehen diese kurzer Hand ab. Banken sind durch längerfristig vergebene Kredite die Hände gebunden. Sie haben nicht ausreichend Mittel, um dem Ansturm der Haushalte zu genügen. Sie werden zahlungsunfähig, sie gehen insolvent. Ein Bank Run führt so wegen unterschiedlicher Fristen bei der Mittelverwendung und Mittelbeschaffung zur Insolvenz. Das Risiko gegenüber dem Bank Run hat die staatlich vorgegebene Einlageversicherung reduziert. Das Gläubigerrisiko verbleibt den Banken. Dieses Risiko möchten sie los werden. Dabei sind Banken zunehmend innovativ. Sie kreieren dafür neue Produkte, mit denen sie Risiken handelbar machen. Damit kreieren sie neue Märkte und neue Gewinnmöglichkeiten. Volkswirtschaftlich besonders relevant sind verbriefte Anleihen wie die ABS-Papiere und das Versicherungsprodukt CDS *(Geschäfte mit Risiken).*

Banken sammeln bei ihrer Tätigkeit umfassend Informationen, sei es im Zusammenhang mit der Kreditvergabe oder sei es im Zusammenhang mit der Geldanlage als Finanzinvestor. Ähnlich wie Unternehmensberatungs- und Wirtschaftsprüfungsgesellschaften sowie Ratingagenturen sind sie bestens informiert über das Wirtschaftsgeschehen. Dabei wandelt sich der Gegenstand der Information, und zwar von der Informationsbeschaffung bei der Kreditvergabe – Hauptinteresse von Geschäftsbanken – hin zur Informationsbeschaffung für die Geldanlage – Hauptinteresse der Investmentbanken *(Banken als Informationszentralen).*

4.5.3 Risiken und Risikohandel

Die Risiken und die Geschäfte damit wollen wir uns wegen ihrer volkswirtschaftlichen Bedeutung näher ansehen. Die Kreditvergabe der Banken ist mit dem Risiko verbunden, dass der Kreditnehmer, der Schuldner, seinen künftigen Zins- und Tilgungszahlungen nicht nachkommen kann. Im Vorfeld prüft daher die Bank als Gläubiger die Kreditwürdigkeit des Debitors. Die Prüfung verursacht Kosten und trotz eingehender Prüfung kann die Bank nicht ausschließen, dass der Kreditnehmer künftig seine Schulden nicht begleichen kann. Er kann insolvent gehen, und für den Fall von Kreditausfällen sorgt die Bank vor und bildet Rückstellungen in der GuV-Rechnung. Bei Insolvenz konkretisiert sich das Risiko in Form von Verlusten. Der Kreditgeber trägt die Prüfkosten und die Kosten bei eingetretenem Risiko, und zwar die Verluste aus den ausstehenden Zahlungsverpflichtungen und möglicherweise noch die Kosten aus der Insolvenzabwicklung (Risikokosten des Gläubigers, Rückstellungen für *Kreditausfallrisiken).*

Mit der Verbriefung von Forderungen kann die Bank ihre Risiken mittels der ABS-Papiere veräußern. Mit dem ABS-Papier wird die Forderung zum Handelsgut. Zum einen kann die Bank mit dem ABS-Papier ihre Risikokosten reduzieren – der Aufwand eingehender Risikoprüfung entfällt – und zum anderen kann sie das Risiko an Dritte verkaufen und an dem Verkauf sogar noch verdienen [Risikoüberwälzung und Reduktion von Kreditkosten] Als Handelsgut unterliegen die ABS-Papiere wie Anleihen und Aktien dem Marktrisiko. Denn sie haben einen Preis. Er kann schwanken und ist somit volatil *(Marktrisiko).*

Die CDS-Papiere machen das Risiko handelbar. Hier sind Kreditausfallversicherungen das Handelsgut. Die Konstruktion dieses Gutes machen wir uns anhand eines vereinfachten Beispiels klar. Die Deutsche Bank (DB) zeichnet eine Anleihe in Höhe von 10 Mio. EUR von Siemens oder von Griechenland und möchte sich gegen den Ausfall ihrer Forderung gegenüber Siemens bzw. gegenüber Griechenland absichern. Diese Absicherung ermöglicht der CDS-Markt, wo CDS-Papiere zwischen Sicherungsnehmern und Sicherungsgebern gehandelt werden. Die Bank kauft als Sicherheitsnehmer „Sicherheit" gegen den Forderungsverlust gegenüber dem Kreditnehmer Siemens. Sie besteht darin, dass der Sicherheitsgeber bei Insolvenz von Siemens den Kreditausfall für die DB ausgleicht. Für diese Ausgleichszahlung, die Versicherungsleistung, entrichtet die DB eine Prämie an den Sicherungsgeber, der eine andere Bank oder eine Versicherung sein kann wie beispielsweise die US-Großversicherung AIG.

Die Höhe der Prämie richtet sich nach der Wahrscheinlichkeit p, dass der Versicherungsfall eintritt. Je höher die Wahrscheinlichkeit für den Kreditausfall erachtet wird, desto höher ist die Prämie, die die DB zahlen muss. Konkretisieren wir das Beispiel weiter, indem wir die Laufzeit auf zwei Jahre setzen. Der Preis für CDS wird in Basispunkten bp angegeben. Sagen wir, dass der Preis bei 400 bp liegt. Die DB zahlt dann für 10 Mio. € 400.000 € an Prämien, und zwar aufgeteilt in vierteljährlichen Prämienzahlungen zu 100.000 €:

1. Geht nach einem Jahr der Schuldner bankrott, dann zahlt die Versicherung/die andere Bank der DB 10 Mio. €. Diesen Versicherungsleistungen stehen Prämienzahlungen in Höhe von 400.000 € gegenüber.
2. Bleibt der Schuldner über zwei Jahre solvent, dann werden keine Ausgleichzahlungen an die DB fällig und diese zahlt 800.000 € an Versicherungsprämie.

Den Versicherungsprämien entsprechen implizite Kreditausfallwahrscheinlichkeiten. Heben wir die Unterteilung der zwei Jahre in Quartale auf und stellen wir vereinfachend für die zwei Jahre den erwarteten Prämienzahlungen die erwartete Versicherungszahlung gegenüber, dann erhalten wir die implizite Kreditausfallwahrscheinlichkeit p über

$$(1 - p)800.000 = p(10.000.000 - 800.000).$$

Die Auflösung der Gleichung ergibt $p = 0{,}08$. Erachten die Marktteilnehmer die Ausfallwahrscheinlichkeit als zu niedrig und erhöhen sie in ihrer Risikoeinschätzung die Ausfallwahrscheinlichkeit auf $p = 0{,}10$, dann steigen gemäß

$$0{,}9 \text{ Prämie} = 0{,}1 (10.000.000 - \text{Prämie})$$

die Prämienzahlungen von 800.000 € auf 1 Mio. €. Und damit steigt auch der Preis des CDS-Papiers.

Erhöht sich das Risiko, dann steigt der CDS-Preis. Bei der Anleihe, die die DB kauft, stellt sich der umgekehrte Effekt ein. Der Risikozuschlag rz, der Kredit-Spread, nimmt zu und damit sinkt der Anleihekurs. Gegen fallende Anleihekurse kann sich die DB aber wegen des kompensatorischen Effekts der CDS-Preise absichern, indem sie CDS-Papiere auf die entsprechende Anleihe kauft. Sie schließt somit ein Hedge-Geschäft ab und kann so ihr Risiko weitergeben. Ein Beispiel mag das verdeutlichen. Die DB kauft eine neu emittierte Anleihe zum Kurs von 100 und mit einer Nominalverzinsung von 3 %. Büßt der Emittent nach Verkauf an Bonität ein, dann führt ein Risikozuschlag rz = 1,33 zu dem erhöhten Zinssatz von 4 %. Die Zinssatzerhöhung geht einher mit einem Kursverlust von 100 auf 75. Hat die DB in Zeiten geringer Risiken gleichzeitig mit der Anleihe ein darauf ausgestelltes CDS-Papier gekauft, hat er also seinen Anleihekauf abgesichert – gehedgt, dann kann er durch den Preisanstieg seines CDS-Papiers seinen Kursverlust in Zeiten höherer Risiken ausgleichen. Mit der Absicherung kann die DB weiter riskante Geschäfte eingehen *(moral hazard)*. Und so steigt das Risiko insgesamt in den Volkswirtschaften, und wegen des internationalen Handels global.

Der Absicherungsaspekt ist eine Seite der Innovation „CDS-Papier". Die andere Seite ist, dass die Innovation ein neues Finanzprodukt geschaffen hat, dessen Kauf sich unabhängig von Absicherungsgeschäften lohnen kann. Spekulieren Marktteilnehmer auf künftig steigende Risiken, auf steigende CDS-Preise, so kaufen sie CDS-Papiere, gegebenenfalls fremdfinanziert mit einem hohen Leverage. Der CDS-Markt führt somit schnell ein Eigenleben mit Angebot und Nachfrage wie jeder andere Markt.

In der aktuellen Krise steigen die Preise von CDS-Papiere sprunghaft an – ähnlich wie übrigens auch die Risikozuschläge bei den Marktzinsen, beispielsweise für CDS auf griechische Staatsanleihen. In den höheren Preisen spiegelt sich die höher eingeschätzte Kreditausfallwahrscheinlichkeit wider mit der Folge, dass die nun erhöhte Vorsicht die Kreditvergabe reduziert. Der Kreditfluss kommt ins Stocken. Denn in schlechten Zeiten bricht nicht nur bei Einlegern Panik aus, wie uns das Beispiel Bank Run lehrt, sondern auch bei anderen Akteuren wie beispielsweise bei Banken, die dann übervorsichtig bei der Kreditgewährung werden.

Zwischen einer klassischen Lebens- und Schadensversicherung und der neuartigen Kreditausfallversicherung besteht ein wesentlicher Unterschied. Zwar basieren beide Versicherungen auf Wahrscheinlichkeitsüberlegungen, bei der klassischen Versicherung lässt sich die Wahrscheinlichkeit aus historischen Werten objektivieren – bei der KFZ-Unfallversicherung aus der Häufigkeit von Unfällen in der Vergangenheit – bei der neuartigen Kreditausfallversicherung basiert sie *alleine auf der subjektiven Risikoeinschätzung*. Und hier wissen wir aus dem Keynes-Minsky-Momentum, dass bei Eintritt in eine Krise das Risiko überzeichnet werden kann.

Der CDS-Markt hat sich seit 2000 prächtig entwickelt. Die ausstehenden Versicherungsfälle bedrohen in der Finanzkrise 2008 u. a. die Solvenz der amerikanischen Großversicherung AIG. Die US-Regierung greift ein und stützt die Versicherung, denn ohne staatliche Intervention droht der Kollaps des globalen Finanzwesens und damit der Weltwirtschaft.

Aus der Sicht eines einzelnen Finanzinstituts haben Finanzinnovationen wie die ABS- und die CDS-Papiere den Vorteil, dass das *einzelne* Institut Risiken auf Dritte überwälzen und Kosten der Risikoprüfung sowie Risikoüberwachung senken kann. Diese günstigen Umstände verleiten Finanzinstitute in guten Zeiten dazu, riskantere Finanzgeschäfte mit höherer Verzinsung einzugehen *(moral hazard)*. Der Handel innerhalb der

Finanzbranche hat aber ihre gegenseitige Verflechtung erhöht und dadurch ein *systemisches* Risiko entstehen lassen. In schlechten Zeiten bedroht dieses Risiko das Finanzwesen weltweit und über die verstärkte Fremdfinanzierung, die Finanzialisierung der Wirtschaft, auch die globale Ökonomie. Und zur Vermeidung des globalen Wirtschaftszusammenbruchs müssen Regierungen und Zentralbanken einzeln und koordiniert massiv intervenieren, auch in Koordination mit internationalen Organisationen wie IMF und Weltbank.

Banken haben sich bis zur Einführung der ABS- und CDS-Papiere einen Anstieg von Risiken mittels Risikozuschläge abgesichert. Nun können sie mit den neuen Papieren schneller agieren und Banken mit *guter Information* können besonders schnell reagieren und aus Situationsumbrüchen Profite ziehen.

Es ist nicht erstaunlich, dass Finanzinnovationen wie die ABS-Papiere und vor allen Dingen die CDS-Papiere als *toxische* Produkte bezeichnet werden. Banken entledigen sich der Kosten der Kreditüberwachung, verdienen am Risikohandel und erhöhen das *systemische Risiko,* das letztendlich, wenn es eintritt, von der Gesellschaft zu tragen ist.

Steigt die subjektive Ausfallwahrscheinlichkeit p, dann schnellen die Preise für Risikopapiere in die Höhe, und wegen enormer Bestände auch das Risikopotenzial. Kein Wunder, dass der damalige EZB-Präsident Trichet vor einem Zusammenbruch des CDS-Marktes gewarnt hat. Hier wird das systemische Risiko deutlich, das der Risikohandel mit neuen Finanzprodukten hat entstehen lassen. Denn der Handel vollzieht sich weitgehend innerhalb des Finanzsystems und führt somit zu einer Vernetzung der Finanzwirtschaft und zu dem mehrfach angesprochenen systemischen Risiko.

Admati und Hellwig (2013) sehen ähnlich wie Minsky die Instabilität der Ökonomie durch den Finanzmarkt gefährdet, insbesondere durch Bankgeschäfte. Ausführlich weisen sie daraufhin, dass Banken in schlechten Zeiten oft nicht mehr in der Lage sind, anfallende Risiken durch ihr Eigenkapital abdecken zu können. Die beiden Autoren plädieren nachdrücklich für eine Eigenabsicherung der Banken und fordern eine erhöhte Eigenkapitalquote, die in Krisen Verluste abpuffern soll. Wir sehen zwar eine bessere Eigenkapitalausstattung als geeignet, erhöhte Verluste einzelner schlecht geführter Banken in normalen Zeiten absorbieren zu können. In Krisen dagegen wird die Eigenabsicherung der Bank über die Eigenkapitalquote aber unzureichend sein. Denn in Krisen sackt die Eigenkapitalquote drastisch ab. Als Residualgröße hängt sie, wie wir gesehen haben, stark von Markt- und Kreditrisiken ab, die in Krisen dramatisch steigen können. Zudem verstärkt das systemische Risiko die Krise im gesamten Bankensektor. Die Absicherung kann nur von *außen* kommen, sei es in der EU durch eine finanzkräftige EU-Bankenunion oder von anderen staatlichen Institutionen, auch von internationalen Institutionen wie die Weltbank oder der IMF, worauf, wie wir wissen, bereits Rajan hingewiesen hat.

Banken wissen um das Risiko ihrer Kreditgeschäfte und sind daher zu Händlern von Risiken geworden. Absicherungsgeschäfte mögen *einzelnen Banken Schutz* gewähren, sie lassen aber wegen des Handels innerhalb der Finanzwirtschaft ein *systemisches Risiko für die gesamte Volkswirtschaft und damit für Gesellschaft* entstehen.

Den Zusammenbruch des Finanzsystems müssen der Staat und die Zentralbank aber mit allen Mitteln verhindern, da die Effekte auf die reale Ökonomie verheerend wären.

Banker verfolgen zielstrebig, Gewinne zu erzielen, indem sie ihr Kreditgeschäft ausweiten, neue Finanzprodukte kreieren und damit neue Märkte schaffen. Und sie sind stark motiviert, denn schon schnell winkt die Belohnung in Form von Bonuszahlungen. Manch einer spricht hierbei von der Gier als treibende Kraft, die Banker zu Hasardeuren werden lässt. Diese treibende Kraft kann sich frei entfalten. Denn die Risiken zeigen sich erst mit deutlicher Verzögerung, hierauf verweist bereits Rajan. Und diese tragen nicht die innovationsfreudigen Banker, die Kosten trägt die Gesellschaft. Sie muss die Verluste in einem Abschwung, in einer Krise tragen. Es liegt also in zweifacher Hinsicht eine Asymmetrie vor, zum einen in der Zeit und zum anderen in den Konsequenzen für die Banker. Diese Asymmetrie begünstigt ein Moral-Hazard-Verhalten.

4.5.4 Basel-Bankenregulierung und EU-Bankenunion

Privatbanken unterliegen einer Eigenkapitalanforderung. Eine ausreichend hohe EKQ soll sie gegenüber Risiken absichern. Die Anforderungen spezifiziert der Baseler Ausschuss für Bankenaufsicht in den sogenannten Basel-Eigenkapitalregeln. Darin werden die Marktrisiken über das Risikomaß „Value-at-Risk (VaR)" erfasst. Die betroffenen Finanzinstitute können in Eigenverantwortung ein Modell auswählen, um ihr Marktrisiko „VaR" *einen Tag im Voraus* zu prognostizieren. Ihre *Kurzfristprognose* müssen die Kreditinstitute im Nachhinein mit einem sogenannten „Back-Testing-Verfahren" überprüfen. Unterschätzen ihre Prognosen das Risiko statistisch signifikant, dann müssen sie ihre EKQ nach Ausmaß ihrer Unterschätzung erhöhen. Banken können, wie dargelegt, ihre EKQ aufstocken, indem sie Wertpapiere aus ihrem Bestand veräußern oder indem sie neue Aktien emittieren. In der jüngsten Krise ist die Bankenselbstregulierung allerdings wenig effektiv gewesen, wir werden hierauf noch näher in 4.10.2 „Quantitative numerische Analyse" eingehen.

Die EKQ ist eine Residualgröße, die, wie oben ausgeführt, wesentlich von der Wertentwicklung der Wertpapierbestände in den Bankbilanzen und von der Gewinnentwicklung der Banken abhängt. Das Basel-Regelwerk zielt darauf ab, Finanzinstitute mit höherem Risiko zu höherer Eigenvorsorge, zu einem stärkeren Puffer gegen eventuelle Verluste zu verpflichten. In Krisenzeiten steigt das Risiko, und von dem steigenden Risiko ist eine Vielzahl von Banken betroffen. Denn in der Krise gehen die Gewinne allgemein zurück und dann sinken auch die Kurse der Wertpapiere und in Folge die EKQ zahlreicher Banken. Sie sehen sich gezwungen, ihre Eigenkapitalbasis zu stärken. Kommt es aber zu einer Verkaufswelle von Wertpapieren, dann fallen die Kurse weiter. In der Folge wird der Wert der verbleibenden Wertpapierbestände in der Bankbilanz noch weiter sinken und folglich auch die EKQ. In einer Krise kann also die Baseler Bankenselbstregulierung eine Verkaufswelle lostreten, die Krise verschärfen und die mit der EKQ angestrebte Eigenvorsorge für Risikofälle ins Gegenteil verkehren. Die Krise ruft nach einer Intervention *von außen*. In der jüngsten Krise ist das auch der Fall gewesen. Die internationale Staatengemeinschaft hat, wie gesagt, in Koordination mit Zentralbanken und internationalen Organisationen wie der Weltbank und dem IWF das globale Bankensystem gestützt.

Die in der Basel-Regulierung enthaltene Kurzfristprognose des Marktrisikos hat einen Zeithorizont von einem Tag und ist symptomatisch für die *Kurzfristorientierung auf dem Finanzmarkt*. Diese Kurzfristorientierung schwappt mit den Finanzierungsströmen auf die reale Ökonomie über, und zudem auch das *erhöhte „Tail-Risiko" des Finanzmarktes, das besonders extreme Risiko*.

Die EU etabliert mit der *Bankenunion* eine neue Institution, die in künftigen Krisen *von außen* eingreifen kann. Sie soll in Notzeiten das EU-Bankensystem stabilisieren und notfalls einzelne marode Banken abwickeln, ohne das Finanzsystem insgesamt zu gefährden. Dazu sollen EU-Banken ab 2015 in acht Jahren mit *eigenen* Mitteln einen Abwicklungsfonds in Höhe von 55 Mrd. EUR aufbringen. Erforderliche Eingriffe sollen von der EZB angestoßen werden. Sie hat dann auch Handlungsalternativen zu präsentieren, denn Krisenzeiten verlangen nach schnellen Entscheidungen. Damit erhält die EZB eine neue Aufgabe, die direkt nichts mit ihrer Primäraufgabe, das Preisniveau P zu stabilisieren, zu tun hat. Unter ihrem Präsidenten Draghi erweitert die EZB eigenmächtig ihren Aufgabenbereich, um das Funktionieren der Wirtschaft in der EU zu sichern und ein Auseinanderbrechen der Euro-Zone zu verhindern. Mit ihrem „Outright Monetary Transactions OMT-Beschluss" gewährt sie den Euro-Staaten indirekt eine billige Haushaltsfinanzierung. Und indem sie die Finanzierung an ESM-Konditionen knüpft, unterstützt sie tatkräftig die nur zögerliche EU-Wirtschaftspolitik. Sie hat das Gesetz des Handelns an sich gerissen und Fakten geschaffen. Sie erweitert ihre Kompetenzen in Richtung der amerikanischen ZB Fed. Es ist nicht verwunderlich, dass das Bundesverfassungsgericht das Handeln der EZB als eine eigenmächtige Kompetenzanmaßung, als ein Ultra-Vires-Akt, einstuft, vgl. Bundesverfassungsgericht: Hauptsacheverfahren ESM/EZB (2014).

Mit der engen Anbindung der EU-Bankenunion an die EZB und mit der eigenmächtigen OMT-Politik entfernt sich die EZB von ihrer ursprünglich klaren einfachen Zielsetzung, für Preisstabilität zu sorgen. Ob allerdings dieser neu etablierte Puffer der EU-Bankenunion für Krisenzeiten ausreichend sein wird, muss sich erst noch zeigen.

4.6 Fremdfinanzierung und Risiken: Gute Zeiten und schlechte Zeiten

Im Folgenden wollen wir uns die Wirkung des Kredithebels bei der Fremdfinanzierung anhand ausgewählter Beispiele verdeutlichen. Der Kredithebel vergrößert die Chancen und die Risiken, und zwar in guten als auch in schlechten Zeiten. Die Marktteilnehmer lassen sich nicht vom statistischen Erwartungswert leiten. Sie bilden nicht den Mittelwert von Chancen und Risiken. Beide sehen sie, nur nicht zur gleichen Zeit. Im Laufe der Konjunktur *wechselt die Blickrichtung*. Haben die Investoren, die Anleger, im Aufschwung die Chancen im Blick, so befürchten sie im Abschwung die Verluste. Gemäß dem Keynes- Minsky-Momentum dreht sich beim Umschwung von guten zu schlechten Zeiten die Blickrichtung von den Chancen zu den Risiken und bei der Wende zum Aufschwung von den Verlusten zu den Gewinnen. Damit verstärkt das Momentum die Gewinn- und Investitionsinterdependenz (Gl. 3.28).

Die nachfolgenden Beispiele beziehen sich auf ein Investitionsprojekt. Bei dem Projekt kann es sich um eine reale Investition eines Unternehmens handeln, beispielsweise den Kauf von Robotern für eine Fertigungsanlage oder den Kauf einer IT-Anlage für neue logistische Abläufe. In ähnlicher Weise wirkt die Fremdfinanzierung bei Finanzinvestitionen, beim fremdfinanzierten Kauf von Aktien oder CDS-Papieren.

Die Investitionen I hängen von der Konstellation zwischen Projektrendite r_p, Marktzinssatz i und Risikozuschlag rz ab. Der Marktzinssatz i und der Fremdfinanzierungsgrad v sowie der Risikozuschlag rz sind die zentralen Faktoren der Fremdfinanzierung. Die Faktoren r_p, i, v und rz bestimmen wie folgt die künftige Eigenkapitalrendite r_e

$$r_e = r_p + v(r_p - i \cdot rz). \qquad (4.10)$$

Je höher die erwartete Eigenkapitalrendite r_e ist, desto höher ist die Neigung zur Investition I und desto stärker ist die Π-I-Dynamik. Die Projektrendite r_p muss größer als der um den Risikofaktor rz erhöhte Marktzinssatz i sein, wenn sich die Fremdfinanzierung lohnen soll.

Im Konjunkturverlauf wechseln sich gute mit schlechten Zeiten ab. Mit dem Wechsel ändert sich die Konstellation zwischen Projektrendite r_p, Marktzinssatz i und dem Risikozuschlag rz sowie der Fremdfinanzierungsquote v. Zwei Beispiele veranschaulichen die Situationen in guten und schlechten Zeiten.

In guten Zeiten eröffnet die Fremdfinanzierung glänzende Aussichten für die Zukunft und auf sie ist dann in erster Linie der Blick gerichtet, d. h. hier auf Tab. 4.4. Der Anstieg des Kredithebels von 0 auf 3 erhöht die Eigenkapitalrendite um den Faktor 2,5 von 10 auf 25 %. Investiert ein Anleger 10.000 € eigenes Geld ein Jahr lang, dann erzielt er nach Tab. 4.4 einen Gewinn von 1000 €, also eine Rendite von 10 %. Hat er dreiviertel der Anlage über einen Kredit zu 5 % finanziert, so erbringt die Investition von 2500 € eine Eigenkapitalrendite von 25 %. Von dem Gewinn von 1000 € zahlt er 375 € Zinsen, und der verbleibende Nettobetrag von 625 € auf das eingesetzte Eigenkapital von 2500 € ergibt die 25 % Rendite.

In guten Zeiten erhöht nach Tab. 4.5 der Anstieg des Kredithebels von 0 auf 3 den Verlust um den Faktor 5,5. Die Eigenkapitalquote sinkt von −10 auf −55 %. Dieses Risiko bleibt aber in guten Zeiten weitgehend unbeachtet, es wird weitgehend ausgeklammert.

In schlechten Zeiten trüben sich die Gewinnaussichten ein und die drohenden Risiken steigen.

Die sinkenden Gewinnaussichten schlagen sich in den Tab. 4.6 und 4.7 in den um 20 % gesenkten Projektrenditen $r_p = 0{,}08$ und in den ebenfalls um 20 % erhöhten

4.6 Fremdfinanzierung und Risiken: Gute Zeiten und schlechte Zeiten

Tab. 4.4 Wirkung des Kredithebels für ein Investitionsprojekt/eine Finanzanlage in Höhe von 10.000 €

Variante: Chance/Gewinn in guten Zeiten [bright side]			
Eigenkapital EK	10.000	5000	2500
Fremdkapital FK Zinssatz i = 0,05	0	5000	7500
Hebel v = FK/EK	**0**	**1**	**3**
Gewinn vor Zinsen	1000	1000	1000
Projektrendite r_p in %	**10 %**	**10 %**	**10 %**
Zinszahlungen	0	250	375
Gewinn nach Zinsen	1000	750	625
Eigenkapitalrendite r_e in %	**10 %**	**15 %**	**25 %**

Tab. 4.5 Wirkung des Kredithebels für ein Investitionsprojekt/eine Finanzanlage in Höhe von 10.000 €

Variante: Risiko/Verlust in guten Zeiten [bright side]			
Eigenkapital EK	10.000	5000	2500
Fremdkapital FK Zinssatz i = 0,05	0	5000	7500
Hebel v = FK/EK	**0**	**1**	**3**
Gewinn vor Zinsen	−1000	−1000	−1000
Projektrendite r_p in %	**−10 %**	**−10 %**	**−10 %**
Zinszahlungen	0	250	375
Gewinn nach Zinsen	−1000	−1250	−1375
Eigenkapitalrendite r_e in %	**−10 %**	**−25 %**	**−55 %**

Verlusten nieder. Zu den schlechteren Marktaussichten gesellen sich ungünstigere Finanzierungsbedingungen. Sie manifestieren sich in dem Risikozuschlag, der den Marktzinssatz um 60 % anhebt. Schlechtere Marktaussichten und ungünstigere Finanzierungsbedingungen lassen die Eigenkapitalrendite sinken und damit auch die Investitionsneigung der Unternehmen.

In schlechten Zeiten trüben sich die Gewinnaussichten ein und die Risiken treten verstärkt in den Blickwinkel.

Bei einem Kredithebel v = 5 deckt das Eigenkapital nicht mehr den Verlust. Denn dann ist nach Gl. 4.10 die Eigenkapitalrendite

$$r_e = -0,12 + 5(-0,12 - 0,08) = -1,12.$$

Tab. 4.6 Wirkung des Kredithebels für ein Investitionsprojekt/eine Finanzanlage in Höhe von 10.000 €

Variante: Chance/Gewinn in schlechten Zeiten [dark side]			
Eigenkapital EK	10.000	5000	2500
Fremdkapital FK Zinssatz i = 0,08 *einschließlich Risikozuschlag rz = 1,6*	0	5000	7500
Hebel v = FK/EK	**0**	**1**	**3**
Gewinn vor Zinsen	800	800	800
Projektrendite r_p in %	**8 %**	**8 %**	**8 %**
Zinszahlungen	0	400	600
Gewinn nach Zinsen	800	400	200
Eigenkapitalrendite r_e in %	**8 %**	**8 %**	**8 %**

Tab. 4.7 Wirkung des Kredithebels für ein Investitionsprojekt/eine Finanzanlage in Höhe von 10.000 €

Variante: Risiko/Verlust in schlechten Zeiten [dark side]			
Eigenkapital EK	10.000	5000	2500
Fremdkapital FK Marktzinssatz i = 0,08 *einschließlich Risikozuschlag rz = 1,6*	0	5000	7500
Hebel v = FK/EK	**0**	**1**	**3**
Gewinn vor Zinsen	−1200	−1200	−1200
Projektrendite r_p in %	**−12 %**	**−12 %**	**−12 %**
Zinszahlungen	0	400	600
Gewinn nach Zinsen	−1200	−1600	−1800
Eigenkapitalrendite r_e in %	**−12 %**	**−32 %**	**−72 %**

Mit −112 % übersteigt der Verlust das Eigenkapital, das Eigenkapital ist also nicht mehr ausreichend, um einen Verlust auszugleichen. Bei Banken ist oft die Eigenkapitalquote sehr gering, anders ausgedrückt, der Kredithebel hoch. Ist die Eigenkapitalquote gering, dann kann sie in Krisen oft nicht mehr als Puffer für Verluste dienen. Dann droht Banken die Insolvenz und wegen der starken Finanzialisierung Unternehmen der realen Wirtschaft ihr Zusammenbruch. Amati und Hellwig (2013) sehen in einer ausreichenden Eigenkapitalquote einen wesentlichen Beitrag zur Risikovorsorge. Auch das Basel-Regelwerk für Banken setzt den Fokus auf die Eigenkapitalregelung.

Die Gewichtung von Chance und Risiko, von Gewinn und Verlust, ist subjektiv. Die subjektive Einschätzung ändert sich beim Übergang von „guten" zu „schlechten" Zeiten. In guten Zeiten ist die Variante „Chance/Gewinn" hoch gewichtet, d. h., das Hauptaugenmerk liegt dann auf der Variante der Tab. 4.4 In schlechten Zeiten ist die Variante „Risiko/Verlust" hoch gewichtet, d. h., das Hauptaugenmerk liegt dann auf der Variante der Tab. 4.7. Dieser Wechsel in der Gewichtung entspricht dem Keynes-Minsky-Momentum.

4.6 Fremdfinanzierung und Risiken: Gute Zeiten und schlechte Zeiten

Der Wechsel von „*overconfidence*" zu „*over fear*" im Übergang vom „Boom" zur „Rezession" untermauern Verhaltensstudien, Studien in „*behavioural economics*". Der *Economist* führt dazu aus: „Risk aversion, …, rose sharply after the crash, even among investors who had suffered no losses in the stockmarket. The reaction to the financial crisis, the authors concluded, looked less like a proportionate response to the losses suffered and more like old-fashioned ‚panic'.", The Economist (2014b, S. 60).

Wie sich auf diesen Blickwinkel der Gewinn und Verlust in Abhängigkeit von der Fremdfinanzierung, der *leverage ratio* v, entwickeln kann, zeigt die Tab. 4.8 wo wir Werte der Eigenkapitalrendite aus der Tab. 4.4 und 4.7 übernommen haben.

Der Kredithebel vergrößert Chancen und Risiken, Gewinne und Verluste *(leverage effect that magnifies the gain and the risk)*. Er lässt die Spannweite von [10,−12] bei v = 0 auf [35,−112] bei v = 5 steigen.

Das obige Beispiel ist ein Beleg für das Investitionsrisiko (Geschäftsrisiko, *business risk*). Es wird im Gewinn und Verlust, in Schwankungen der Marktergebnisse, sichtbar. Ohne Fremdfinanzierung, v = 0, geht der Investor ein überschaubares Risiko ein. Mit steigendem Kredithebel v erhöht sich das Risiko, zum Geschäftsrisiko tritt das Kreditrisiko hinzu. Kredite erhöhen die Chancen auf Gewinn, aber auch die Risiken eines Verlustes, den der Kreditnehmer, der Unternehmer, tragen muss. Bei v = 5 kann der Unternehmer seine Verluste nicht mehr aus eigenen Mitteln decken. Er geht insolvent, und der Kreditgeber, die Bank, muss zudem einen Verlust in seiner GuV verbuchen.

Das Marktrisiko *(market risk)* zeigt sich in Schwankungen der Preise, seien es Güterpreise, Zinssätze oder Kurse von Aktien und Anleihen, und das Kreditrisiko *(credit risk)* in der Insolvenz des Kreditnehmers. Mit dem Kreditrisiko ist die Fremdfinanzierung direkt verbunden. Auf das Investitionsrisiko hat sie, wie das Beispiel belegt, eine direkte Auswirkung in erheblichem Ausmaß. In ähnlicher Weise wirkt sie auch in Finanzinvestitionen, bei fremdfinanzierten Geldanlagen in Aktien und Anleihen. Eine indirekte Auswirkung hat sie auf Marktrisiken. Denn die Ausweitung der Fremdfinanzierung hat Vermögensbeständen in beträchtlichen Umfang entstehen lassen. Man denke beispielsweise an die Forderungen gegenüber dem Staat, sein Schuldenstand D ist in Industriestaaten in den letzten Dekaden stark angewachsen und damit der Bestand an Staatsanleihen. Und die Preise von Aktien, Anleihen, ABS- und MBS-Papieren sind volatil und damit risikobehaftet. In den ABS- und MBS- Papieren steckt, wie erwähnt, nicht nur das Markt- sondern auch noch das Kreditausfallrisiko; generell in Anleihen und selbst in Aktien, da Unternehmen insolvent gehen können.

Tab. 4.8 Spannweite von Gewinn und Verlust in % der Eigenkapitalrendite r_e

Leverage ratio v	Gewinn	Verlust
0	10	−12
1	15	−32
3	25	−72
5	35	−112

Die keynesianische Defizitpolitik kann grundsätzlich *direkt* die *makroökonomische* Π-I-Beziehung beeinflussen, denn darin ist das staatliche Defizit Df ein Bestimmungsfaktor der Gewinne und somit der Investitionen. Wegen des gestiegenen Schuldenstands ist allerdings ihre Wirkungsmöglichkeit äußerst eingeschränkt. Die Zentralbank muss nun alleine die Wirtschaftsstabilisierung schultern. Sie wirkt *indirekt* auf *mikroökonomischer* Ebene, indem sie die Finanzierungsbedingungen von Investitionsprojekte und auch von Finanzanlagen verbessert. Sie zielt darauf, die sich in der Rezession verschlechternden Eigenkapitalrendite zu verbessern und dadurch die Investitionsneigung zu stärken und darüber letztendlich die Π-I-Dynamik anzuschieben. Um die Wirkungsweise der Niedrigzinspolitik der ZB zu erläutern, greifen wir auf die Eigenkapitalformel aus Gl. 4.10

$$r_e = r_p + v(r_p - i \cdot rz)$$

zurück. Die Projektrendite r_p kann die ZB nicht beeinflussen. In ihr spiegeln sich die Marktchancen von Innovationen wider. Und die Entwicklung und Vermarktung neuer Produkte ist das Geschäft der Unternehmer. Ihr Geschäft kann blühen, wenn sie ausreichenden unternehmerischen Freiraum haben und wenn freie Märkte ihre Absatzchancen mehren. Den Geldfluss, der sich in dem Fremdfinanzierungsgrad v niederschlägt, steuern die Privatbanken, und den Risikozuschlag ebenfalls. Damit liegt der Fokus der ZB auf dem Marktzinssatz i, den sie mittels ihres Zentralbankzinssatz und mittels ihrer Anleihenkäufe drücken möchte. Wie stark sie den Zinssatz i senken muss, um in einer Rezession die ungünstigeren Bedingungen für Investitionen auszugleichen, wollen wir uns anhand von zwei Beispielen klar machen.

In der Rezession sinken die Absatzchancen und damit die Projektrendite r_p. Die Privatbanken werden vorsichtiger bei der Kreditvergabe und mit sinkendem Geldfluss sinkt auch der Leverage-Grad v. Zudem erhöhen die Banken den Risikozuschlag rz. Legen wir das „Chancenbeispiel" aus der Tab. 4.4 zugrunde. Mit der Projektrendite $r_p = 0{,}10$, dem Leverage-Grad $v = 3$, dem Marktzinssatz $i = 0{,}05$ und keinem Risikozuschlag, $rz = 1$, ergibt sich die Eigenkapitalrendite $r_e = 0{,}25$. In schlechten Zeiten sinkt die Projektrendite auf 0,08 und der Risikozuschlag steigt auf 1,6. Damit bei konstantem *leverage ratio* $v = 3$ wieder Zuversicht einkehren und das Blatt sich zum Guten wenden kann, muss die ZB mittels niedriger Zentralbankzinssätze den Marktzinssatz i drücken. Nach der Gl. 4.10 müsste sie den Marktzinssatz i von 5 auf 1 % senken, um die „schlechte" Lage wieder in eine „gute" Lage umzuwandeln. Denn nach Gl. 4.10 resultiert aus

$$0{,}08 + 3(0{,}08 - i \cdot 1{,}6) = 0{,}25 \quad \text{der Marktzinssatz i} = 0{,}01.$$

In schlechten Zeiten wird zudem der Leverage-Grad v sinken, sagen wir auf $v = 2$. Dafür sorgen die nachlassende Neigung zur Fremdverschuldung und die vorsichtigere Vergabe von Krediten – in unsicheren Zeiten zögern Privatbanken mit der Kreditvergabe, der Kreditmechanismus gerät ins Stocken. Beachten wir zudem diese „Verschlechterung", dann müsste die ZB den Marktzinssatz i auf 0 drücken. Aus

$$0{,}08 + 2(0{,}08 - i \cdot 1{,}6) = 0{,}25 \quad \text{folgt} \quad i = 0{,}00.$$

Gelingt der ZB tatsächlich mittels einer starken ZB-Zinssatzsenkung eine erhebliche Marktzinssenkung, dann kann sie in der Tat die Investitionsneigung verbessern und der Π-I-Dynamik einen Schub verpassen.

Allerdings ist nicht auszuschließen, dass von der drastischen Intervention auf den Finanzmärkten weniger die Investition I und damit die für das Wachstum g so zentrale Π-I-Dynamik profitieren werden als vielmehr der Kurs auf den Wertpapiermärkten und der Preis der Immobilien, sehr zugunsten der reicheren Haushalte. Zudem muss selbst eine drastische Zentralbankzinssatzsenkung noch nicht die erforderliche Wirkung auf den Marktzinssatz i haben.

Hat schon der direkte Staatseingriff auf dem Gütermarkt in Form der Defizitpolitik mit den Schuldenständen und den Zinszahlungen erhebliche Folgewirkungen auf den Wirtschaftsprozess gezeigt, so dürften die Folgewirkungen beim indirekten Eingriff der Zentralbank noch erheblicher sein. Es ist eine Illusion zu glauben, dass Eingriffe in eine dynamische und interdependente Wirtschaft, die im ständigen Wandel ist, gezielt erfolgen könnten, ohne erhebliche unbeabsichtigte Folgewirkung zu zeigen, beispielsweise auf die Instabilität und Ungleichheit. Und die Finanzialisierung dürfte die Interdependenz weiter stärken und damit auch die Risiken unbeabsichtigter Folgewirkungen.

4.7 Inflation und Deflation: Gute Zeiten und schlechte Zeiten

Nach Minsky wirkt die Zentralbank nicht wie in geldmengenbasierten Ansätzen direkt mittels der Geldmenge M auf das Preisniveau P, sondern sie beeinflusst über ihre Niedrigzinspolitik die Eigenkapitalrendite r_e und die Gewinne Π und damit indirekt über den Gewinnaufschlag m die Entwicklung des Preisniveaus P gemäß Gl. 3.32

$$P = (W/A_p)[1 + m] \quad \text{mit} \quad m = \Pi/NW.$$

Darin ist die Arbeitsproduktivität A_p stark *technisch* determiniert, und der *technische Fortschritt* bestimmt weitgehend seine Entwicklung. Innovationen eröffnen den Unternehmern neue Wege beim Fortschreiten in die Zukunft, und neue Möglichkeiten ergeben sich in einem mehr oder weniger starken stetigen Prozess, der sich separat von konjunkturellen Abläufen entwickelt. Diese wirken dagegen stark auf die Löhne W und den Gewinnaufschlag m ein. In welchem Ausmaß Gewerkschaften ihre Lohnforderungen durchsetzen können, hängt in erheblichem Maße von der konjunkturellen Lage ab. Entsprechendes gilt für die Durchsetzung von Gewinnaufschlägen durch die Unternehmen.

In der Rezession bei hoher Arbeitslosigkeit und geringem Wachstum haben Arbeitnehmer nur geringe Chancen, dass sie ihre Forderungen nach höheren Löhnen W durchsetzen können; die von Hayek betonte P-W-Spirale kommt nicht in Gang. In dieser schlechten Wirtschaftslage sehen sich Unternehmer kurzfristig gezwungen, Preisnachlässe zu gewähren und somit Einbußen in ihrer Rendite r_e in Kauf zu nehmen.

Durch die Preisrabatte versuchen sie, die Nachfrage nach ihren Produkten zu stimulieren. Dadurch senken sie den Gewinnaufschlag m und drücken damit das Preisniveau P nach unten. Eine Deflation droht. Bei Deflation schieben Haushalte ihre Konsumentscheidungen in der Erwartung auf weitere Preisnachlässe auf. Die angestrebte Stimulierung der Nachfrage durch Preisabschläge bleibt aus. Denn die Konsumneigung c sinkt und schwächt somit nach Gl. 4.5 die schon lahmende Π-I-Dynamik noch weiter. Die Deflation verschärft somit die Rezession. Und sie senkt die schon in schlechten Wirtschaftslagen niedrige Rendite r_e weiter. Demnach greifen in der Rezession die Π-I- und die P-Π-Interdependenz *ineinander* und *verstärken* die Abwärtsspirale.

Jetzt ist die Zentralbank gefragt. Sie muss eingreifen, um eine drohende Wirtschaftskrise zu verhindern und um die Abwärtsspirale umzukehren. Wie uns aus den Beispielen in Abschn. 4.6 „Fremdfinanzierung und Risiken" bekannt, muss sie ihren Zinssatz stark senken, damit sie den Marktzinssatz i überhaupt genügend drücken kann, um so die Eigenkapitalrendite r_e wieder steigen zu lassen. Diese Niedrigzinspolitik stützt die schwächelnde Π-I-Dynamik und stoppt deflationäre Tendenzen. Ein niedriger Marktzins i lässt nach Gl. 4.10 die Eigenkapitalrendite r_e steigen und diese stimuliert die Investitionen I; niedrige Marktzinsen i lassen zudem wieder die Konsumneigung c steigen und damit nach Gl. 4.5 auch die Gewinne Π. Bei besseren Gewinnaussichten können Unternehmen auf ihre Preisnachlässe verzichten, und erwartete stabile Preise lassen die Konsumneigung c wieder auf ihr normales Niveau steigen.

Auch wenn die Niedrigzinspolitik die Geldmenge M drastisch ausweitet, so ist nach dem Minsky Ansatz nicht zu befürchten, dass dadurch in der Rezession eine Inflation entstehen könnte. Denn darin kommt der Geldmenge M direkt *keine* Wirkung zu. Viel Geld fließt auf den Wertpapier- und Immobilienmarkt. Dort lässt es die Aktienkurse und auch die Immobilienpreise steigen. Geldeinlagen bei Privatbanken lohnen nicht mehr und Vorsorge über Versicherungen ebenfalls weniger. Bei länger andauernder Niedrigzinspolitik brauchen Privatbanken auch nicht mehr um Geldeinlagen Privater Haushalte zu werben. Sie lassen sich nun einfach in verstärktem Maße von der Zentralbank finanzieren. Und so verstärkt die Niedrigzinspolitik die Abhängigkeit der Privatbanken von der Zentralbank und schwächt die Vorsorgebemühungen Privater Haushalte. Sie strukturiert die Mittelherkunft in der Bankbilanz zugunsten der Zentralbankfinanzierung um, vgl. Tab. 4.2 Bankbilanz.

Inflationäre Tendenzen entstehen in Boomzeiten, wenn eine hohe Π-I-Dynamik zu beträchtlichen Wachstumsraten mit niedriger Arbeitslosigkeit führt. Denn dann können die Gewerkschaften höhere Löhne W und die Unternehmer höhere Gewinnaufschläge m durchsetzen, die ihrerseits wiederum die Π-I-Dynamik weiter beschleunigen. Die sich dann verstärkende Inflation entwertet das Geldvermögen der Privaten Haushalte und gefährdet die Zuwächse der Reallöhne W/P. Die von Hayek skizzierte P-W-Spirale kommt nun in Bewegung. Diese muss dann die Zentralbank bremsen, indem sie ihren Zinssatz erhöht, um über steigende Marktzinssätze i die Π-I-Dynamik und damit auch die P-Π-Interdependenz zu drosseln.

Aktuell sprudeln die Gewinne, aber die Investitionen I im realen Sektor verharren auf niedrigem Niveau. Viel Geld fließt in unproduktive Anlagen der Bestandsökonomie. Dort steigen die Immobilienpreise. Die Inflation in der Kreislaufökonomie bleibt dagegen niedrig, und hier sinken die Reallöhne, vgl. The Economist (2018b).

4.8 Kapital, Wachstum und Wachstumsschwäche

Keynes hat die Wirtschaftsentwicklung kurzfristig für eine depressive Konjunkturlage analysiert. In seiner Unterbeschäftigungsanalyse hat er den Effekt der Sachinvestition I auf die Akkumulation des Produktionskapitals, auf den Kapitalstock K, ausgeklammert. Am Wachstum ist er nicht interessiert gewesen. Minsky hat in seiner Analyse der fortschreitenden Fremdfinanzierung und ihrer Instabilitätswirkung ebenfalls die Kapitalakkumulation außer Betracht gelassen.

Anders Smith und Marx. Sie beschäftigen sich mit der längerfristigen Entwicklung der Wirtschaft. Wie wir aus Kap. 2 *„Blick auf die Geschichte der Wirtschaft und ihrer Konzepte: Der Wandel ist eine Konstante"* wissen, sieht Smith in der Kapitalakkumulation die Grundlage für das Wachstum einer Volkswirtschaft. Die Akkumulation fördert die Arbeitsteilung und damit die Arbeitsproduktivität, die letztendlich das Wachstum trägt. Marx stellt die langfristige Entwicklung der Löhne ins Zentrum seiner Analyse und prophezeit die Verarmung der Arbeiterklasse. Er sieht langfristig die Kapitalerträge und damit die Profitrate des Kapitals sinken. Um die sinkende Tendenz auszugleichen und doch noch Gewinne und Renditen zu sichern, sind Unternehmer bestrebt, die Produktionskosten zu senken, speziell die Lohnkosten.

Sinkende Grenzerträge in der Kapitalakkumulation weist die Abb. 2.4 in 2.2 *„Kapitalakkumulation, Wirtschaftswachstum und industrielle Revolution (Smith)"* aus. So können wir uns grob gesprochen, die Marxsche Langzeitbetrachtung vorstellen, wo die Kapitalakkumulation langfristig zu einer Verarmung des Arbeiters führt. Allerdings hat Marx einen anderen Kapitalbegriff, er misst das Kapital nicht in konstanten Preisen, vgl. hierzu Sinn (1975). Wir müssen aber konstatieren, dass die heutige Armut sich vor allen Dingen in der Arbeitslosigkeit manifestiert und die Armut der wenig Qualifizierten auch ihre Ursache in ihrem geringem Vermögen und ihren niedrigen Versorgungsansprüchen im Alter und bei Krankheit hat. In Bezug auf Marx führt der Economist aus: „In Britain house prices are so high that people under 45 have little hope of buying them. Most American workers say they have just a few hundred dollars in the bank. Marx's proletariat is being reborn as the precariat", The Economist (2018a, S. 72).

In der neoklassischen Wachstumstheorie spielt das Kapital K eine zentrale Rolle. Sie ist verbunden mit Solow. In seinem Wachstumsansatz bestimmt das Produktionskapital K zusammen mit der Arbeit A und dem technischen Fortschritt TF die Höhe der Produktion Y, $Y = F(A, K, TF)$, und dessen Wachstum g, vgl. Solow (1957).

Gordon greift auf das Solowsche Konzept der Totalen Faktorproduktivität (TFP) zurück, um die aktuelle Wachstumsschwäche nachweisen zu können, vgl. Gordon (2016). Seine Kernthese ist, dass in erster Linie die Innovation das Wachstum voran bringt – hier verweist er auf Schumpeter, vgl. den Abschnitt „Innovation through history: the ultimate risk-takers" in Gordon (2016, S. 568–574) – und dass die Innovationskraft in jüngerer Zeit abnimmt, wodurch sich das Wachstum abschwächt. Den Effekt der Innovation auf das Wachstum soll die Totale Faktorproduktivität messen. Die TFP ergibt sich aus einer für den neoklassischen Ansatz typischen Marginalbetrachtung als Residualgröße, und damit als eine wenig gesicherte Schätzgröße. Zudem basiert die Schätzung auf der Annahme einer konstanten und differenzierbaren Produktionsfunktion sowie darauf, dass die Faktoren Arbeit A und Kapital K nach ihrem Grenzprodukt bezahlt werden und dass die Produktion Y in konstanten Anteilen auf die beiden Inputfaktoren verteilt werden. Gordon selbst steht der Maßzahl TFP kritisch gegenüber, vgl. Gordon (2016, S. 569). Aber er sieht sie als beste Ersatzgröße an, vgl. Gordon (2016, S. 16).

Gordon stützt seine langfristige Untersuchung nicht nur auf die Totale Faktorproduktivität, sondern ergänzt sie um die Arbeitsproduktivität. Nach seiner Grafik 1–1 nimmt in den USA die Wachstumsrate der Arbeitsproduktivität gemessen in Arbeitsstunden vom Zeitraum 1920 bis 1970 zum aktuelleren Zeitraum 1970 bis 2014 von 2,82 % auf 1.62 % ab, vgl. Gordon (2016, S. 14). Diese sinkende Tendenz der Arbeitsproduktivität bestätigt die Grafik „Not what it used to be" im Zeitraum von 1970 bis 2015 für Japan und Deutschland, vgl. The Economist (2016a, S. 69); siehe auch The Economist (2016c, S. 68). Wie bereits in 2.9 *„Wachstumsschwäche und soziale Ungleichheit"* erwähnt, sinkt nach der darin enthaltenen Grafik „Where is the tec?" die durchschnittliche Wachstumsrate der Arbeitsproduktivität im Zeitraum 1970–1996 bis zum Zeitraum 2004–2014 von fast 3 % auf 1 % in Japan, Frankreich, Großbritannien und Deutschland, in Italien noch stärker auf fast 0 %.

Gordon weist auf aktuelle ungünstige Bedingungen hin, die einer vielversprechenden künftigen Entwicklung entgegenstehen. Die wachsende Ungleichheit schwächt die Kooperationsbereitschaft in der Gesellschaft. Die hohe Verschuldung sorgt weiter für Instabilität. Die nicht ausreichende Altersversorgung zwingt Staaten zu vermehrten Transferleistungen, und die dazu notwendigen Steuern lasten dann auf der privaten Wirtschaftsaktivität. In jüngster Zeit kommen nationale Tendenzen im Welthandel dazu.

Nun noch ein Wort zum Begriff des Kapitals, wie es mitunter in Ungleichheitsanalysen gebraucht wird. In seinem Werk „Le capital au XXIe siècle" benutzt Piketty den Begriff „Kapital" weder im Sinne des Produktionskapitals K noch im Sinne von Marx. Er meint Vermögen, wozu auch der enorme Immobilienbesitz Privater Haushalte oder Kunstsammlungen reicher Haushalte gehören. Sie bilden nicht den Kapitalstock, der das Wachstum in einer Volkswirtschaft fördert. Atkinson spricht diese Unschärfe bei Piketty an und benutzt in seiner Ungleichheitsanalyse den Begriff „Vermögen", vgl. den Abschnitt „The drivers of wealth accumulation" in Atkinson (2015, S. 158–166).

4.9 Globalisierung: Gute Seiten und schlechte Seiten

Smith hat die Arbeitsteilung und die Produktivität in direktem Zusammenhang mit der Marktgröße gesehen. Je größer der Markt ist, desto stärker kann sich die Arbeitsteilung ausprägen, das fördert die Produktivität und das Wachstum einer Volkswirtschaft. Der internationale Handel vergrößert den Markt. Den Vorteil für Handelspartner hat Ricardo mit einem einfachen Beispiel zweier Länder aufgezeigt. Beide produzieren die Waren Tuch und Wein. Er legt überzeugend dar, dass der Handel selbst dann für beide vorteilhaft sein wird, wenn ein Land die beiden Waren kostengünstiger produzieren kann. Beide Länder gewinnen, es ist für beide eine Win-Win-Situation. Die Ausweitung der Märkte haben Industriestaaten aktiv verfolgt, insbesondere mit ihrer Imperialismuspolitik, vgl. Rodrik (2011, S. 52–63): „Handel und Institutionen im 19. Jahrhundert" und „Der (begrenzte) Triumpf des Freihandels".

In jüngerer Zeit basiert die Globalisierung auf multilateralen Handelsabkommen und neuen internationalen Institutionen. Keynes ist einer der treibenden Kräfte bei der Gründung der Weltbank und des Internationalen Währungsfonds (IWF) gewesen, eine Organisation, die wesentlich involviert gewesen ist, um die jüngste Euro-Krise zu beheben. Was auf internationaler Ebene der IWF ist, soll der ESM für die Euro-Zone sein und werden, ein schlagkräftiger Stabilisierungsfaktor bei ungleichen volkswirtschaftlichen Entwicklungen. Auf internationaler Ebene kommt die GATT-Runde hinzu, die 1995 mit der Gründung der Welthandelsorganisation (WTO) ihren krönenden Abschluss gefunden hat. Zu diesen internationalen Organisationen, die einen neuen Weg in den Multilateralismus ebnen, vermerkt Rodrik (2011, S. 107): „Multilateralismus bedeutete, dass die Durchsetzung von Regeln und Überzeugungen mithilfe internationaler Institutionen – des Internationalen Währungsfonds, der Weltbank, und der GATT-Gesprächsrunden (General Agreement on Tariffs and Trade) – erfolgen würde anstatt mit den Werkzeugen nackter Machtpolitik oder imperialer Herrschaft. Das war eine höchst bedeutsame Neuerung."

Der internationale Handel ist bis in die jüngste Zeit eine treibende Kraft für das globale Wachstum. China ist beispielsweise ein beredtes Beispiel dafür, wie die Globalisierung ein Entwicklungsland mittels langjährigem Wachstum zu einem Industriestaat gemacht hat, eine Erfolgsstory aus globaler Sicht. Dort haben das exportorientierte Wachstum und die ausländische Investitionen Hunderte Millionen Chinesen aus der Armut herausgeholt, vgl. The Economist (2016h, S. 9).

Aus globaler Sicht reduziert die Globalisierung auch die Ungleichheit. Milanovic zeigt anschaulich anhand einer Grafik, dass global betrachtet neben den Superreichen vor allen Dingen die Mittelschicht Gewinner der Globalisierung sind, vgl. Milanovic (2011, S. 10–45), „chapter 1 The rise of the global middle class and the global plutocrats". Er führt auf Seite 19 aus: „Who are the people in this group (the global middle class), the obvious beneficiaries of globalization? In nine out of ten cases, they are people from the emerging Asian economies, predominantly China, but also India, Thailand, Vietnam, and Indonesia". Und auf Seite 20 schlussfolgert er: „In short: the great winners have been the Asian poor and midlle classes; the great losers, the lower middle classes of the rich world."

Die Globalisierung hat mit den Verlierern der Mittelschicht in den reichen Industriestaaten auch Schattenseiten. Das Stolper-Samuelson Theorem weist bereits vor mehr als 50 Jahren daraufhin, dass der freie Handel mit Niedriglohnländern Arbeitern in Hochlohnländern schaden kann. Demnach könnte man einen Schutz für Arbeitern in Industriestaaten ableiten, vgl. The Economist (2016e, S. 52–53), wo die Bedeutung des Theorems für die aktuelle Wirtschaftslage besprochen wird.

Die Globalisierung macht die Welt für Unternehmen der Industriestaaten zum Aktionsfeld. Die Logistik erlaubt eine vernetzte Produktion weltweit. Um Kosten zu sparen, können viele Firmen zahlreiche Produktionsschritte in Billiglohnländern auslagern. Auf der anderen Seite können sie ihre Entwicklungsabteilungen im Inland mit hoch qualifizierten Köpfen aus der ganzen Welt ausbauen. Das führt zu enormen Umstrukturierungen in den globalen Produktionsprozessen – zu Umbrüchen würde Rajan sagen. So verlieren die USA von den 6 Millionen Arbeitsplätzen im verarbeitenden Gewerbe über 1 Million nach China, vgl. The Economist (2016h, S. 9): „Perhaps a fifth of the the 6m or so net job losses in American manufacturing between 1999 and 2011 stemmed from Chinese competition." Das Risiko, seinen Arbeitsplatz zu verlieren, ist in den USA von 1965 bis 2015 erheblich gestiegen, insbesondere für weniger Qualifizierte. Die Erwerbsquote ist in diesem Zeitraum von rund 95 % auf unter 85 % gesunken, weniger stark für höher Qualifizierte, vgl. die Grafik The risks of dropping out, S. 6 im Spezial Report, An open and shut case in The Economist (2016i). Mit der Auslagerung von Produktionsprozessen mit gering qualifizierter Arbeit aus Industriestaaten ins Ausland wächst der internationale Konkurrenzdruck im Niedriglohnsektor, und zwar zulasten der Arbeiter im Niedriglohnsektor der Industriestaaten. Nicht alle sind also Gewinner der Globalisierung. Zu der Lohnentwicklung in einer globalisierten Welt vermerkt Gordon: „Globalization is working as in the classic economic theory of factor prize equalization, rising wages in developing countries and slowing their growth in the advanced nations", vgl. Gordon (2016, S. 633).

Welches Ausmaß die Umstrukturierung in der Beschäftigung in Industriestaaten langfristig annehmen kann, zeigt Gordon für die USA. Er macht Entwicklungstendenzen dadurch deutlich, dass er den Stand der Beschäftigung für drei weit auseinander liegende Jahre ausweist, und zwar für die Jahre 1870, 1940 und 2009. Wir fassen seine Hauptergebnisse in der Tab. 4.9 zusammen.

Die Daten sind der Tab. 2 und 3 in Gordon entnommen, vgl. Gordon (2016, S. 53).

Tab. 4.9 Zusammensetzung der Erwerbsbevölkerung nach Beschäftigungsart in den USA

Beschäftigung in %	1870	1940	2009
Landwirtschaft	46,0	17,3	1,1
Industrie			
Arbeiter	33,5	38,7	19,9
Angestellte	12,6	28,1	41,1
Führungs-/Fachkräfte	4,6	10,8	34,9

Hier interessiert vor allen Dingen die Entwicklung der Führungs- und Fachkräfte. Die Beschäftigung von Führungs- und Fachkräften nimmt von 1940 auf 2009 drastisch zu, und zwar von 10.8 % auf 34.9 %. Sie sind hoch qualifiziert und hoch bezahlt. Und diese Zunahme ist ein Grund dafür, dass sich die Ungleichheit in den USA stark erhöht. Dort erzielen amerikanische Firmen aktuell Renditen in außergewöhnlichem Ausmaß, die sie auf ihre Führungskräfte und ihre Experten verteilen können.

Die Grafik „Ever better at making money" gibt die Verteilung der Rendite von US-Firmen an. Danach wächst der Prozentsatz der Firmen, die eine Rendite von über 50 % erwirtschaften von nahezu 0 % auf fast 20 % im Zeitraum von 1965–1967 bis 2011–2013 an, vgl. The Economist (2016b, S. 22). Diese Zeitschrift führt in einem „Special Report" aus, dass insbesondere global agierende Firmen die Gewinner sind: „The superstar effect is particularly marked in the knowledge economy. In Silicon valley a handful of giants are enjoying market shares and profit margins not seen since the robber barons in the late 19th century." Und weiter: „There are good reasons for thinking that the superstar effect will gather strength. Big and powerful companies force their rivals to bulk up in order to compete with them. They also oblige large numbers of lawyers, consultancies and other professional-services firms to become global to supply their needs. Digitisalisation reinforces the trend because digital companies can exploit network effects and operate across borders", vgl. The Economist (2016f, S. 5).

Die Ergebnisse des Welthandels werden aktuell verstärkt aus nationaler Sicht gesehen und so ohne weiteres nicht mehr von einer Vielzahl von Menschen in den Industriestaaten akzeptiert. Es entstehen Spannungen zwischen Gesellschaft und Marktwirtschaft. Ist die Wirtschaft an einer weiteren Ausgestaltung der Globalisierung interessiert, sehen sich viele Menschen in Industriestaaten abgehängt von der wirtschaftlichen Entwicklung und eher bedroht von der Globalisierung. Sie sehen sich als Verlierer der Globalisierung, denn vielen droht ein Abdriften in prekäre Lebensverhältnisse. Im politischen Bereich bedeutet dies eine Umkehr zurück zur Betonung des Nationalen und ein Zurück zu nationaler Machtpolitik. In Rodricks Trilemma von Globalisierung, Nationalstaat und Politischer Demokratie gewinnen somit die beiden Letzten zulasten der Globalisierung zunehmend an Gewicht.

Die EU und der Euro sind Beispiele für die Globalisierung. Sie schränken in Europa den Handlungsspielraum nationaler Regierungen und nationaler Parlamente ein. Machtpolitische Aspekte sind bei der Gründung der Euro-Zone im Spiel: Die geldpolitische Macht der Deutschen Bundesbank ist in die EU eingebracht worden. Hier hat das Kalkül der politischen Eliten eine entscheidende Rolle gespielt. Sie sind an Einfluss interessiert. Sie möchten gestalten, steuern und auch am ökonomischen Wachstum partizipieren. Das ist ein uraltes Anliegen der herrschenden Schicht, das wissen wir aus Scheidels Langzeitanalyse. Auch hier geht die Entscheidung zulasten der Geringqualifizierten, insbesondere in den europäischen Südstaaten mit wenig innovativer Industrie.

Die europäischen Südstaaten haben über Jahrzehnte ihre Wettbewerbsfähigkeit über die Abwertung ihrer Währungen sichern können. Das ist ihnen mit dem Eintritt in die EURO-Zone verwehrt. Anfangs hat sich der starre Rahmen der gemeinsamen

EURO-Währung nicht negativ auf die ökonomische Entwicklung ausgewirkt. Die Löhne steigen und, was verhängnisvoll gewesen ist, teilweise erheblich stärker als die Produktivität, vgl. „Figure 1. Salaires et évolution de la productivité en Europe (1998–2013)" im Abschnitt „La compétivité" in Tirole (2016, S. 354–357), und die Grafik „For richer and poorer" in The Economist (2017, S. 6). In Ländern mit großer Diskrepanz wie Griechenland, Portugal, Spanien und Italien hat sich die Wettbewerbsfähigkeit drastisch verschlechtert, und diese ökonomische Schwäche ist mit der Finanzkrise schlagartig zu Tage getreten. Die Schwäche hat sich in der finanziellen Notlage und in dem Anstieg der Arbeitslosigkeit gezeigt, insbesondere der Jugendarbeitslosigkeit. Auch ohne Finanzkrise ist mit dem Eintritt in die Euro-Zone die Gefahr erhöhter Arbeitslosigkeit verbunden gewesen. Davor haben viele Ökonomen gewarnt. Sie haben darauf hingewiesen, dass die Arbeitnehmer den Preis für den Verzicht auf die Währungsflexibilität zu zahlen haben. Sie müssen sich nach Einführung des Euro mobil zeigen, um Arbeit zu finden. Sie müssen dorthin wandern, arbeiten und leben, wo die Industrie wettbewerbsfähig ist. Das kann vor allen Dingen für wenig Flexible und gering Qualifizierte ein hoher Preis sein. Wir erinnern uns an Polanyis kritische Ausführungen zur Arbeit als Ware. Die Ablehnung, den Preis zu zahlen, können die Menschen in der politischen Sphäre zeigen und das tun sie.

Nationale Tendenzen dürften den Protektionismus stärken und damit die Globalisierung schwächen, was wiederum die Wachstumsaussichten eintrübt. Auf der anderen Seite tun sich für IT-Giganten aus den USA und aus China riesige Wettbewerbsfelder in Indien und in Süd-Ost Asien auf, womöglich später in Afrika mit seiner enormen Bevölkerungsentwicklung, vgl. The Economist (2018c).

4.10 Wirtschaftsabläufe und ihre Analyse

4.10.1 Ebenen wirtschaftlicher Abläufe

Der Staat greift in Wirtschaftsprozesse ein, die sich auf drei in einander verwobenen Ebenen abspielen:

- Entwicklungsebene mit der Projektrendite r_p,
- Mikroökonomische Ebene mit der Eigenkapitalrendite r_e,
- Makroökonomische Ebene mit der Π-I- und der P-Π-Interdependenz.

Die erste Ebene, die Ebene von Forschung und Entwicklung, ist den eigentlichen ökonomischen Prozessen auf mikro- und makroökonomischer Ebene vorgelagert. Hier treiben unterschiedliche Spezialisten wie Chemiker, Physiker, Ingenieure, IT-Fachleute und Designer den technischen Fortschritt voran. Er manifestiert sich in Innovationen, wie neue Produkte, neuartige Dienstleistungen und Konzepte, sowie neue Produktionsverfahren. Diese Ebene schafft die Basis für lukrative Absatzmöglichkeiten und lohnende Projektrenditen r_p, für nicht fremdfinanzierte Renditen.

4.10 Wirtschaftsabläufe und ihre Analyse

Innovationen sind die Grundlage für hohe Projektrenditen r_p. Bleiben Innovationen aus, dann schrumpfen die Renditen r_p. Unternehmer nutzen die Möglichkeiten des technischen Fortschritts in Form von Produktinnovationen wie Explorer, die sich auf unsicherem Terrain bewegen. Unternehmer haben Talente, Wagnisse zu übernehmen, und Stehvermögen, Rückschlägen zu trotzen. Sie erproben in einer unsicheren Welt, ob ihre neuen Produkte auf dem Markt ankommen und ob sich ihr Angebot rentiert. Der Markt bietet ihnen den Freiraum zum Experimentieren. Den Freiraum gilt es nach Hayek zu schützen, denn das unternehmerische Handeln treibt die wirtschaftliche Entwicklung voran. Und ihr Handeln eröffnet ihnen Gewinnaussichten, aber auch der Gesellschaft eine Perspektive auf Wachstum. Handel und Wandel bringen gesellschaftlichen Wohlstand.

Trotz der jüngsten gravierenden Wirtschaftskrise lässt sich in den letzten Jahrzehnten das Wirtschaftswachstum in den USA, in den EU-Staaten, in China, in Indien, in Brasilien und vielen anderen Ländern nicht leugnen. Allerdings wachsen der Welthandel und damit die Absatzmöglichkeiten in den letzten Jahren deutlich geringer als die Weltwirtschaft. Sind die Wachstumsraten des Welthandels im Zeitraum von 1987 bis 2007 noch fast doppelt so hoch gewesen wie die des Weltbruttoinlandsprodukts gewesen, so fällt in den Jahren 2012 und 2013 die Rate des Welthandels unter die Rate der Weltwirtschaft, vgl. Le Monde (2014).

Innovationen eröffnen Gesellschaften neue Wege beim Fortschreiten in der Zeit, in unsichere Gefilde. Auf dem Markt werden dafür die Weichen gestellt. Auf dem Markt entscheiden die Nachfrager, welche der von den Unternehmen angebotenen Produkte ankommen und welche sich rentieren. Hier entscheidet sich, welchen Weg Innovationen nehmen werden.

Trotz eines erheblichen unternehmerischen Einsatzes müssen Innovationen nicht rentabel sein. Und die Rentabilität zeigt sich erst nach geraumer Zeit. Die Unternehmertätigkeit auf der Entwicklungsebene ist unsicher und riskant. Sie ist aber unerlässlich und entscheidet langfristig über den unternehmerischen Erfolg und letztlich auch über das volkswirtschaftliche Wachstum und den gesellschaftlichen Wohlstand. Den Entwicklungsvorsprung, den Unternehmen sich durch kostspielige Innovationen gegenüber ihrer Konkurrenz verschaffen, wollen sie auch künftig bewahren. Mithilfe von Marketingexperten verwandeln sie ihre Produkte in Marken und setzen sich so von der Konkurrenz ab. Sie kreieren ein Produktimage und geben dem Produkt so eine zusätzliche Attraktivität. Diese Einschätzung teilt nach dem *Economist* W. Ohlins, einer der großen Marketingexperten, „… consumers are not just looking for utility in the things they buy. They are also looking for meaning", vgl. The Economist (2014d, S. 59).

Bis Innovationen zur Marktreife gebracht werden können, vergeht längere Zeit.

Trotzdem wagen Unternehmer, Geld in längerfristige Entwicklungen neuer Güter zu investieren, wenn sie erwarten können, dass sich ihre Investitionen rentieren. Vielfältige mikroökonomische Prozesse entscheiden über die Rentabilität. Sie steht im Zentrum der kapitalistischen Wirtschaft. Sie ist gegeben, wenn Einnahmen-, Ausgaben- und Finanzierungsströme über längere Zeit erkleckliche Gewinnströme entstehen lassen, die sich in hohen Eigenkapitalrenditen niederschlagen. Formal erfasst Gl. 4.10

$$r_e = r_p + v(r_p - i \cdot rz)$$

die Eigenkapitalrendite r_e. Sie zeigt, dass der Finanzmarkt über die Fremdfinanzierungsquote v, den Marktzinssatz i und den Risikozuschlag rz auf die Eigenkapitalrendite r_e einwirkt. Diese Einwirkung verknüpft den Finanzmarkt mit der realen Ökonomie. Die Verknüpfung ist so stark, dass von einer „Finanzialisierung" der Wirtschaft gesprochen wird. Die Verflechtung überträgt den kurzfristigen Zeithorizont des Finanzmarktes auf die reale Wirtschaft und zudem das dortige erhöhte Risiko, das unter dem Namen „*tail risk*" firmiert.

Investitionen mit hoher Eigenkapitalrendite r_e führen zu Gewinnen Π auf der makroökonomischen Ebene. Es ist die Ebene, auf der wirtschaftspolitische Maßnahmen diskutiert werden. Politiker greifen vereinfachend auf historische Daten der VGR zurück. Viele der Erörterungen verharren auf dem Keynes zugesprochenen, aber vom ökonomischen Wandel überholten ISLM-Modell. Der Minskysche Ansatz schafft mit der Π-I-Interdependenz Gl. 4.5

$$\Pi = T_\pi + (I + [Df_z - s_z Z_g^*] + \text{Exü} - (c_w - 1)W^*)/c_\pi$$

und ihrer Interaktion mit der P-Π-Interdependenz Gl. 3.32

$$P = (W/A_p)[1 + m] \quad \text{mit dem Gewinnaufschlag} \quad m = \Pi/NW$$

ein neues offenes Ordnungsgefüge, ein neues Paradigma, um Abläufe auf der Makroebene zu diskutieren, etwa die Wirkung der Fiskal- und der Geldpolitik. Darin wirkt die Eigenkapitalrendite r_e aus der Mikroebene auf die Π-I-Dynamik der Makroebene. Erwartungen hoher Eigenkapitalrenditen r_e fördern die Π-I-Dynamik und damit das volkswirtschaftliche Wachstum g. Wachsende Prosperität favorisiert ein Anstieg in den Konsumneigungen c und gewährt den Unternehmen größere Spielräume für den Gewinnaufschlag m, der das Preisniveau P steigen lässt und damit die Inflation. Sie fördern nicht nur weiter die Konsumneigungen c, sondern sie mindert die Last der realen Schulden D/P. Bei Deflation kehrt sich die Wirkung um. Die Konsumneigung c fällt und bremst die Π-I-Dynamik. Die Last der Schulden steigt. Dann kann das von Fisher beschriebene Paradox eintreten: Trotz nomineller Entschuldung kann die reale Schuldenlast D/P, „*real debt burden*", steigen.

Zwei weitere Ebenen wollen bei den ökonomischen Prozessen unterschieden werden, und zwar die reale Ebene von der Erwartungsebene. Auch sie greifen in einander. Das reale Geschehen spielt sich in der laufenden Gegenwart ab, wohingegen sich die Erwartungen auf die Zukunft beziehen. Der Welt der realen Entscheidungen, die sich auf Makroebene in den Konsumausgaben C und den Investitionstätigkeiten I und auf der Mikroebene in den Eigenkapitalrenditen r_e manifestiert, ist die Welt der Erwartungen vorgelagert, die sich auf eben diese Entscheidungen auswirken.

Die Entwicklung der Eigenkapitalrendite r_e hängt von Einnahme- und Ausgabenströmen ab. In der Krise decken die laufenden Einnahmenströme meist nicht die Ausgabenströme. Die Lücke schließen die Finanzierungsströme. Sie vergrößert sich in der

Krise. Die Finanzströme beginnen zu versiegen und Wertbestände müssen nach unten korrigiert und gar verkauft werden, wenn Insolvenz droht. Die Erwartungen ändern sich, Pläne werden korrigiert. Die Einschätzung der Zukunft kippt von *„over confidence"* zu *„over fear"*. Mit den wachsenden Finanzströmen, der Finanzialisierung der Wirtschaft, schwappt die Kurzfristorientierung des Finanzmarktes mit seinen erhöhten Risiken auf die Realwirtschaft über und verstärkt das Keynes-Minsky-Momentum und damit die Instabilität. Die Zentralbanken haben in der jüngsten Krise erkannt, dass sie dieses Momentum dämpfen können, indem sie der Wirtschaft längere positive Erwartungen geben.

In diese komplexen Wirtschaftabläufe greift der Staat ein. Zahlreiche Abbildungen veranschaulichen in Abschn. 3.1 „Grundzüge der Keynesianischen Makroökonomie" wie früher im ISLM-Modell die Instrumentvariablen „Defizit Df" der Fiskalpolitik und „Geldmenge M" der Geldpolitik auf die Nachfrage nach Gütern Y und nach Arbeitskräften N gewirkt haben und machen so die damalige Konjunkturstabilisierung nachvollziehbar. Das ISLM-Paradigma trägt nicht mehr. Gegenüber damals haben sich die ökonomischen Gegebenheiten gewandelt. An die Stelle der spezifischen, klar umrissenen Zielsetzung, die Güternachfrage Y und die Arbeitsnachfrage N zu stabilisieren, tritt nun die allgemeine, weit umfassendere Zielsetzung, die vom Finanzmarkt ausgehende Instabilität der Wirtschaft zu stabilisieren. Dazu fehlen der Fiskal- und der Geldpolitik wirksame Instrumentvariablen auf der Makroebene, wie wir sie in Anlehnung an Minsky mit dem offenen Ordnungsgefüge der Interdependenzen (Gl. 3.32 und 4.5) beschrieben haben. Die Wirtschaftsprozesse der Makroebene basieren auf Wirtschaftsabläufen der Mikro- und der Entwicklungsebene. Sie interagieren mit Erwartungen. Zum besseren Verständnis für Wirkungen staatlicher Maßnahmen in diesen sich wechselseitig beeinflussenden komplexen Prozessen unterscheiden wir zwischen numerisch quantitativen und formal quantitativen, qualitativen Wirkungen.

4.10.2 Quantitativ numerische Analyse

Die Politik steht in Krisen unter erheblichem öffentlichem Erwartungsdruck. Sie soll geeignete Maßnahmen ergreifen, um sie schnell zu überwinden. Der Staat sieht sich aufgerufen, stabilisierend in vielschichtige mit einander verbundene Wirtschaftsebenen einzugreifen, in einen *dynamischen* und *interdependenten* Wirtschaftsprozess in *ständigem Wandel*. Doch wo ist dort der Hebel, um schnell zielgerecht intervenieren zu können? Es gibt ihn nicht! Der Staat müsste zudem mögliche Folgewirkungen seiner Eingriffe, beispielsweise auf Ungleichheit, abschätzen können, wenn er von ungewollten Wirkungen nicht überrascht sein will, auf die er dann wiederum reagieren müsste. Wünschenswert wären *quantitative numerische* Abschätzungen. Dafür fehlt die Grundlage. Keynes' grundsätzliche Bedenken gegen quantitative makroökonomische Analysen sind trotz erheblicher Fortschritte in der Ökonometrie nach wie vor stichhaltig.

Keynes hat mit seinen formalen Ausführungen in seiner „General Theory" nicht nur den Anstoß zur Formulierung des Hicks-Hansen ISLM-Modells gegeben, sondern er hat mit seinem Kreislaufmodell und den darin auftretenden Stromgrößen wie Konsum C, Ersparnis S, Investition I und Produktion Y zudem auch Impulse geliefert für den Aufbau der VGR. Sie ist eine quantitative *Bestandsaufnahme* einer Volkswirtschaft und ermöglicht, die Entwicklung einer Ökonomie und die Unterschiede zwischen Ökonomien in der Vergangenheit *quantitativ numerisch* zu beschreiben. Beispielsweise informieren Zeitreihen von Wachstumsraten g der volkswirtschaftlichen Produktion Y aus zwei Volkswirtschaften, etwa aus Frankreich und Deutschland, über historische Unterschiede in ihrer wirtschaftlichen Leistungsfähigkeit.

Das von der UNO in den Einzelheiten entwickelte Kontensystem der VGR enthält eine Vielzahl ökonomischer Variablen. Ihre Definitionen stellen für Statistiker weltweit Hülsen dar, die sie mit den entsprechenden Daten ihrer Volkswirtschaft füllen, und so entstehen Zeitreihen für eine Vielzahl makroökonomischer Variablen. Damit wird eine Menge an historischen Zeitreihen- und Querschnittsanalysen ermöglicht.

Die von Statistischen Ämtern gesammelten Daten sind *Ex post-Größen* und werden von den *Ex ante-Größen*, Plangrößen wie wir sie im ISLM-Modell und im Minsky-Ansatz kennen gelernt haben, abweichen. Unterschätzen die Unternehmer den Konsum C der Haushalte, dann wird ihre Investition I nach der VGR größer ausfallen als ihre ex ante geplante. Für den Absatz geplante Güter gehen dann auf Lager und erhöhen so nach der VGR die Lagerinvestition und damit die ex post Investition. Die ungeplanten Lagerinvestitionen führen im Unternehmenskalkül zu Plankorrekturen mit weiteren Auswirkungen in Unternehmensentscheidungen. Über ungeplante Größen sind aber keine Daten verfügbar, sodass sich die Korrektur auch nicht in empirischen Analysen erfassen lässt.

Dennoch hat der holländische Nobelpreisträger Jan Tinbergen (1903–1994) schon früh in den umfangreichen Datensammlungen eine Chance gesehen, *quantitative makroökonomische Modelle* zu bilden und sie zur *quantitativ numerischen Wirtschaftsanalyse* und Prognose sowie zur makroökonomischen Steuerung der Wirtschaft und zur Politikberatung einzusetzen. Gegenüber diesen ökonometrischen Studien hat Keynes in seinem Artikel „Professor Tinbergen's Method" (Keynes 1939) grundsätzliche Bedenken vorgebracht. Sie sind im Zusammenhang mit Keynes' Ausführungen in Chapter 18 „The General Theory of Employment Re-stated" in seiner „General Theory" (Keynes 1936) zu sehen. Sie betreffen sowohl die statistische Analyse als auch die ökonomische Modellierung. Hierbei äußert sich Keynes insbesondere kritisch zur statistischen Konjunkturanalyse. Die Ökonometrie hat zwar seit Keynes' Zeiten in Teilbereichen enorme Fortschritte zu verzeichnen, seine Vorbehalte gegenüber der hier interessierenden quantitativen Analyse interdependenter Volkswirtschaften bleiben dennoch stichhaltig. Vor allen Dingen die Konstanz im Wandel der ökonomischen Prozesse spricht gegen eine für die statistische Analyse notwendige Strukturkonstanz. Der Wandel schlägt sich, worauf Minskys Arbeit hinweist, in neuen Paradigmen mit neuen Strukturen nieder.

4.10 Wirtschaftsabläufe und ihre Analyse

Der Ökonom müsste nach Keynes dem Statistiker ein korrekt spezifiziertes Modell liefern. Die Liste der Variablen müsste *vollständig* sein, die funktionale *Form,* in der sie wirken, müsste *korrekt* sein und auch die Spezifikation ihrer Wirkungsweise in der Zeit, die Spezifikation der Dynamik, die sogenannte „time lag" Struktur. Diese Anforderungen an die Modellierung kann der Ökonom nicht erfüllen. Und für ihn interessierende formal quantitative, qualitative Analysen braucht er auch keine Vollständigkeit. Keynes beispielsweise hat das für seine Fragestellung zentrale Geschehen von dem restlichen gedanklich isoliert. Er sieht etwa von dem Effekt des durch die Investitionen I wachsenden Produktionskapitals K ab. Und er ermittelt in der Konsumneigung c, der Einstellung zur Liquidität, der Staatsnachfrage G und der Geldmenge M zentrale Determinanten für die ihn interessierende Produktion Y und Beschäftigung N. Diese Determinanten können, so gesteht er zu, ihrerseits wiederum Gegenstand von Untersuchungen sein und sind somit keineswegs die endgültig unabhängigen Faktoren. Diese gedankliche Isolierung des interessierenden Geschehens lässt sich aber nicht auf die quantitative empirische Analyse übertragen. Denn es ist nicht auszuschließen, dass die durch die Isolierung abgeschnittenen Wechselwirkungen die quantitativ statistischen Analysen volkswirtschaftlicher Prozesse verfälschen.

Der Statistiker muss daher in einem sequenziellen Suchprozess aus einer Reihe verfälschter Analysen statistisch zuverlässig das „korrekte" Modell herausfinden, ein schwieriges, wenn nicht unmögliches Unterfangen für den Statistiker.

Ihm stellen sich nach Keynes weitere, kaum leichter zu lösende Probleme. Denn nicht alle signifikanten Faktoren sind *messbar,* und zwischen Faktoren bestehen *Wechselwirkungen,* man denke an die Gewinn-Investition-Interdependenz (Gl. 4.5) und ihrer Interaktion mit der Preisniveau-Gewinn-Interdependenz (Gl. 3.32). Wechselwirkungen bestehen zudem in vielfältiger Weise zwischen den verschiedenen Ebenen wirtschaftlicher Abläufe.

Bei nicht messbaren Faktoren denkt Keynes u. a. an die psychologische Haltung zur Liquidität und an die subjektive Erwartungsbildung, die uns aus dem Keynes-Minsky-Momentum bekannt ist. Aber gerade das Auslassen dieser für die konjunkturelle Bewegung zentralen Faktoren verfälschen die Analyseergebnisse, und es ist nicht ersichtlich, wie sich diese Verfälschungen nachträglich korrigieren lassen könnten. Daher sind nach Keynes ökonometrische Modelle à la Tinbergen nicht anwendbar zur statistisch quantitativen Analyse volkswirtschaftlicher Prozesse. Trotz dieser grundlegenden Vorbehalte gegenüber Verfälschungen durch fehlende nicht messbare Variablen sind im Fahrwasser von Tinbergens Ansatz die ökonometrische Modellierung und die statistische Analyseverfahren weiter entwickelt worden. Allerdings haben sich bis heute die Weiterentwicklungen als wenig brauchbar für die Vorhersage von Umschwüngen erwiesen. Auch haben sie wenig Einsicht in die quantitativen Wirtschaftsabläufe gewährt.

Die Wechselwirkungen sind nach Keynes nicht vereinbar mit der sequenziellen statistischen Analysemethode mittels Regressionsverfahren. Darin bestimmen in einer Regressionsgleichung sogenannte erklärende Variable die Bewegung der zu erklärenden Variablen. Wählen wir als zu erklärende Variable beispielsweise den Konsum C, dann bietet sich das Einkommen Y als erklärende Variable an, und in der linearen Form C = b + c Y ist der Parameter c die marginale Konsumneigung. Er gibt an, dass der Konsum sich um c Einheiten erhöht, wenn das Einkommen Y um eine Einheit steigt: der Koeffizient c erfasst somit die quantitative Wirkung der erklärenden Variablen Y auf die zu erklärende Variable C. Der Statistiker spricht auch bei Y von einer exogenen, einer unabhängigen Variablen und bei C von einer endogenen, einer abhängigen Variablen. Die Exogenität der erklärenden Variablen ist für die korrekte statistische Messung ihrer quantitativen Wirkung auf die endogenen Variable unerlässlich, d. h. im Beispiel für die unverfälschte Schätzung der Konsumneigung c. Die Variablen Y und C dürften sich also nicht gegenseitig beeinflussen.

Die Unverfälschtheit hängt somit davon ab, ob die erklärenden Variablen exogen sind oder nicht. Das ist aber für ökonomische Variablen a priori wegen der in ökonomischen Prozessen typischen Interdependenz nicht entscheidbar. Die Vorsicht gebietet daher, von einer Wechselwirkung zwischen ökonomischen Variablen auszugehen. Keynes tut dies in seiner Kritik an Tinbergens statistische Analyse, indem er darauf hinweist, dass wegen der Interdependenz die Gewinne Π keine exogene Variable in Tinbergens Erklärung der Investition I sein können; Minskys Π-I-Interdependenz weist in die selbe Richtung. Tinbergens Regressionsanalyse führt daher zu einer verfälschten Analyse der Investitionstätigkeit. Die Schätzung der Koeffizienten, die über die quantitative Effekte informieren, ist daher systematisch verzerrt und für eine quantitative empirische Analyse unbrauchbar.

Der niederländisch-amerikanische Nobelpreisträger Tjalling Koopmans (1910–1995) hat die Verzerrung an dem einfachen Beispiel der Konsumgüternachfrage C = b + cY erläutert, die uns aus dem ISLM-Modell bekannt ist. Die erklärende Variable Y ist im ökonomischen Geschehen insofern nicht exogen, als der Konsum über das Gütermarktgleichgewicht C + I = Y auf das Einkommen zurückwirkt. Diese Rückwirkung führt zu dem sogenannten *„simultaneous equation bias"*, der, wie gesagt, eine fundierte quantitative Analyse von volkswirtschaftlichen Abläufen basierend auf sequenziellen Partialanalysen infrage stellt.

Ökonometriker zeigten sich in der Folgezeit kreativ. Sie entwickelten asymptotisch unverzerrte Schätzer für Globalanalysen interdependenter volkswirtschaftlicher Modelle. Theoretisch erübrigt sich damit bei eindeutiger Klassifikation in endogene und exogene Variablen die kritisierte sequenzielle Vorgehensweise. A priori ist aber, wie gesagt, nicht entscheidbar, ob eine Variable zweifelsfrei exogen ist oder nicht, unabhängig ist oder nicht. Das hat in empirischen Analysen zur Folge, dass die Liste der endogenen Variablen immer umfassender und damit das Mehrgleichungssystem für die gesamte Volkswirtschaft sehr umfangreich wird. Brauchbarer für die Vorhersage sind diese Globalmodelle nicht geworden, und zu mehr Einsicht in quantitative Abläufe haben sie auch nicht beitragen können. Vielfach werden sie auch wegen dieser geringen Einsicht auch als *„black boxes"* tituliert.

ARIMA-Zeitreihenmodelle erweisen sich bei Prognosen als treffsicherer, allerdings auch wenig bei Umschwüngen. In Form ihrer überschaubaren Mehrgleichungsansätzen – den sogenannten Vektor-ARIMA-Modellen – ermöglichen sie die „time

4.10 Wirtschaftsabläufe und ihre Analyse

lag" Struktur statistisch zu analysieren und zudem auch die Exogenität sowie die von Keynes in seiner Kritik an Tinbergen angesprochene *„spurious correlation"*, die Scheinkorrelation. Die Konzepte dazu gehen auf den britischen Statistiker Clive Granger (1934–2009) zurück, sowohl die Analyse der *„spurious correlation"* mittels der Kointegration als auch der Exogenität in Form der nach ihm benannten *„Granger causality* (Granger Kausaltität)". Die Beschränkung des Analyserahmens auf eine kleine Anzahl ausgewählter zentraler ökonomischer Variablen ist in Hinblick auf die umfassenden strukturellen Mehrgleichungsmodelle allerdings ein Rückschritt.

Granger hat im Jahr 2003 zusammen mit dem amerikanischen Statistiker Robert Engle (*1942) den Nobelpreis für Wirtschaftswissenschaften erhalten. Engle ist für seinen ARCH-Ansatz geehrt worden. Er ist ein erfolgreiches Instrument zur statistischen Analyse und Prognose der Volatilität auf den Finanzmärkten, das im Zusammenhang mit der Baseler-Bankenregulierung von Bedeutung ist. Mit dem verallgemeinerten GARCH-Ansatz lässt sich statistisch prüfen, ob das Marktrisiko von Finanzinstituten innerhalb eines wünschenswerten Rahmens bleibt, konkreter, ob ein bestimmter VaR-Wert nicht zu oft überschritten wird. Zeigt ein statistisches „Backtesting-Verfahren" ein erhöhtes Risiko an, dann sieht, wie wir wissen, die internationale Selbstregulierung der Banken – das Basel-Abkommen – vor, dass die betreffenden Banken zur Absicherung ihrer erhöhten Risiken ihren Eigenkapitalanteil aufzustocken haben. Allerdings ist die Bankenselbstregulierung wenig effektiv. Zum einen setzen Finanzinstitute einfachere Verfahren als das GARCH-Modell ein, die in der Tendenz das Risiko systematisch unterschätzen, und zum anderen erweist sich der Mechanismus in der Selbstregulierung zur Eigenkapitalaufstockung als zu schwach.

Trotz der in vielen Teilbereichen erzielten Fortschritte in der statistischen Analyse ökonomischer Phänomene bleiben Keynes Vorbehalte gegenüber quantitativ numerischen Analysen gesamtwirtschaftlicher Prozesse bestehen. Aktuell bestärkt Romers Kritik Keynes' Bedenken.

In der Ökonomie interagiert eine Vielzahl von Akteuren in komplexer Weise miteinander. Die Interaktion vollzieht sich in der Zeit und ist im Laufe der Zeit immer stärker auf die Zukunft ausgerichtet. Heutige Entscheidungen wirken sich später mit Verzögerung aus. Ökonomen haben wenige Vorstellungen über die zeitliche Wirkungskette. Hier sollen Statistiker und Ökonometriker weiter helfen. Mit ihnen kommt verstärkt die Stochastik ins Spiel. Ihre stochastischen Annahmen basieren wenig auf ökonomischen Überlegungen oder auf empirischer Evidenz. Dennoch können diese Annahmen die empirischen Analyseergebnisse gravierend beeinflussen. Kleine Modifikationen in der Dynamik und in der stochastischen Einbettung können zu ganz anderen Ergebnissen führen. Die Resultate sind somit wenig robust, was sie aber sein sollten, wenn sie allgemeinere Gültigkeit haben wollen.

Auch die neueren Ansätze, die unter dem Namen „Dynamic stochastic general equilibrium models (DSGE) firmieren, leiden darunter, dass sie wenig robust sind. Diese Modelle, seien es neue klassische oder neokeynesianische Modelle, liefern kaum Einsichten in die Interdependenz und die Dynamik makroökonomischer Prozesse, sondern Ergebnisse, die auf unsicherem Fundament basieren.

Bei den stochastischen Annahmen setzt Romers Kritik an den DSGE-Modellen an, und zwar genauer an den Identifikationsannahmen, siehe Romer (2016). Die Identifikation ist der Schätzung vorgelagert. Statistiker können noch so viele Daten haben, Ihre Analyseergebnisse sind nichts wert, wenn sie nicht vorher über geeignete Identifikationsannahmen sichergestellt haben, dass sie mit ihren Daten die von ihnen gesuchte ökonomische Struktur auch tatsächlich schätzen können. Denn das ist die Voraussetzung dafür, dass sie Strukturen offen legen könnten, die beispielsweise helfen könnten, zielgerichtet politische Maßnahmen zu empfehlen.

Romer weist darauf hin, dass Schätzresultate stark von Identifikationsannahmen abhängen, die aber unzureichend überprüfbar sind – Identifikationsannahmen, die er als „fed in as facts with unkown truth value (FWUTV) bezeichnet. Die Resultate sind somit wenig robust, oder wie der *Economist* es ausdrückt: „And an arbitrary assumption in one part can affect everything else in it", The Economist (2016g, S. 68).

Interessant ist es, wie Romer seine kritischen Ausführungen startet. Er stellt eine für ihn fruchtbare Partialanalyse in Form zweier Grafiken der wenig informativen Residualanalyse mit „imaginary shocks" stochastischer Globalmodelle gegenüber. Er schließt seine Kritik an den DSGE-Modellen ab, indem er rückblickend auf die Keynesianischen Modelle ausführt: „The situation now is worse. Macro models make assumptions that are no more credible and far more opaque", Romer (2016, S. 19). Und er kann seine Kritik nicht abschließen, ohne auf die irreführende Bemerkung von Lucas hinzuweisen: „My thesis in this lecture is that macroeconomics in this original sense has succeeded: Its central problem of depression prevention has been solved, for all practical purposes, and has in fact been solved for many decades", Lucas (2003, S. 1). Und welch ein Kontrast zu Minsky (1986). Auf der einen Seite umfassende dynamische Modelle, die zum Gleichgewicht tendieren, und auf der anderen Seite die Partialbetrachtung mit Gewinn und mit von Privatbanken geförderter Fremdfinanzierung, die die Wirtschaft in eine Instabilität gleiten lässt, vgl. hierzu auch The Economist (2016d).

Die heftige und auch persönliche Kritik ist wohl ein Appell Romers, von diesen wenig fruchtbaren makroökonometrischen Modellen wegzukommen. Zur makroökonomischen Steuerung der Wirtschaft taugen diese interdependenten ökonometrischen Modelle jedenfalls wenig.

Wir müssen eingestehen, dass empirisch quantitative Analysen globaler Wirtschaftssysteme wenig statistisch fundiert sind. Wir wissen wenig, wie stark und wie schnell fiskal- und geldpolitische Maßnahmen wirken. Auch wissen wir wenig über längerfristige Folgewirkungen. Eine von Ungeduld diktierte schnelle und gut gemeinte Maßnahme kann sich längerfristig als fatal auswirken, beispielsweise auf die ökonomische Instabilität und Ungleichheit. Hayek warnt davor, unser Nichtwissen *(ignorance)* zu leugnen, und gegenüber vorschnellen kurzfristig angelegten Eingriffen führt er aus: „To the ambitious and impatient reformer, filled with indignation at a particular evil, nothing short of the complete abolition of that evil by the quickest and most direct means will seem adequate. If every person now suffering from unemployment, ill health, or inadequate provision for his old age is at once to be relieved of his cares, nothing short of an all-comprehensive and compulsory scheme will suffice. But if, in our impatience to solve such problems immediately, we give government exclusive and monopolistic powers, we may find that we have been short-sighted" (1960, S. 227).

Interdependenz, Dynamik und Wandel sprechen zwar gegen eine fundierte quantitative Wirkungsanalyse. Wir müssen aber auch zugestehen, dass die kapitalistische Marktwirtschaft zur Unterbeschäftigung, zur Instabilität und zur Ungleichheit neigt. Daher sind korrektive Maßnahmen von außen unerlässlich. Und sie werden auch, wie gesagt, vehement in der Öffentlichkeit vom Staat gefordert.

4.10.3 Verstehen mit Partialmodellen

Umfassende interdependente ökonometrische Modelle dienen in erster Linie der numerischen Prognose. Sie liefern auch in Form von Simulationen wenig gesicherte Einsicht in ökonomische Zusammenhänge und schon gar kein Paradigma, an dem sich Politiker beispielsweise in ihrer Entscheidung orientieren können; der Abschn. 4.10.2 „*Quantitative numerische Analyse*" hat sich ausführlich und kritisch mit diesen Modellen beschäftigt.

Ganz anders der Keynes' Ansatz: Er ist ein Partialmodell. In bedingter Betrachtung rückt er den Gütermarkt in den Mittelpunkt, ergänzt um den Geldmarkt in rudimentärer Form. Der Arbeitsmarkt ist exogen. Privatbanken spielen keine Rolle. Das Wachstum ist ausgeklammert. Die vielfältigen Entscheidungen auf mikroökonomischer Ebene sind nur unterschwellig vorhanden, wie es uns von dem Keynes-Minsky Momentum bekannt ist. Dennoch oder gerade wegen seiner isolierenden Betrachtungsweise hat Keynes ein Paradigma für die Wirtschaftspolitik geschaffen – siehe Abb. 2.8 in 2.6 „*Wirtschaftskrise und staatliche Stabilisierung der Kreislaufwirtschaft (Keynes)*". Das Kreislaufmodell hat Politikern über mehrere Jahrzehnte als Orientierungshilfe gedient. Keynes hat den Staat als kompensatorischen Agenten erschaffen: Wenn im Privaten Bereich die Wirtschaftssubjekte zu wenig ausgeben, die Unternehmer in der Folge ihre Produktion drosseln und Arbeitskräfte entlassen, dann soll der Staat gerade seine Nachfrage nicht reduzieren, sondern ausweiten. Er soll die Ausgabenlücke kurzfristig schließen und so die Nachfrage nach Arbeitskräften stimulieren und den ökonomischen Kreislauf im Fluss halten.

Auch Minsky wählt eine isolierende Betrachtungsweise, beispielsweise lässt er den Arbeitsmarkt und das Wachstum außen vor. Er stellt den Gewinn und die Privatbanken ins Zentrum seiner Partialbetrachtung. Darin sprengen die Banken die Grenzen, die Schumpeter als sicheren Rahmen für die kapitalistische Entwicklung angesehen hat. Sie vermarkten Kredite, sie entledigen sich ihrer Risiken und kreieren neue Finanzprodukte und neue Finanzmärkte. Sie verstärken die Fremdfinanzierung und begünstigen die Verschuldung. Sie belasten die gesamte Wirtschaft mit einem systemischen Risiko. Minsky hat diese Belastung, die bis heute andauert, bereits 1986 deutlich gemacht. Er hat das keynesianische Kreislaufparadigma geöffnet zu einem Paradigma der Interdependenz zwischen zentralen Strom- und Bestandsgrößen. Darin führt die Dominanz des Finanzmarktes zur Instabilität. Allerdings hat sein Ansatz nicht die Durchschlagskraft des keynesianischen gehabt und nicht zu einem neuen überzeugenden Konzept geführt.

Das liegt u. a. daran, dass der Staat unter den veränderten Wirtschaftsbedingungen nicht mehr den kompensatorischen Agenten spielen kann. Denn danach müsste, wenn im Privaten Bereich die Wirtschaftssubjekte ihre Ausgaben verstärkt fremdfinanzieren, der Staat seine Fremdfinanzierung einschränken. Eine Austeritätspolitik führte aber zu enormen politischen Spannungen, die er jedoch vermeiden möchte. Und eine neue tragende Rolle etwa in der internationalen Bankenregulierung haben die Staaten noch nicht gefunden, wie wir aus 4.5.4 *Basel-Bankenregulierung und EU-Bankenunion* wissen.

Dennoch kommen Partialanalysen große Bedeutung zu, denn sie können Einsichten vermitteln. Das sieht Tirole ähnlich. Er äußert sich zu Einsichten in die Wirkung von Privatbankaktivitäten wie folgt: „il (l'économiste) peut comprendre que les expositions mutuelles entre banques et d'autres facteurs sont susceptibles d'engendrer une crise systémique sans pour autant saisir la dynamique complexe de propagation d'une telle crise", Tirole (2016, S. 129). Mit der Propagation beschäftigen sich ökonometrische Modelle, die aber nur geringe Einsichten in den Wirtschaftsprozess erbringen.

Allerdings ist ex ante die Bedingungsfülle groß und damit auch die Möglichkeiten der Partialbetrachtungen. Bevor die Wirtschaftsabläufe zur Geschichte werden ist es eine Kunst, die zutreffende Partialanalyse auszuwählen. Im Nachhinein, ex post, schränkt sich die Fülle ein und dann können wir erst mit deutlich größerer Zuverlässigkeit sagen, welche Analyse unserem Verständnis hilft, abgelaufene Vorgänge zu verstehen. In der Rückschau erkennen wir leichter, welcher Ansatz uns hilft, Geschehenes zu sinnhaften Zusammenhängen zu ordnen.

4.10.4 Formal quantitative, qualitative Analyse

Die formal quantitative Analysemethode in Keynes „General Theory" hat *trotz fehlender numerischer Abschätzung* damals zu einem neuen maßgebenden Paradigma für eine längere Zeit erfolgreiche Wirtschaftspolitik geführt. Sie hat zum tieferen Verständnis des Unterbeschäftigungsgleichgewichts gesorgt, in dem eine Wirtschaft längere Zeit im konjunkturellen Abschwung mit hoher Arbeitslosigkeit verharren kann. Sie liefert mit der Defizitpolitik den Ansatz, wie eine staatliche Intervention die Konjunktur wirksam stabilisieren und die Arbeitslosigkeit überwinden kann.

Keynes' staatliche Intervention ist zum einen klar ausgerichtet: sie soll die temporäre Unternachfrage auf dem Gütermarkt beseitigen und damit die Unternachfrage auf dem Arbeitsmarkt; sie soll die schwächelnden Marktkräfte hin zum Gleichgewicht unterstützen, die „Mean reversing"-Kräfte stärken. Und zum anderen hat die keynesianische Fiskalpolitik mit den Staatsausgaben G, genauer mit den staatlichen Defiziten Df, eine wirksame Instrumentvariable. Sie füllt direkt die Lücke der Unternachfrage auf dem Gütermarkt aus und kann wegen der engen Verknüpfung der Gesamtnachfrage Y mit der Nachfrage nach Arbeitskräften N gravierende Arbeitslosigkeit verhindern. Die Wirkung der staatlichen Konjunkturstabilisierung kommt somit unmittelbar den Arbeitskräften in unsicheren Arbeitsverhältnissen zugute, vor allen Dingen den weniger qualifizierten

Arbeitnehmer N, den weniger Begüterten. Die Fiskalpolitik stützt zum einen das Funktionieren der Marktwirtschaft und hat zum anderen mit der Stützung des Arbeitsmarktes einen sozialen Aspekt, der für Keynes wesentlich gewesen ist. Das betont Minsky: *„Keynes defined the political problem as a need to combine three things: economic efficiency, social justice and individual liberty"*, Minsky (1986. S. 9).

Das Übel der Unterbeschäftigung bleibt der Marktwirtschaft erhalten, und dazu treten nun mit der ökonomischen Instabilität und der sozialen Ungleichheit zwei weitere gesellschaftliche Bürden hinzu. Damit sind die ökonomische Effizienz und in verstärktem Maße die soziale Gerechtigkeit gefährdet. Die staatliche Intervention hat dagegen an Effektivität verloren.

Denn die Instrumentvariable Df hat mittlerweile ihre Wirksamkeit verloren und damit die Fiskalpolitik. Es verbleibt nur noch die vergleichsweise ineffiziente Zentralbankpolitik. Anders als im ISLM-Modell verfügt, wie Minskys Ansatz verdeutlicht, die Zentralbank aber nicht über die Instrumentvariable „Geldmenge M". Ihr fehlt zudem ein theoretisches Konzept, das ihr Handeln langfristig leiten könnte. Und in ihrer Zielsetzung muss sie sich bescheiden und sich in erster Linie um das Funktionieren des Finanzmarktes kümmern. Dazu greift sie neuerdings vielfältig in das Wirtschaftsgeschehen ein, und zwar in der Hoffnung, dass davon auch die Beschäftigung profitieren könnte, allen voran die wenig qualifizierten Arbeitnehmer N.

Angesichts der Unterbeschäftigung, der Instabilität und der Ungleichheit müsste der Staat mit seiner Fiskalpolitik aber gerade handlungsfähig bleiben. Die Gestaltungsmöglichkeit kann die Fiskalpolitik möglicherweise wieder zurück gewinnen, wenn sie sich rückbesinnt auf das ursprüngliche Konzept der keynesianischen antizyklischen Konjunkturpolitik. Er müsste seine permanente Fremdfinanzierung aufgeben, langfristig seine Ausgaben aus Steuern finanzieren und sogar in guten Zeiten finanzielle Vorsorge treffen, um in Krisen schnell aktiv werden zu können. Staatsfonds, aufgefüllt in Aufschwungzeiten, könnten dann zielgerichtet in Krisenzeiten eingesetzt werden. In diesem Sinne stellt das in der jüngsten Krise entstandene ESM-Programm einen Staatsfonds dar, der zu einem schlagkräftigen ordnungspolitischen Instrument der Euro-Sicherung ausgebaut werden kann.

Minskys qualitative Analyse stützt sich auf die Π-I- und die P-Π-Interdependenzen. Wir verfolgen den Eingriff der ZB-Politik in die Wirtschaftsabläufe vor dem Hintergrund der Minskyschen Π-I- und P-Π-Interdependenzen, der mikroökonomischen Gl. 4.10 zur Eigenkapitalrendite r_e sowie des Keynes-Minsky-Momentums.

4.11 Stabilisierungspolitik in der Post-Keynes Ära

4.11.1 Zentralbankpolitik

Auch wenn der Zentralbank in Minskys formalem makroökonomischen Ordnungsgefüge eine Instrumentvariable fehlt, so ist in Krisen ein Ziel klar: es gilt darin die dann lahmende Π-I-Dynamik anzukurbeln. Endet die Phase der Prosperität und mündet die Wirtschaft in eine Krise, wie in jüngster Zeit, dann steigt das Investitions-, das Kredit- und das Marktrisiko und schließlich das systemische Risiko im Finanzsystem. Bei Investitionsprojekten steigt der Risikozuschlag rz, und die Fremdfinanzierungsquote v sinkt. Damit fällt die Eigenkapitalrendite r_e. Die Gewinne Π fließen spärlicher und die Π-I-Dynamik auf der Makroebene verliert an Schwung. Mit höherem Kreditrisiko drohen Insolvenzen. Größere Marktrisiken lassen Wertpapierkurse fallen und Vermögensbestände schrumpfen. Bankenkrisen drohen. Die Zuversicht der Marktteilnehmer schwindet. Von außen muss der Anstoß zur Wende kommen. Dazu sieht sich insbesondere die Zentralbank berufen, denn sie kann die Finanzierungsbedingungen verbessern und der Π-I-Dynamik neue Impulse geben. Allerdings darf nicht übersehen werden, dass möglicherweise die Projektrenditen r_p – die eigentliche Basis der Π-I-Dynamik und des Wirtschaftswachstums – eine sinkende Tendenz aufweisen. Das würde die Wirkung der Zentralbank schmälern, denn auf sie hat die Zentralbank kaum Einfluss. Der *Economist* geht der Frage nach, ob sich die Innovationskraft für das Wachstum tendenziell abschwächt, vgl. The Economist (2013a); vgl. auch Piketty (2013, S. 156–159).

Die Zentralbankpolitik richtet sich in erster Linie auf das Finanzsystem. Es dominiert weltweit immer stärker die ökonomischen Abläufe und belastet durch seine Investitions-, Markt- und Kreditrisiken sowie seine systemischen Risiken die Stabilität des Finanzmarktes und über die „Finanzialisierung" die Stabilität der Gesamtwirtschaft.

Die Markttransaktionen in der realen als auch in der Finanzwirtschaft sind zunehmend gewinnorientiert. Zu den Investitionen in Sachwerten kommen vermehrt Finanzinvestitionen hinzu, hier treten Unternehmen, Banken und Private Haushalte – vorwiegend aus der reicheren Einkommens- und Vermögensschicht – als Geldanleger auf. Die Fremdfinanzierung führt zusammen mit Gewinnströmen zu erheblichen Vermögensbeständen, die ungleich verteilt sind. Der Handel mit Beständen hat sich zu einem wichtigen Faktor im Wirtschaftsprozess entwickelt, seien es Transaktionen auf dem Immobilien-, Wertpapier- oder Kunstmarkt. Und die Volatilität der Bestandspreise, vor allen Dingen der Immobilienpreise und der Wertpapierkurse, verstärken weiter die Risiken und damit die Instabilität. Der Handel von Wertpapieren, insbesondere von Finanzinvestitionen wie ABS- und CDS-Papieren verstärkt die Vernetzung *(interconnectedness)* des weltweit agierenden Finanzsystems und lässt dadurch ein systemisches Risiko entstehen.

Die Aufgabe, die sich der Zentralbank stellt, ist umfassender als die Stabilisierung der Gütermarktnachfrage. Das Risiko hat in vielfältiger Weise die gesamte Ökonomie instabiler gemacht. Krisen können in einer instabilen Ökonomie den Kern der kapitalistischen Marktwirtschaft gefährden. Sie ist auf das Erzielen von Gewinnen Π ausgerichtet. Dabei haben die Wirtschaftssubjekte die Erwartungen, dass sie aus eigener Kraft zu dauerhaftem Wohlstand gelangen und dass sie diesen Wohlstand lange Zeit auch bewahren können. Krisen in einer instabilen Wirtschaft können diese Basiserwartung an die kapitalistische Marktwirtschaft erschüttern.

4.11 Stabilisierungspolitik in der Post-Keynes Ära

Vier Stoßrichtungen sind bei Zentralbankinterventionen erkennbar:

(1)	Förderung der Eigenkapitalrendite r_e und der Gewinne Π,
(2)	Sicherung der Vermögensbestände Σ,
(3)	Stabilisierung von Erwartungen,
(4)	Verhinderung deflationärer Tendenzen

Bei der EZB ist noch hinzuzufügen:

(5)	Erhalt des Euros und des Euro-Währungsraumes

Minskys neues makroökonomisches Paradigma macht zusammen mit der Eigenkapitalrendite die Wirkungsweise der Zentralbankpolitik verständlich. Beginnen wir mit der Formel der Eigenkapitalrendite in Gl. 4.10

$$r_e = r_p + v(r_p + i \cdot rz).$$

In der Krise steigt der Risikozuschlag rz. Es verteuert sich die Fremdfinanzierung. Zudem nimmt der Fluss an Kredite von Privatbanken an Geldanleger, sei es für Sachinvestitionen oder Finanzinvestitionen, ab. Die Fremdfinanzierungsquote v sinkt. Diese Entwicklung wollen Zentralbanken umkehren. Sie senken ihren Zentralbankzinssatz, senken die Sicherheitsanforderung an Privatbanken und erleichtern so den Fluss von Zentralbankgeld M an Privatbanken. Zugleich kaufen sie Anleihen, um den Marktzinssatz i zu drücken.

Die Zentralbank wirkt so den sich in der Krise verschlechternden Fremdfinanzierungskonditionen entgegen. Ob ihre Intervention effektiv ist, hängt davon ab, wie Privatbanken die künftige Renditeentwicklung einschätzen. Sehen sie in absehbarer Zeit keine positive Entwicklungstendenz bei den Projektrenditen r_p und erachten sie auch künftig die Wirtschaftsentwicklung als unsicher, dann werden sie trotz günstiger Finanzierungsbedingungen der Zentralbank ihre Kredite vorsichtig vergeben. Die Kredite werden nicht, wie nötig, reichlich fließen, der Effekt der Zentralbankpolitik auf den Kredithebel v ist dann unzureichend. Die Eigenkapitalrendite r_e bleibt auf niedrigem Niveau und sie kann dann nicht die Π-I-Dynamik in Gl. 4.5

$$\Pi = T_\pi + (I + [Df_z - s_z Z_g^*] + Ex\ddot{u} - (c_w - 1)W^*)/c_\pi$$

ankurbeln. Das Wachstum bleibt aus, und der Wohlstand ist gefährdet.

Im Wandel der Zeit spielt die keynesianische Liquiditätsfalle, die auf das Verhalten der Privaten Haushalte auf dem Geldmarkt zurückzuführen ist, keine Rolle mehr, um das wirtschaftliche Geschehen zu erklären, wohl aber die Investitionsfalle. Allerdings hat sich dafür der Ursachenkomplex grundlegend geändert. Im Wandel der ökonomischen Prozesse tritt der Gewinn Π als zentraler Faktor der Investition I hervor, und zwar zum einen auf makroökonomischer Ebene in Form der Π-I-Interdependenz (Gl. 4.5) und zum anderen auf Mikroebene in Form der Eigenkapitalrendite r_e in Gl. 4.10.

Betrachten wir die rechte Seite der Gl. 4.5. Wenn die Größen „Df", „Exü" und „c" den Gewinn Π nicht stimulieren, d. h., wenn von der Fiskalpolitik, der Auslandsnachfrage und von der Konsumnachfrage der Privaten Haushalte keine positiven Impulse auf die Gewinne Π ausgehen und wenn nach der Gl. 4.10 die technologische Entwicklung und die Faktoren der Fremdfinanzierung die Erwartungen auf Rendite nicht mehr begünstigen, dann steckt die Wirtschaft trotz massiver Zentralbankinterventionen in einer Investitionsfalle und das angestrebte Wirtschaftswachstum bleibt aus. In der Krise schafft es die QE-Politik der Zentralbanken nur unzureichend, die Konstellation der Fremdfinanzierung, die von den Faktoren v, i und rz abhängt, so zu verbessern, dass der Private Sektor bereit ist, ihre Nachfrage zu erhöhen. Dies aber wäre nötig, um die reale Wirtschaft anzukurbeln.

Und bei dem Geld, das in die Wirtschaft fließt, ist zu befürchten, dass es nicht die Π-I-Dynamik antreibt. Denn große Teile des billigen Geldes dürften in den Kauf bestehender Vermögenswerte fließen. Nach dem *Economist* kommen beispielsweise nur 15 % der britischen Bankdarlehen den realen Investitionen I zugute: „… only 15 % of British bank lending is used for capital investment", The Economist: The inevitability of instability (2014a, S. 56). Dass in der Tat die Π-I-Dynamik nicht anspringt, belegt die Grafik 3 „Boom deferred" in The Economist (2013b, S. 26). Danach sind die Investitionen I in % des GDP seit 2007 im Euro-Raum und in Großbritannien rückläufig. In den USA verbleiben die Investitionen I trotz eines Anstiegs noch deutlich unter dem Vorkrisenniveau. Ähnlich argumentiert Koo (2015). Er weist in seiner kritischen Analyse zur QE-Politik der Zentralbanken darauf hin, dass in guten Zeiten der Private Sektor massiv in Vermögensbestände, insbesondere in Immobilienvermögen, investiert und dass in schlechten Zeiten die Preise der Vermögensbestände Σ vom Verfall bedroht sind. Nach Koo ist der Private Sektor bemüht, die Last der dabei aufgebauten Schulden D zu reduzieren, bevor er sich durch niedrigere Zentralbankzinssätze verleiten lässt, seine Ausgaben zu erhöhen. Bei diesem Verhalten kann auch ein massives QE der Zentralbanken den Geldfluss im Privaten Sektor für Investitionen und für Konsum nicht erhöhen.

Die Zentralbank greift in Anleihemärkten massiv ein. Sie wird zum zentralen Akteur auf dem Finanzmarkt nicht nur um die Marktzinsen niedrig zu halten, genauso wichtig ist es ihr, die Anleihekurse hoch zu halten. Entsprechendes gilt für die Aktienkurse, die sie über ihr billiges Geld stützt. Dabei geht es ihr weniger um den „*wealth effect*" auf den Konsum als vielmehr darum, *den Kern des kapitalistischen Wirtschaftsystems, das Streben nach Gewinn und Besitz, abzusichern*. Denn mit der Sicherung der Vermögenswerte Σ stützt sie eine Basiserwartung der Wirtschaftssubjekte an die kapitalistische Marktwirtschaft: Die Erwartung, dass die kapitalistische Marktwirtschaft zu gesichertem Wohlstand führen kann. Unter diesem öffentlichen Erwartungsdruck muss die Zentralbank agieren. Und die Öffentlichkeit geht davon aus – in gewisser Weise ein Nachhall der lange Zeit erfolgreichen keynesianischen Fiskalpolitik, dass der Markt versagen und der Staat es richten kann; wie es das erste Fazit zur staatlichen Interventionspolitik ausgedrückt hat.

4.11 Stabilisierungspolitik in der Post-Keynes Ära

Zentralbanken greifen nicht nur verstärkt in den Marktmechanismus ein. Sie stabilisieren mit den *„long term forward guidance"* auch die Markterwartungen, indem sie die Erwartungsbildung der Marktakteure längerfristig strukturieren. Sie treiben ferner die Fremdfinanzierung durch ihre Politik des billigen Geldes weiter voran, um einer befürchteten Deflation entgegen zu wirken. Im Minskyschen Erklärungsmuster spielt die Geldmenge keine Rolle in der Entwicklung des Preisniveaus. Denn in seinem Muster wirken sich die Gewinne Π über den Gewinnaufschlag auf das Preisniveau P aus, siehe Gl. 3.32:

$$P = (W/A_p)[1 + m] \quad \text{mit dem Gewinnaufschlag} \quad m = \Pi/NW.$$

Dort wirkt die Fremdfinanzierung über die Eigenkapitalrendite r_e auf den Gewinn Π und mittels des Gewinnaufschlags $m = \Pi/NW$ auf das Preisniveau P, also auf Inflation und Deflation. Mit der Begünstigung der Fremdfinanzierung zielt die Zentralbank in der Krise darauf ab, die Π-I-Dynamik zu stimulieren, dadurch das Wirtschaftswachstum anzukurbeln und bedrohlichen deflationären Tendenzen entgegen zu wirken.

In der Krise wird ein Paradox der Risiken sichtbar. Die Zentralbankpolitik übernimmt zwar einerseits mit massiven Aufkäufen von Wertpapieren privatwirtschaftliche Risiken, aber andererseits vergrößert sie gerade dadurch zugleich die Marktrisiken, denn die Wirtschaftssubjekte wissen, dass Zentralbankinterventionen *alleine* keine Krisen überwinden können. Diese Einschätzung ist uns aus dem ISLM-Ansatz bekannt. Sie bleibt weiter gültig, auch wenn die Wirkungsweise der Zentralbankpolitik sich geändert hat.

In einem dritten Fazit können wir festhalten: *Wie die Fiskalpolitik so stärkt auch die Zentralbankpolitik weiterhin die Fremdfinanzierung, die nach Minsky die Quelle der Instabilität ist, und die „Finanzialisierung" der Wirtschaft, und damit letztendlich die Instabilität der gesamten Ökonomie. Die Instabilität offenbart eklatante Schwächen in der kapitalistischen Marktwirtschaft. Sie kann ohne staatliche Unterstützung nicht mehr funktionieren. Die Staatseingriffe vertiefen die wechselseitige Abhängigkeit zwischen Markt und Staat. Und in ihrer Folge nimmt die ökonomische Ungleichheit zu, die über soziale Konflikte eine weitere Quelle der Instabilität werden kann.*

Die jüngsten Markteingriffe der Zentralbank stellen die traditionellen keynesianischen Marktinterventionen in den Schatten. Die Zentralbank setzt mit ihren massiven Aufkaufprogrammen und mit ihrer drastischen Zinssatzsenkung die offene Marktwirtschaft mit freiem Wettbewerb außer Kraft. Sie ist auf dem Finanzmarkt der entscheidende Bestimmungsfaktor. Sie lässt zu, dass Privatbanken das Risiko vermarkten und dass es zu einem systemischen Risiko werden kann, das letztlich die Gesellschaft zu tragen hat. Sie strukturiert künftige Markterwartungen. Signale, die üblicherweise vom Markt ausgehen, sendet verstärkt die Zentralbank. Die Zentralbank ist auch der bestimmende Faktor für die Werteentwicklung auf den Kapitalmärkten. Sie stützt in Krisen die Vermögensbestände Σ. Sie begünstigt damit die Besitzenden, die Reicheren. Und mit der Stützung der Vermögen fördert die Zentralbank ähnlich wie die Fiskalpolitik die ökonomische Ungleichheit. Darauf verweist auch The Economist (2014f, S. 73). Und dafür liefert Piketty (2013) in seinen historischen Studien einen Beleg. Nach seiner „force de divergence fondamentale: r>g" nimmt die Ungleichheit im Vermögen zu, wenn die volkswirtschaftliche Rendite $r = \Sigma/Y$ die Wachstumsrate $g = \Delta Y/Y$ des Einkommens Y übersteigt. Die ZB-Politik fördert diese Divergenzkräfte, denn mit dem Geld, das in den Bestandshandel fließt, stützt sie vor allen Dingen die Entwicklung der Vermögenswerte Σ und weniger das Wachstum g. Und die wachsende Ungleichheit kann die Akzeptanz der kapitalistischen Marktwirtschaft schmälern.

In der staatlichen Begünstigung der Ungleichheit ist ein Argument für eine stärker progressive Ausgestaltung der Erbschaftsteuer zu sehen. Daraus sich ergebende Zusatzeinnahmen könnten schließlich der Fiskalpolitik den dringend nötigen Handlungsspielraum wieder zurückgeben. Hinsichtlich der Erbschaftsteuer verweist ein Minderheitsvotum im Bundesverfassungsgerichtsurteil zur Neuregelung der Erbschaftsteuer auf das im Deutschen Grundgesetz verankerte Sozialstaatsprinzip hin. Das Votum führt aus, dass die Erbschaftssteuer nicht nur der Erzielung von Steuereinnahmen dient, sondern auch der Sicherung der Chancengleichheit, vgl. Bundesverfassungsgericht: Privilegierung des Betriebsvermögens bei der Erbschaftsteuer, Urteile vom (17. Dezember 2014, S. 4.)

4.11.2 Geld- und Fiskalpolitik im Euro-Raum

Nach dem Maastricht-Vertrag ist die EZB eindeutig auf die Preisstabilität verpflichtet. Eine Ponzi-Staatsfinanzierung ist ihr grundsätzlich verwehrt, eine geldpolitische Staatsfinanzierung ist ihr nicht erlaubt.

Die mit dem Jahr 2008 beginnende Wirtschaftskrise trifft die Euro-Staaten unterschiedlich stark. Die Krise trifft auf Staaten mit unterschiedlicher Wettbewerbsfähigkeit. Zudem unterscheiden sie sich in der Effizienz der Steuererhebung und der Verwaltung, einige haben einen aufgeblähten Staatsapparat und damit relativ große Verwaltungsausgaben, die sich in relativen hohen Staatsausgaben G niederschlagen. Die Krise lässt die Gesamtnachfrage Y sinken und damit auch die Nachfrage nach Arbeitskräften N, sodass die Arbeitslosigkeit steigt. Das hat zur Folge, dass das Steueraufkommen T sinkt und die Transferausgaben Tr steigen und damit auch das Defizit Df_z, und zwar insbesondere in Staaten mit niedriger Wettbewerbsfähigkeit und geringer staatlicher Effizienz.

Kritisch wird die Situation, wenn die Anleger befürchten, dass die Ponzi-Finanzierung ihre ausstehenden Zinszahlungen gefährdet, d. h., wenn der staatliche Primärüberschuss $Pü = T_w + T_\pi + T_z - G - Tr$ nicht ausreicht, um die Zinsen Z zu begleichen und dass das dann entstehende Df_z nur noch über eine Ausweitung der Schulden finanziert werden kann. Die Risikoprämien steigen und die Staatsinsolvenz droht. Das Keynes-Minsky-Momentum setzt sich in Bewegung.

Das Risiko, dass die davon betroffenen Staaten ihre Zinsen nicht mehr zahlen und ihre fälligen Schulden nicht mehr tilgen können, steigt also und lässt über Risikozuschläge die Zinssätze für deren Staatsanleihen in die Höhe schnellen. Der Anstieg der

Zinssätze treibt die Zinszahlungen Z in die Höhe und damit die Defizite Df_z weiter nach oben und folglich auch die Staatsschulden D. Die Spirale des Vertrauensverlustes dreht sich weiter, verstärkt noch durch den Preisanstieg des Risikos bei den CDS-Papieren. Die betroffen Euro-Staaten sind diesem dramatischen Abwärtstrend hilflos ausgesetzt. Denn gegen diese Staatsschuldenkrise können sie nicht mehr wirkungsvoll agieren. Das Mittel der Währungsabwertung haben sie mit dem Eintritt in die Euro-Währung aus der Hand gegeben. Sie können daher nicht mehr über eine Abwertung ihrer Währung ihre Wettbewerbsposition stärken und ihre Schulden entwerten. Zudem können ihre Zentralbanken sie nicht mehr mit billigem Geld versorgen. Denn anders als in den USA haben sie keine Zentralbank, die ihnen als „*lender of last resort* (Kreditgeber der letzten Instanz)" dienen könnte.

Die Einführung des Euro hat die gegenseitige Abhängigkeit zwischen den Euro-Staaten erhöht. Der Maastricht-Vertrag sieht mit der „No-Bail-out"-Klausel trotzdem vor, dass jeder Euro-Staat für sich selbst sorgen muss und keine Hilfe von anderen erwarten darf. Diese Klausel entpuppt sich, wie vorher schon erwähnt, in der Krise als haltlos. Die Bankenkrise in den USA, mitunter verstärkt durch Banken- oder Immobilienkrisen in ihren eigenen Ländern, stürzt Irland, Portugal, Griechenland, Kreta, Spanien und Italien in die Staatsschuldenkrise. Der Euro-Währungsverbund ist gefährdet, und ein Auseinanderbrechen bedroht die wirtschaftliche Stabilität der Reststaaten. Ein Umdenken in der Euro-Politik ist angesagt und schnelles Handeln geboten. Die Umorientierung vollzieht sich in mehreren Stufen:

- Gründung der EFSF auf Zeit,
- Permanente Etablierung des ESM,
- Ergänzung des Maastricht-Vertrags um den sogenannten Fiskalpakt, den SKS Vertrag,
- Errichtung des OMT Programms durch die EZB,
- Etablierung der EU-Bankenunion.

Die Entwicklung von der temporären EFSF zu dem permanenten ESM zeigt das zögerliche Handeln der EU-Politiker. Sie sind nur unter Druck bereit, auf Dauer eine Institution zu schaffen, die mit *eigenen Finanzmitteln aktiv eine EU-Wirtschaftspolitik* unterstützen kann.

Allerdings erweist sich der ESM bald als unzureichend zur Bewältigung der Euro-Staatsschuldenkrise, insbesondere nachdem die Krise die großen Staaten Spanien und Italien erreicht hat. Die Abwärtsspirale führt zu steigenden Zinssätzen mit drastischen Kursverlusten, d. h. zu erheblichen Vermögensverlusten bei Gläubigern von spanischen und italienischen Staatsanleihen – steigt beispielsweise der Zinssatz von 3 auf 6 % so halbiert sich ihr Emissionskurs von 100 auf 50 und damit auch das Anlagevermögen. Diese Abwärtsbewegung unterminiert das Vertrauen der Gläubiger in den spanischen und italienischen Staat und in den Euro, sie gilt es zu stoppen. Sie droht trotz des fiskalpolitischen ESM den Währungsverbund zu sprengen und die Wirtschaft des gesamten Euro-Raums nach unten zu ziehen. Es herrscht dringend weiterer Handlungsbedarf.

Eine Aufstockung des ESM erweist sich als langwierig und parlamentarisch schwer durchsetzbar. In dieser Notsituation ist die EZB erfinderisch und reißt das Heft des Handelns an sich. Sie beschließt am 6. September 2012 das *„Outright Monetary Transaction Programm (OMT)"*. Darin ermächtigt sich die EZB, zur Stützung des Euros auf Anleihemärkten massiv zu intervenieren.

Das OMT-Programm zielt darauf ab, die Marktzinssätze involvenzgefährdeter Euro-Staaten zu senken und durch sinkende Zinszahlungen ihre Kreditwürdigkeit auf dem Finanzmarkt wieder herzustellen. Letztendlich soll es verhindern, dass durch einen Euro-Austritt der Euro-Verbund auseinander bricht. Das OMT-Programm sieht vor, Staatsanleihen gefährdeter Euro-Länder mit einer Restlaufzeit von bis zu drei Jahren auf dem Sekundärmarkt zu kaufen. Dabei verlangt es von diesen Ländern, dass sie sich den Bedingungen des Rettungsfonds ESM unterwerfen.

Ihr Präsident unterstreicht die Entschlossenheit der EZB mit dem Slogan: *„Ready to do what ever it takes"*. Der massive Kauf von spanischen und italienischen Anleihen auf dem Sekundärmarkt und die Entschlossenheit, den Aufkauf fortzusetzen, zeigen Wirkung: Der Anstieg der Zinssätze auf dem Sekundärmarkt für Altanleihen und auf dem Primärmarkt für Neuemissionen ist gestoppt worden. Ob diese Wirkung von Dauer ist, muss sich erst noch herausstellen.

Schauen wir uns die Wirkungsweise des OMT-Programms auf dem Sekundärmarkt näher an. Die fallende Tendenz der Kurse von Altanleihen bedeutet einen steigenden Vermögensverlust bei den Gläubigern. Sie wollen das Risiko steigender Verluste loswerden und bieten folglich ihre Anleihen an. Da die Risikoeinschätzung allgemein geteilt wird, fallen durch das vermehrte Angebot die Kurse weiter. Nun tritt mit der EZB ein zusätzlicher Nachfrager auf dem Sekundärmarkt auf, der durch massive Käufe die fallende Tendenz der Anleihekurse stoppen kann und damit auch den Anstieg der Zinsen. Die bisherigen Gläubiger aus dem Privaten Bereich werden so in großem Umfang ihre riskanten Papiere los und das Gläubigerrisiko geht an die EZB über: die EZB übernimmt das Risiko und entlastet die Privaten Gläubiger.

Mit den in großem Umfang getätigten Käufen greift die EZB allerdings *massiv in den Preismechanismus* auf einzelnen Finanzmärkten in der Euro-Zone ein und dominiert ähnlich wie die Fed das Marktgeschehen. Es stellt sich hierbei die Frage, ob die EZB noch „im Einklang mit dem Grundsatz einer offenen Marktwirtschaft mit freiem Wettbewerb" handelt, was sie an und für sich müsste.

Dennoch muss die EZB Aktion nicht ausreichen, um die Zuversicht der Privaten Anleger wieder zu erlangen und heute gefährdet erscheinende Staaten zukünftig solvent erscheinen zu lassen. Denn dazu sind strukturelle Reformen nötig, die die Zuversicht stärken und das Insolvenzrisiko reduzieren. Hier kommt die Verbindung des OMT-Programms mit dem ESM ins Spiel, der Geld- mit der Fiskalpolitik. Die EZB verbindet ihr Anleiheaufkaufprogramm mit der Auflage von Reformen, die unter der Kontrolle des ESM eingeleitet werden sollen. Bleiben die Reformen aus, dann hat die EZB ihr Pulver verschossen und das markige Präsidentenschlagwort kann sich als hohle Phrase entpuppen.

Die EZB hat sich auf ein riskantes Spiel eingelassen. Denn sein Ausgang hängt vom Erfolg von Reformen in Risikoländern ab, und zwar im schwächsten Euro-Mitgliedsland. Stellt er sich nicht ein, dann kehren das Mistrauen und das Risiko wieder zurück auf den Primär- und auf den Sekundärmarkt, und dann setzt abermals eine Verkaufswelle den Euro unter Druck. Und die OMT-Aktion hat in der Zwischenzeit neue ungünstige Fakten geschafft. Sie hat durch die Zinssenkung die Defizitpolitik und die Ausweitung der Verschuldung in Risikoländern begünstigt, faktisch hat sie indirekt eine ihr unerlaubte Ponzi-Finanzierung von Staaten unterstützt, und sie hat in ihrer Bilanz hochriskante Anleihen in erheblichem Ausmaß. Sie hat das Private Risiko verstaatlicht. Die Gemeinschaft trägt das Risiko, und das Risiko hat seinen Preis, wie uns die CDS-Papiere lehren. Dennoch taucht das Risiko in keinem staatlichen Haushalt auf.

Das Risiko besteht darin, dass Länder mit erhöhter Zinszahlung Z sowie großem Umschuldungs- und Tilgungsbedarf zahlungsunfähig werden können. Bei akuter Zahlungsunfähigkeit verstärkt sich der öffentliche Ruf nach einem Schuldennachlass. Tritt er ein, dann wird das Risiko sichtbar, dass die Ermächtigung der EZB Haushaltsrechte der Parlamente verletzt hat. *Der Schuldenschnitt bedeutet zum einen eine geldpolitische Staatsfinanzierung und zum anderen einen Transfers von insolventen Staaten zu solventen Staaten im Euro-Raum. Denn der Schuldenerlass wird zumindest zu Lasten der EZB-Gewinne gehen und damit letztendlich zu Lasten der Steuerzahler.*

Wie auch immer, die EZB hat sich unter Draghi als Innovator entpuppt und Schwächen in der EU- Wirtschafts- und Geldpolitik ausgeglichen – das Bundesverfassungsgericht spricht 2014 in diesem Zusammenhang von einer eigenmächtigen Kompetenzanmaßung (Ultra-Vires-Akt). Im Rückblick feiert man später vielleicht die OMT-Politik der EZB als großen Schritt zur EU-Integration. Vermutlich weniger den Fiskalpakt, der den Maastrichter-Vertrag stärken sollte. Denn er wird sich wie der Maastrichter-Vertrag als unzureichend herausstellen. Hier erinnern wir uns an Rajans Worte über die Politik aus nationaler Perspektive: „Politics is always local, there is no constituency for the global economy. Change will come only when countries are forced to change, or decide it is their best interest to do so" (2010, S. 208 und 2010). Sollten verfassungsrechtliche Bedenken die EZB-Politik einschränken, dann könnten die Euro-Länder aus der Not eine Tugend machen und den ESM zu einer schlagkräftigeren ordnungspolitischen Institution ausbauen und sie mit ausreichend Mitteln zielgerichtet auf die Stabilität des Euros ausrichten.

Regulierungsregeln alleine reichen zur Stabilisierung nicht aus. Das lehrt das Versagen der Maastrichter Regeln zur Koordinierung europäischer Fiskalpolitik. Auch die Selbstregulierung der internationalen Baseler Bankenaufsicht wird in der Krise versagen. Skepsis besteht ebenfalls gegenüber der Ergänzung des Maastrichtvertrags in Form des SKS-Vertrags. Um ein immanent instabiles System zu stabilisieren, bedarf es vielmehr finanziell mächtiger und klar ausgerichteter Institutionen, die von außen stabilisierend auf die Geldströme, die Wertbestände und die Erwartungen einwirken können. In der Entstehung des ESM, der EU-Bankenunion und der vom EZB-Präsidenten Draghi initiierten neuartigen EZB-Politik kann man die Entwicklung zu einer neuen

Ordnungspolitik sehen. Mit der engen Anbindung der EU-Bankenunion an die EZB und mit der eigenmächtigen OMT-Politik entfernt sich die EZB allerdings von ihrer ursprünglich einfachen und klaren Zielsetzung der Preisstabilität.

Die Fed hat kein Problem der Währungsstabilisierung. Sie kann ihre Niedrigzinspolitik zur Wachstumsstabilisierung konsequent durchführen ohne auf staatenspezifische Problem Rücksicht nehmen zu müssen. Und sich aus der Niedrigzinspolitik ergebende Abwertungseffekte des Dollars sind ihr in Krisenzeiten eher willkommen. Denn die Abwertung des Dollars dürfte den Exportüberschuss ExÜ begünstigen und so nach der Π-I-Dynamik (Gl. 3.28) helfen, das Wachstum zu stimulieren. Allerdings können sich die Tendenzen in den Währungsparitäten schnell umkehren, wenn die Fed erkennen lässt, dass sie von ihrer Niedrigzinspolitik abrücken wird, wodurch neue Verwerfungen entstehen können, insbesondere im Euro-Raum.

4.12 Folgen des Wandels und der Stabilisierung: Instabilität und Ungleichheit

Die permanent angewandte Defizitpolitik lässt den Staatsschuldenstand D anwachsen und damit die staatlichen Zinszahlungen Z. Ihre Wirkung in dem erweiterten Minskyschen Ansatz zeigt, dass die fremdfinanzierte Fiskalpolitik auf Dauer die Π-I-Dynamik und damit das volkswirtschaftliche Wachstum g schwächt. Ihr verbleibender Gestaltungsspielraum hängt von der Zinspolitik der Zentralbank ab. Rückt sie von ihrer Niedrigzinspolitik ab, dann verengt sie den fiskalpolitischen Spielraum weiter. Die steigende Verschuldung D verstärkt die Fremdfinanzierung und damit die Instabilität sowie über die Zinszahlungen Z und die steigenden Kreditforderungen der Privaten, der Kehrseite der staatlichen Schuldenstände D, die Ungleichheit.

Zinsen Z und Gewinne Π fließen vorwiegend Haushalten der oberen Einkommensschicht, den Reicheren, zu. Sie können einen Großteil davon gewinnbringend auf dem Finanz- und Immobilienmarkt anlegen. Diese fortwährenden Finanzanlagen aus Gewinnen Π und Zinsen Z lassen reichere Haushalte beträchtliche Immobilien- und Finanzvermögen akkumulieren und so die Kluft zwischen Reicheren und Ärmeren größer werden.

Viel Geld aus Gewinnen Π und Zinsen Z kommt nicht der Π-I-Dynamik zugute. Vieles strömt in den Handel mit Beständen, seien es Vermögenswerte auf dem Immobilienmarkt oder Vermögenswerte auf dem Finanzmarkt. Der Handel an Bestandsimmobilien und an Bestandswertpapieren dürfte den Handel an Neubauten und Emissionen deutlich übersteigen. Den Beständen kommt somit eine zunehmende Bedeutung zu. Zur Interdependenz zwischen Märkten gesellt sich in jüngerer Zeit zunehmend die Interdependenz zwischen Strom- und Bestandsgrößen. Und von der Volatilität der Bestandspreise, vor allen Dingen von den Schwankungen der Immobilienpreise und der Wertpapierkurse, geht ein zusätzliches Risiko aus, das den Vermögensbestand Σ und damit einen Kern der kapitalistischen Marktwirtschaft gefährdet.

4.12 Folgen des Wandels und der Stabilisierung: Instabilität und Ungleichheit

Die Fluktuation der Preise stellt ein Marktrisiko dar. Das Geschäftsrisiko und das Kreditrisiko illustriert das Beispiel eines Investitionsprojekts in Tab. 4.4, 4.5, 4.6 und 4.7, wo in guten und schlechten Zeiten sich das Keynes-Minsky-Momentum auswirkt. Ohne Fremdfinanzierung mit dem Kredithebel $v = 0$ geht der Investor ein überschaubares Geschäftsrisiko ein und der entstehende Verlust in schlechten Zeiten dürfte der Unternehmer aus eigenen Mitteln verkraften können. Die Fremdfinanzierung erhöht das Risiko, denn nun tritt das Kreditrisiko hinzu. Kredite erhöhen die Chancen auf Gewinn, aber auch die Risiken eines Verlustes, den der Kreditnehmer, der Unternehmer, tragen muss. Bei sehr hoher Fremdfinanzierung, im Beispiel bei $v = 5$, kann der Unternehmer seine Verluste nicht mehr aus eigenen Mitteln decken. Er geht insolvent, und der Kreditgeber, die Bank, muss in seiner GuV einen Verlust realisieren. Schlechte Zeiten beeinträchtigen das Vertrauen zwischen Gläubigern und Schuldnern. Fehlendes Vertrauen erschwert die Fremdfinanzierung. Und die für einen Umschwung nötige Rückgewinnung neuen Vertrauens braucht Zeit, in der jüngsten Krise offensichtlich viel Zeit.

Die von den Privatbanken forcierte Fremdfinanzierung lässt ihre Risiken steigen. Ihre Risiken können sie dank innovativer Finanzpapiere überwälzen. Die Innovationen lassen neue Märkte entstehen. Der Handel floriert und generiert ein systematisches Risiko. Unterschiedliche Maßnahmen sollen die Risikogefahr der Fremdfinanzierung zügeln. Die Baseler Bankenselbstregulierung soll mit der EKQ einen ausreichenden Puffer für Verluste in einer Krise schaffen. Was für eine einzelne Bank in einer spezifischen Krise richtig ist, muss aber keine Geltung haben für ein Bankensystem in einer volkswirtschaftlichen Krise. Und in der jüngsten gesamtwirtschaftlichen Krise hat die Baseler Regelung auch versagt. Die EKQ ist eine Residualgröße. Unter anderem hängt sie von der Entwicklung der Wertpapierbestände in der Bankenbilanz ab. Brechen die Kurse der Wertpapiere in einer gesamtwirtschaftlichen Krise auf breiter Front ein, dann sinkt die EKQ. Pocht die Baseler Regulierung in dieser prekären Situation auf die Einhaltung ihrer EKQ-Regel, dann verschärft sie die Krise. Eine Verschärfung der Krise wird sie vermeiden wollen. Sie verzichtet daher auf die strikte Einhaltung ihrer Regel. Mit der Gründung der EU-Bankenunion lässt die EU erkennen, dass sie die Baseler-Regulierung für wenig wirksam erachtet. Aber auch gegenüber der Wirkung der neu geschaffenen Bankenunion kann man skeptisch sein. Denn ihre Mittel sind gegenüber dem Umfang der Markttransaktionen auf den Finanzmärkten verhältnismäßig unbedeutend. Versagt haben auch die Maastricht-Regeln. Sie konnten eine ausufernde staatliche Fremdfinanzierung nicht verhindert. Ähnlich wenig wirksam dürften die Regeln des neuen SKS-Vertrags sein. Hier dürfte das Trilemma zwischen Supranationalen Regeln, Demokratie und Nationalstaatlichen Interessen ein unüberwindbares Hindernis darstellen, um supranationale Regeln für die staatliche Fremdfinanzierung wirksam werden zu lassen. Verbleibt die EZB, die innovativ und in Koordination mit dem ESM-Staatsfonds möglicherweise die Instabilität in der Euro-Zone effektiv stabilisieren kann und helfen kann, das Trilemma zu überwinden.

Die Zentralbanken verbleiben als Hauptakteur. Anders als damals der keynesianische Fiskalpolitik fehlt heute der Zentralbankpolitik eine tragfähige formal theoretische Basis, um zielgenau in die Wirtschaftprozesse eingreifen zu können. Ihr Hauptaugenmerk gilt der Stabilisierung des Finanzsystems. Die breit angelegten Interventionen zielen darauf ab, die finanziellen Faktoren der Eigenkapitalrendite r_e so zu beeinflussen, dass die längerfristigen Erwartungen auf Gewinne Π wieder steigen können.

Die Eigenkapitalrendite r_e ist das Fundament, um Gewinne Π zu erzielen. Und dafür ist die Bildung von Vermögen Σ ein zentrales Motiv. Gewinne Π und Vermögen Σ sind zwei zentrale Größen in der kapitalistischen Marktwirtschaft. Sie ist auf das Erzielen von Gewinnen Π ausgerichtet, die letztlich die Bildung von Vermögen Σ, von Wohlstand, ermöglicht. Wirtschaftssubjekte haben die Erwartung, dass sie aus eigener Kraft zu dauerhaftem Wohlstand gelangen können und dass sie diesen Wohlstand auch lange Zeit bewahren können. Krisen können diese Basiserwartung an die kapitalistische Wirtschaft erschüttern. Um diese zentrale Erwartung zu sichern, zielen die Zentralbankinterventionen darauf ab, den Fluss an Gewinne Π zu stärken und die Vermögensbestände Σ abzusichern. Dabei übernimmt die Zentralbank zunehmend privatwirtschaftliche Risiken.

Für die Zentralbank geht es heutzutage darum, erst einmal das Funktionieren des Finanzmarktes zu sichern, um dadurch die Gesamtwirtschaft zu stabilisieren. Stabilität bedeutet: Produktion und ihre Vermarktung müssen Gewinne erbringen und die Geldströme müssen ungehindert fließen können.

Dabei stärken die breit angelegten Interventionen der Zentralbanken weiter die Fremdfinanzierung und somit die Instabilität. Sie werden zum Hauptfinanzier der Privatbanken, die weniger um Geldanlagen Privater werben müssen. So ändern sie die Struktur in den Verbindlichkeiten der Bankbilanz und das Vorsorgeverhalten der Privaten. Die Stützung der Vermögensbestände kommt den Reicheren zugute und begünstigt die Ungleichheit. Die Eingriffe werden selektiver werden. Kommt die Wende zu guten Zeiten, dann werden die Zentralbanken weiterhin für niedrige staatliche Zinssätze sorgen müssen, damit ein Anstieg in den Zinszahlungen Z die Gestaltungsspielräume der Fiskalpolitik nicht noch weiter einengt. Es kommt zu einer asymmetrischen Zentralbankpolitik, restriktiv gegenüber dem Privatsektor und eher lasch gegenüber dem Staatssektor.

Inflationäre Effekte dürften von der Ausweitung der Geldmenge nicht ausgehen, solange nicht die Π-I-Dynamik anspringt. Sie sind aber angesichts deflationärer Tendenzen erwünscht. Und so überrascht nicht, dass die Deutsche Bundesbank 2014 Spielräume für höhere Löhne W sieht. Und nach dem Minskyschen Preisniveauansatz $P = W/A_p[1 + \Pi/NW]$ wären Lohnsteigerungen in der Tat ein Mittel das Preisniveau P anzuheben und die Inflation zu fördern. Die Forderung an die Tarifparteien zeigt allerdings auch die Hilflosigkeit der Zentralbank in der Steuerung gesamtwirtschaftlicher Entwicklungen.

Die staatliche Steuerung der Wirtschaft steht unter dem öffentlichen Erwartungsdruck, dass der Staat schnell wirksame Maßnahmen zur Konjunkturstabilisierung des Güter- und Arbeitsmarktes und zur Stabilisierung des instabilen Finanzmarktes treffen kann. Angestrebte Erfolge müssen sich aber nicht rasch einstellen. Es ist unsicher, wie die Maßnahmen wirken. Und langfristig ist nicht auszuschließen, dass sie die Instabilität und die Ungleichheit fördern. Staatliche Stabilisierung ist ein Wagnis, sie ist selbst voller Risiken. Und sie wird längerfristig zu einer stärkeren Interaktion zwischen Wirtschaft und Staat führen. Allein gelassen muss die Zentralbank auf vielfältige Weise in die komplexen Wirtschaftsabläufe eingreifen, um Erfolge zu erzielen. Ihr fehlt die fiskalpolitische Unterstützung. Die Fiskalpolitik kann aber über eine effektivere Besteuerung der Einkommen Y nach der Leistungsfähigkeit und eine stärker progressive Besteuerung von Vermögensbeständen Σ bei der Vererbung, die zudem der Chancengerechtigkeit dient, ihren Gestaltungsspielraum wieder gewinnen.

Ein durchschlagender kurzfristiger Erfolg der vielfältigen Zentralbankeingriffe steht noch aus, insbesondere im Euro-Raum. Die langfristigen Kosten zeichnen sich bereits ab. Die Zentralbanken übernehmen klassische privatwirtschaftwirtschaftliche Risiken – im Euro-Raum auch zunehmend fiskalische Risiken. Mit der Risikoübernahme strukturieren die Zentralbanken die Marktwirtschaft um und werden dadurch zu ihrer tragenden Stütze. Und mit der Stützung der Vermögensbestände beschönigen sie zum einen die Sicherheit der Privatbanken und zum anderen verstärken sie so die ökonomische Ungleichheit.

In einem weiteren Fazit können wir feststellen, dass die bereits in dem Paradox der Risiken geäußerte Skepsis, dass Zentralbanken Wirtschaftskrisen alleine überwinden können, ihre Berechtigung hat. Die Zentralbankpolitik braucht, und da hat sich gegenüber dem ISLM-Ansatz wenig geändert, die Unterstützung der Fiskalpolitik. Diese hat durch die permanente Fremdfinanzierung großer Teile ihrer Ausgaben die Instabilität und Ungleichheit gefördert und sich selbst wirkungslos gemacht. Der Staat kann aber mittels einer Steuerreform der Instabilität und Ungleichheit entgegen wirken, indem er seine Besteuerung effektiv auf das Leistungsfähigkeitsprinzips und auf die Chancengleichheit ausrichtet. Und nach Keynes (1937) stimuliert zudem eine gleichmäßigere Verteilung des verfügbaren Einkommens die Konsumneigung c und somit die Gesamtnachfrage Y. Durch eine steuerfinanzierte Ausgabenpolitik kann die Fiskalpolitik die ursprünglich von Keynes propagierte Konjunkturstabilisierung neu etablieren. Der Stützung des Euros diente ein Ausbau des ESM, der durch Förderprogramme den Unterschied in der Leistungsfähigkeit zwischen den Euro-Ländern überwinden helfen kann.

4.13 Zusammenfassung

Zentralbanken verbleiben als Hauptakteure. Sie müssen ohne ein tragfähiges Konzept vielfältig auf dem Finanzmarkt intervenieren, und das mit ungewissem Ausgang. Ihre Maßnahmen zielen darauf ab, wirtschaftliche Risiken aus dem Privaten Bereich zu übernehmen, den Gewinnfluss zu fördern, Vermögensbestände zu sichern und die Zuversicht der Marktakteure zu stärken.

Ihre Interventionen kommen den Reicheren, den Gewinnbeziehern und den Besitzenden, zugute. Sie fördern so die Ungleichheit. Auch bei den Begünstigten staatlicher Eingriffe vollzieht sich ein Wandel. Denn die ursprünglich wirksame keynesianische Fiskalpolitik ist den weniger begüterten Arbeitnehmer zugute gekommen. Diese sind mittlerweile zudem bereits Verlierer der Automatisierung und der Globalisierung in den Industriestaaten. Insbesondere die durch den Staat bewirkte Ausweitung der Ungleichheit ruft nach einer staatlichen Korrektur, beispielsweise durch eine stärker progressiv ausgestaltete Besteuerung der Einkommen Y und der vererbten Vermögen Σ.

Die kapitalistische Markwirtschaft zeigt eklatante Schwächen. Im Wandel der Zeit bleibt ihr das Übel der Arbeitslosigkeit erhalten, und dazu treten mit der Instabilität und der Ungleichheit zwei weitere gesellschaftliche Bürden. Und die Stabilisierungspolitik der Zentralbanken, die in erster Linie auf die Stabilisierung des Finanzmarktes zielt, hat das Risiko, dass sie langfristig die Instabilität und Ungleichheit noch verstärkt und dass sie die wechselseitigen Abhängigkeiten zwischen Markt und Staat vertieft sowie ökonomische Strukturen und Mechanismen nachhaltig verändert.

Literatur

Admati, A.A., Hellwig, M.: The Bankers' New Clothes, Princeton (2013)
Atkinson, A.B.: Inequality, What Can be Done?, London (2015)
Bastagli, F., Hills, J.: Wealth Accumulation in Great Britain 1995-2005: The Role of House Prices and the Life Cycle, Centre for Analysis of Social Exclusion, London School of Economics, 2012, 1-37
Bundesverfassungsgericht: Hauptsacheverfahren ESM/EZB: Urteilsverkündung sowie Vorlage an den Gerichtshof der Europäischen Union, 7. Februar 2014, 1–5
Bundesverfassungsgericht: Privilegierung des Betriebsvermögens bei der Erbschaftsteuer, Pressemitteilung Nr. 116/2014 vom 17. Dezember 2014, 1–4
Der Spiegel: Der Markt hat kein Herz, 38, (2005), 86–90
Gordon, R. J.: The Rise and Fall of the American Growth, Princeton (2016)
Hayek, F.A.: The Constitution of Liberty, London (1960)
Jorda, O., Knoll, K., Kuvshinov, D., Schularick, M., Taylor, A.M.: The Rate of Return on Everything, 1870-2015, Working Paper, National Bureau of Economic Research (2017), 1–123
Keynes, J.M.: The General Theory of Employment, Interest, and Money, New York (1936)
Keynes, J.M.: Some Economic Consequences of a Declining Population, Eugenics Review, XXIX, (1937), 13–17
Keynes, J.M.: Professor Tinbergen's Method, The Economic Journal, XLIX, (1939), 558–568
Koo, R.C.: Escape from Balance Sheet Recession and the QE Trap, Singapore (2015)
Lucas, R.E.: Macroeconomic Priorities, American Economic Review, (2003), 93, 1–14
Levitt, S.D., Dubner S.T.: Freakonomics, A Rogue Economist Explores the Hidden Side of Everything, New York (2005)
Piketty, T.: Le capital au XXIe siècle, Paris (2013)
Le Monde: Commerce mondial: la fin de l'âge d'or, Economie & Entreprise, 21.11.2014, 3
Minsky, H.P.: Stabilizing an Unstable Economy, Yale (1986)
Milanovic, B, Lindert, P.H., Williamson, J.G.: Pre-Industrial Inequality, The Economic Journal, 121, 2011, 255–272
Rajan, R.G.: Fault Lines, How Hidden Fractures Still Threaten the World Economy, Princeton (2010)

Rodrik, D.: Das Globalisierungsparadox, Die Demokratie und die Zukunft der Weltwirtschaft, München (2011)

Roine, J., Waldenström, D.: Long Run Trends in the Distribution of Income and Wealth, IZA Discussion Paper Bonn (2014), 1–151

Romer, P.: The Trouble With Macroeconomics, Stern School of Business, 14th September 2016, 1–25

Saez, E., Zucman, G.: Wealth Inequality in the United States since 1913: Evidence from Capitalized Income Tax Data, Working Paper, National Bureau of Economic Research 2014, 1–65

Scheidel, W.: The Great Leveler, Violence and the History of Inequality from the Stone Age to the Twenty-First Century, Princeton (2017)

Scott, J.C.: Against the Grain, A Deep History of the Earliest States, Yale (2017)

Sinn H.-W.: Das Marxsche Gesetz des tendenziellen Falls der Profirate, Zeitschrift für die gesamte Staatswissenschaft 131 (1975), 646–696

Solow, R. M.: Technical Change and the Aggregate Production Function, The review of economics and stastistics, 39, 1957, 312–320

The Economist: The Third Industrial Revolution, April 21th 2012, 13

The Economist: Has the Ideas Machine Broken down?, January 12th 2013a, 19–22

The Economist: Six Years of low Interest Rates in Search of Some Growth, April 6th 2013b, 24–26

The Economist: Special Report: For Richer, for Poorer, October 13th 2013c, 3–26

The Economist: Workers' Share of National Income, Labour pains, November 2nd 2013d, 65–66

The Economist: Minimum Wages, The Logical Floor, December 14th 2013e, 16–18

The Economist: The Inevitability of Instability, January 25th 2014a, 56

The Economist: Risk off, January 25th 2014b, 60

The Economist: Special Report Immigrants from the Future, March 29th 2014c, 1–27

The Economist: The Ascent of Brand Man, April 26th 2014d, 59

The Economist: Global Wealth, October 18th 2014e, 85

The Economist: Early Retirement, November 1st 2014f, 73

The Economist: Inequality and Housing, Through the Roof, March 28th 2015, 70

The Economist: Doing Less with More, Low Wages are Both a Cause and a Conesquence of Low Productivity, March 19th 2016a, 69

The Economist: Too Much of a Good Thing, March 26th 2016b, 21–24

The Economist: There are More Explanations than Solutions for the Productivity Slowdown, June 4th 2016c, 68

The Economist: Financial Stability, Minsky's Moment, July 30th 2016d, 52–53

The Economist: Tariffs and Wages, An Inconvenient Iota of Truth, August 6th 2016e, 52–53

The Economist: Special Report, The Rise of the Superstars, September 17th 2016f, 1–16

The Economist: The Emperor's New Paunch, No Holds are Barred in Paul Romer's Latest Assault on Macroeconomics, September 24th 2016g, 68

The Economist: Why They're Wrong, October 1st 2016h, 9

The Economist: Special Report, An Open and Shut Case, October 1st 2016i, 1–16

The Economist: Special Report, The Future of the European Union, March 25th 2017, 1–16.

The Economist: Reconsidering Marx, Second Time, Farce, May 5th 2018a, 71–72

The Economist: Wages, The Real Story, June 30th 2018b, 63–64

The Economist: Tech Firms in Emerging Markets, Clash of the Titans, July 7th 2018c, 52–54

Tirole,J.: Économie du bien commun, Paris (2016)

5

Epilog: Stabilisierung durch ordnungspolitische Institutionen und eine wieder wirksam werdende Fiskalpolitik sowie innovative kooperative Staaten

> **Nur eine breite, auf Dezentralisierung und Selbsthilfe drängende Bewegung kann den gegenwärtigen Trend zu mehr Staat aufhalten. Im Augenblick sind keinerlei Anzeichen für eine solche Bewegung erkennbar** (Aldous Huxley, Vorwort 1964 zu Schöne neue Welt 2014).

Zusammenfassung

Die Wirtschaft ist in einer ständigen Transformation, die sich zunehmend beschleunigt. Neben dem Wandel in ökonomischen Abläufen zeichnet sich eine weitere Transformation ab: die Transformation in der Zeit. Verstärkt richten sich die Entscheidungen nach Erwartungen in die Zukunft, immer kürzer werden die Entscheidungszeitspannen. Dieser Wandel ist das Resultat der Finanzialisierung der Wirtschaft: der Finanzmarkt dominiert verstärkt das Wirtschaftsgeschehen und darin werden die Zentralbanken zu Hauptakteuren. Sie stehen unter dem öffentlichen Erwartungsdruck, dass sie die instabile Wirtschaft wirksam stabilisieren können. Die Zukunft wird zeigen, ob die Geldpolitik diese Erwartungen erfüllen kann. Aktuell schaffen Zentralbankmaßnahmen in erster Linie profitable Rahmenbedingungen für Unternehmen und verbessern so deren Gewinnerwartungen.

Bei weiter steigender Verschuldung ist es nur schwer vorstellbar, dass die Fiskalpolitik wieder wirksam werden kann. Sie wird sich verstärkt um Menschen in prekären Lebensverhältnissen kümmern müssen. Interessante neue Möglichkeiten eröffnen sich, wenn Zentralbanken Privatpersonen einen direkten Zahlungsverkehr mit ihnen eröffneten – eine Neuerung, an der die innovative schwedische Reichsbank experimentiert.

5.1 Instabilität und deren Stabilisierung

Unterschiedliche Faktoren treiben den Wandel in der Wirtschaft voran. Die klassische Kraft ist die schumpetersche Innovation in der Produktion. Sie ändert das Produktangebot auf dem Gütermarkt und die Produktionsweise. Diese wandelt sich in jüngerer Zeit immer mehr durch Automatisierung und Logistik, die eine abgestimmte Produktion auf globaler Ebene ermöglicht. Dazu treten vermehrt Produktinnovationen auf dem Finanzmarkt, der zunehmend das Wirtschaftgeschehen dominiert. Dort agieren Privatbanken als zentrale Akteure. Sie treiben weltweit die Fremdfinanzierung voran. Sie verknüpft das Finanzwesen eng mit der realen Wirtschaft. Diese Verknüpfung überträgt den kurzfristigen Zeithorizont und die erhöhten Risiken des Finanzmarkts auf die reale Wirtschaft und kommt in dem Begriff „Finanzialisierung der Ökonomie" zum Ausdruck.

Die Fremdfinanzierung erhöht die Unsicherheit, insbesondere die Kreditrisiken aber auch die Marktrisiken. Die wachsenden Risiken machen den Finanzmarkt instabil und das Keynes-Minsky-Momentum verstärkt auf der Erwartungsebene die Instabilität. Minsky qualifiziert die Wirtschaft als immanent instabil. In seiner Qualifizierung geht er über Keynes hinaus. Dieser sieht sie als immanent stabil an. Die marktinhärenten Kräfte sind nach Keynes stark genug, um die konjunkturellen Abschwünge stets wieder zum langfristigen Wachstumstrend zurückzuführen. Diese „Mean reversing"-Kräfte brauchen dafür nur zu lange. Und die lang andauernden Unternachfragen auf dem Güter- und Arbeitsmarkt führen zu gesellschaftlich intolerabler Arbeitslosigkeit, die der Staat überwinden kann und nach Keynes sollte. Selbst der Marktliberale Hayek sieht den Staat dazu in der Pflicht.

Grant (2014) weist darauf hin, dass damals im Jahre 1921 die marktinhärenten Kräfte stark genug gewesen sind, um eine Wirtschaftskrise zu überwinden. Dieses historische Beispiel vermag aber wenig dazu beitragen, eine Lösung für aktuelle Krisen aufzuzeigen. Denn die Wirtschaft hat sich gewandelt und ist mit dem Wandel immanent instabil geworden. Allerdings stellt sich dennoch die Frage, ob nicht die massiven Zentralbankinterventionen Marktmechanismen stark beeinträchtigen und die noch vorhandenen „Mean reversing"-Kräfte weiter schwächen, vgl. auch Koo (2015, S. 97 ff.), der dort u. a. darauf hinweist, dass die QE-Politik notwendige strukturelle Reformen hinauszögert.

Die über einen langen Zeitraum große wirtschaftliche Prosperität hat zu einer Akkumulation enormer Wertbestände geführt, zu einem beträchtlich Wohlstand in den Volkswirtschaften der Industriestaaten. Sie schlägt sich nieder in hohen, zum Teil fremdfinanzierten Beständen an Aktien und Anleihen und anderen Finanztiteln sowie an Immobilien und an Kunstwerken. Immobilienpreise, Aktien- und Anleihekurse sind volatil. Sie können schnell ansteigen und können eher noch schneller fallen. Damit lässt die Bestandsakkumulationen die Marktrisiken in Volkswirtschaften anwachsen. Wie wir aus der jüngsten Vergangenheit wissen, können Bank- und Immobilienkrisen schnell globale Wirtschaftkrisen auslösen.

5.1 Instabilität und deren Stabilisierung

Wirtschaftskrisen bedrohen den Kern des Kapitalismus. Floriert die Wirtschaft dann sind die Eigenkapitalrenditen r_e und die Gewinne Π hoch und die Akkumulation von Wertbeständen Σ, von volkswirtschaftlichem Vermögen, gesichert. In der Krise sind diese für die kapitalistische Wirtschaft essenziellen Resultate bedroht. Stockende Kredit- und Gewinnflüsse mit sinkenden Wertbeständen können zum Kollaps des Finanzmarktes und damit zum Zusammenbruch der kapitalistischen Wirtschaft führen. Hier sehen sich, wie die jüngste Krise verdeutlicht, Zentralbanken aufgerufen, stabilisierend in den Finanzmarkt einzugreifen.

Der Wandel im Wirtschaftsprozess geht einher mit dem Wandel in der staatlichen Stabilisierung. Wirtschaft und Stabilisierung beeinflussen sich wechselseitig. Die staatliche Intervention wandelt sich von der Konjunkturstabilisierung des Güter- und Arbeitsmarktes zur Stabilisierung der Instabilität des Finanzmarktes. Diese Entwicklung lässt sich anhand des Übergangs vom keynesianisch geprägten ISLM-Modell zu Minskys neuem ökonomischen Paradigma verfolgen. Das ISLM-Modell bietet dem Staat zwei Instrumentvariablen an, um die Konjunkturschwankungen zu stabilisieren: *die effektive Defizitvariable* Df *der Fiskalpolitik und die weniger wirksame Geldmenge* M *der Geldpolitik*.

Die Fiskalpolitik füllt direkt mit den fremdfinanzierten Ausgaben Df die Nachfragelücke auf dem Gütermarkt. Sie stützt damit die gesamtwirtschaftliche Produktion Y und die über die Produktionsfunktion eng verknüpfte Nachfrage nach gering qualifizierten Arbeitskräften N. Und in Folge geht die Arbeitslosigkeit zurück. Ohne die Fiskalpolitik wären die Arbeitnehmer Verlierer der Konjunkturschwankungen; Verlierer der Marktwirtschaft, die mitunter längere Zeit braucht, um aus einer Ungleichgewichtslage wieder ins Gleichgewicht zu gelangen. Die keynesianische Konjunkturstabilisierung kommt somit in erster Linie den Benachteiligten, den Arbeitslosen und damit den Ärmeren, zugute.

Über einen langen Zeitraum ist die Fiskalpolitik erfolgreich gewesen. Der Erfolg nährt die öffentliche Erwartungshaltung, dass der Staat Fehlentwicklungen des Marktes korrigieren kann: Der Marktmechanismus des Güter- und des Arbeitsmarktes kann versagen, die fremdfinanzierte Fiskalpolitik kann es wieder richten. Den Politikern kommt die fremdfinanzierte Ausgabenpolitik entgegen. Anders als bei der Besteuerung müssen sie die Bürger nicht direkt belasten und sie von der Notwendigkeit der Steuerlast überzeugen. Diese Überzeugungsarbeit entfällt bei der Defizitpolitik. Und sie setzen die auf den ersten Blick kostengünstige Fiskalpolitik fort, denn darin sehen sie auch ein probates Mittel für das Wirtschaftswachstum.

Mittlerweile sind die Wirkungen der permanent angewandten Defizitpolitik offensichtlich: Sie weitet die Staatsaktivität aus und lässt langfristig die Staatsschulden D_g ansteigen und ebenso die staatlichen Zinszahlungen Z_g. Ähnlich wie die Privatbanken treibt die Fiskalpolitik die Fremdfinanzierung voran und damit die Instabilität. Sie schränkt mit ihrer Verschuldung selbst ihre Handlungsfähigkeit ein und macht sich von der monetären Haushaltsfinanzierung der Zentralbank abhängig. Die Ausweitung der Schulden D lässt die Besitzstände Σ wachsen und mit ihrer ungleichen Verteilung die

Ungleichheit im Vermögen. Und die staatlichen Zinszahlungen Z_g begünstigen die Einkommensungleichheit. Die keynesianische Defizitpolitik hat sich selbst wirkungslos gemacht und den Schwerpunkt von der realen Wirtschaft zugunsten des Finanzmarktes verschoben.

Minkys neuer Ansatz trägt dem Wandel im Wirtschaftsprozess Rechnung. Darin sind Privatbanken zentrale Akteure, die den Finanzmarkt zum Zentrum des Wirtschaftsgeschehens machen. Privatbanken schleusen nach Renditegesichtspunkten das Zentralbankgeld M in den Wirtschaftskreislauf. Bei fehlenden Renditeaussichten stockt der Geldfluss. In Krisen muss dann die Zentralbank in vielfältiger Weise aktiv werden, um die Aussichten auf Eigenkapitalrenditen r_e und Gewinne Π zu verbessern. Zudem muss sie Maßnahmen ergreifen, damit die Wertbestände Σ nicht sinken, auf deren Akkumulation letztendlich das Streben nach Gewinn Π ausgerichtet ist.

Privatbanken sind zentrale Akteure in der kapitalistischen Wirtschaft, und darin stehen Gewinne Π im Zentrum ihres ökonomischen Handelns. Folgerichtig basiert Minsky seinen makroökonomischen Ansatz des Gütermarktes auf Gewinnen Π. Sie spielen eine entscheidende Rolle in den Π-I- und P-Π-Interdependenzen. Die Π-I-Dynamik interpretiert die IS-Beziehung auf dem Gütermarkt um und richtet die Investitionen I auf künftig erwartete Gewinne Π aus. Gewinne erzielen Unternehmen über einen Gewinnaufschlag m auf die produktionstechnisch bestimmten variablen Arbeitskosten NW der weniger qualifizierten Arbeitskräfte N, $m = \Pi/NW$. Dieser Aufschlag m bestimmt in Minskys Preisniveauhypothese $P = (W/A_p)(1 + m)$ das Preisniveau und damit die Entwicklung von Inflation und Deflation.

Trotz enormer Zentralbankintervention droht die Deflation in der nach wie vor kriselnden Wirtschaft, die Rezessionskräfte zu stärken. Nach Minskys Preishypothese können Zentralbanken die Spielräume der Unternehmen für den Gewinnaufschlag $m = \Pi/NW$ ausweiten, um die P-Π-Dynamik anzukurbeln und so inflationäre Tendenzen zu stärken. Ob sie dabei erfolgreich sein können, hängt nach der obigen Minsky Formel auch von den P-W- und der P-A_p-Beziehungen ab. In den 70er Jahren hat Hayek die erste der beiden Beziehungen, die Lohn-Preis-Spirale, für die damalige Inflation verantwortlich gemacht. Die ökonomische Konstellation hat sich geändert. Die Globalisierung sorgt zusammen mit der Logistik für einen Druck auf die Löhne W der weniger qualifizierten Arbeitnehmer N in den Industriestaaten, der eher die Deflation begünstigt. Deflationär wirkt auch die Automatisierung, indem sie die Arbeitsproduktivität A_p erhöht. Zudem dürfte sich die P-Π-Beziehung lockern, denn ein Großteil der Gewinne Π kommt nicht dem Gütermarkt zugute, sondern fließt in den Handel von Beständen auf dem Immobilien- und Finanzmarkt. Damit müsste die Zentralbank unterschiedlichen deflationären Kräften entgegen wirken, um erfolgreich zu sein. Und die Deflation hemmt nicht nur die Dynamik auf dem Gütermarkt. Sie kann die gesamte Wirtschaft belasten. Denn, wie wir von Fisher wissen, kann sie trotz Schuldentilgung den realen Schuldenstand D/P ansteigen lassen.

5.1 Instabilität und deren Stabilisierung

Die Gewinne Π enthalten die Gehälter der hoch qualifizierten Fachleute und Manager, die die eigentlichen Macher und Vermarkter neuer konkurrenzfähiger Güter auf dem Weltmarkt sind. Die Unterscheidung in ausführende und kreative Arbeit, in gering und hoch qualifizierte Tätigkeit, eröffnet eine Sicht auf ökonomische Ungleichheit, die ihre Ursache in der Ausbildung hat. Hieran knüpft Rajan (2010) seine Betrachtung zur jüngsten Wirtschaftskrise an. Auch die Fed-Vorsitzende Janet Yellen teilt diese Einschätzung, vgl. Yellen (2014, S. 1–13).

In Krisenzeiten verbleiben Zentralbanken als Hauptakteure. Ihnen fehlt mittlerweile eine Instrumentvariable wie die Geldmenge M, um die reale Wirtschaft anzukurbeln. Zudem tragen die geldmengenbasierten Konzepte zur Deflationsbekämpfung nicht mehr. Ihr Hauptaugenmerk richtet sich auf den Finanzmarkt und auf dessen Stabilisierung. Die Instabilität stammt aus den gestiegenen Kredit- und Marktrisiken und das durch neue Finanzinnovationen erzeugte systemische Risiko. Sie werden durch das subjektive Risikoverhalten der Marktteilnehmer, wie es im Keynes-Minsky-Momentum zum Ausdruck kommt, noch verstärkt.

Das systemische Risiko ist ein Grund dafür, dass Zentralbanken privatwirtschaftliche Risiken in immer größerem Ausmaß übernehmen. Und es muss offen bleiben, ob das systemische Risiko in der nächsten Krise wiederum die Wirtschaft bedroht, und zwar trotz Anstrengungen es durch Regulierungen einzudämmen, vgl. die skeptischen Ausführungen, in The Economist (2015a, S. 67).

Durch die lang andauernde Stabilisierungspolitik hängen weltweit die Märkte von den Zentralbanken ab, vor allen Dingen von den geldpolitischen Entscheidungen der amerikanischen Zentralbank Fed – rund 60 % des Welthandels wird in US-Dollar abgewickelt und über 60 % der Weltdevisenreserven entfallen auf den US-Dollar. Sie ist dabei ihre Geldpolitik umzukehren und wieder restriktiver auszugestalten. Andere Zentralbanken, insbesondere die europäische Zentralbank EZB, werden nicht so schnell und nicht im gleichen Maße folgen können. Hier wird im Sinne von Rajan ein Bruch entstehen. Zur Abhängigkeit der Märkte von den Zentralbanken führt der *Economist* aus: „Central banks have done the lion's share of steering the global economy through the finanzial crisis. Markets everywhere depend on them more than ever. Should they appear to falter, they will face an enormous backlash", vgl. The Economist (2015b). Und wegen der globalen Wirkung der Fed-Politik vgl. The Economist (2018b) und auch The Economist (2018c). Letzterer betont die weltweite Dominanz der Fed und zieht künftig eine internationale Kooperation in Zweifel: „The Fed acted as lender of last resort to the world, offering foreigners $ 1trn liquidity. Since then (2008), offshore dollars debts have roughly doubled." Und weiter: „Finding ways to make offshore dollar finance safe, such as pooling dollar reserves among emerging countries, relies an international cooperation of the type that is fast falling out of fashion."

5.2 Auf dem Weg der Krisen zum Staatskapitalismus

Gemeint ist nicht der Staatskapitalismus wie er sich in China zeigt oder der Staat als Unternehmer, und auch sind keine Staatsfonds wie beispielsweise der norwegische Staatsfonds gemeint, vgl. The Economist (2016), der einen Überblick über die bedeutesten Staatsfonds gibt. *Hier sind Auswirkungen der Stabilisierungspolitik auf die Gewinne der Unternehmen angesprochen. In instabilen ökonomischen Prozessen kommt es vor allen Dingen darauf an, dass die Wirtschaft funktioniert. Die kapitalistische Wirtschaft kann nur florieren, wenn Unternehmensprojekte mit großer Wahrscheinlichkeit Gewinne erwarten lassen. Niedrige Finanzierungskosten und geringe Risiken sind vorteilhafte Bedingungen für relativ sichere Gewinnerwartungen. Zentralbanken sorgen durch ihre Niedrigzinspolitik und ihre massive Übernahme von Risiken für profitable Rahmenbedingungen. Letztendlich führt die Zentralbankstabilisierung zu einer verbesserten Gewinnsituation für Unternehmen.*

Die Instabilität lässt zusammen mit der Wachstumsschwäche vermehrt Risiken im Wirtschaftskreislauf entstehen. Die Stabilisierung übernehmen aktuell in erster Linie Zentralbanken. Sie greifen in den für die Marktwirtschaft zentralen Preismechanismus ein. Sie senken die Zentralbankzinssätze und kaufen massiv Wertpapiere. Sie übernehmen in verstärktem Maße Unternehmensrisiken und stützen schwächelnde Staaten. Sie setzen auf dem immer mehr dominierenden Finanzmarkt die Marktkräfte, wie wir sie in Abschn. 2.5.1 Gleichgewicht, Preismechanismus, Wettbewerb und Gewinne beschrieben haben, außer Kraft.

Die Zentralbank muss ohne ein tragfähiges Konzept vielfältig auf dem Finanzmarkt intervenieren. Der Ausgang ist ungewiss. Ihre Maßnahmen zielen darauf ab, privatwirtschaftliche Risiken zu übernehmen, Besitzstände zu sichern und die Zuversicht der Marktteilnehmer zu stärken, indem sie längerfristige positive Markterwartungen strukturiert. Die Interventionen, die darauf gerichtet sind, die Eigenkapitalrendite r_e und den Fluss an Gewinnen Π zu fördern und die Vermögenswerte Σ zu sichern, kommen in erster Linie den Reicheren, den Gewinnbeziehern und den Besitzenden, zugute. Sie fördert so die Ungleichheit. Auch bei den Begünstigten staatlicher Eingriffe vollzieht sich somit ein Wandel. Denn die damalige keynesianische Konjunkturstabilisierung hat die weniger begüterten und geringer entlohnten Arbeitnehmer N begünstigt. Sie sind mittlerweile allerdings bereits Verlierer der Automatisierung und Globalisierung in den Industriestaaten.

Ist auch langfristig die stabilisierende Wirkung von Zentralbankmaßnahmen auf die Wirtschaft ungewiss, so zeichnet sich doch ab, dass Zentralbanken dabei sind, ökonomisch an Macht zu gewinnen und ökonomische Strukturen sowie Mechanismen zu verändern. Es kommt zu einer Machtverschiebung von den Privatbanken und von der Fiskalpolitik zu den Zentralbanken. Zentralbanken kontrollieren zunehmend den Finanzsektor, sie werden Hauptfinanzierer der Privatbanken und der Staaten. Sie übernehmen privatwirtschaftliche Risiken und stützen Wertbestände. Sie schwächen die Eigenvorsorge der Privaten Haushalte. Letztendlich verstärken sie mit ihren Maßnahmen allgemein die Instabilität und die Ungleichheit. Und Instabilität und Ungleichheit mindern die gesellschaftliche Akzeptanz der kapitalistischen Marktwirtschaft. Sie sieht auch der *Economist* schwinden und macht die Banker für den Akzeptanzverlust verantwortlich, vgl. The Economist (2014b, S. 64).

Wir können feststellen: Die freie Marktwirtschaft zeigt in Krisen eklatante Schwächen, die sie aus eigener Kraft nicht überwinden kann. Sie braucht dazu die staatliche Unterstützung. *Die kapitalistische Wirtschaft kann ohne staatliche Unterstützung nicht mehr funktionieren.* Die staatlichen Eingriffe ihrerseits verstärken die Instabilität und die Ungleichheit und vertiefen die wechselseitige Abhängigkeit zwischen Markt und Staat. Die kapitalistische Marktwirtschaft braucht als Gegenpol eine stärker ausgeprägte soziale Komponente, damit die Marktwirtschaft wieder an gesellschaftlicher Attraktivität gewinnen kann. Dazu kann der Staat beitragen, indem er seine effektive Besteuerung stärker auf die Leistungsfähigkeit ausrichtet und indem er die Chancengerechtigkeit verbessert, beispielsweise über eine entsprechende Ausgestaltung der Erbschaftsteuer, vgl. hierzu auch das Minderheitsvotum im Bundesverfassungsgerichtsurteil zur Erbschaftsteuer (2014).

In einem Artikel über die Entwicklungsgeschichte des Finanzwesens weist der *Economist* darauf hin, dass es in einem langen Prozess zu der Aufgabe des Staates geworden ist, die Stabilität des Finanzwesens zu sichern und dortige Risiken zu übernehmen. Und er äußert sich skeptisch zur Möglichkeit, die Risiken mit ihren Kosten wieder dem Privaten Sektor zurückzuführen, vgl. The Economist (2014a). Einen weiteren Schritt in Richtung Risikoübernahme geht die EZB, denn sie hat sich verpflichtet, alles zu tun, um die Euro-Staatengemeinschaft zusammen zu halten. Und ergänzend dazu, setzt das Junckersche EU-Investitionsprogramm auf die Übernahme privatwirtschaftlicher Risiken. Die EU will zusammen mit der Europäischen Investitionsbank einen Garantiefonds in Höhe von 21 Mrd € erstellen, um damit risikoreiche Bankenkredite von bis zu 60 Mrd € abzusichern. Und mit diesem Finanzierungshebel sollen dann in Europa zwischen 2015 und 2017 reale Investitionen I in Höhe von 315 Mrd € angeschoben werden.

Die Züge zum Staatskapitalismus sind unverkennbar. Die Finanzialisierung hat die reale Ökonomie mit der Finanzwirtschaft verzahnt, die dortige Instabilität mit ihrem erhöhten Risiko, dem sogenannten „Tail Risk", kann dadurch schneller auf die reale Wirtschaft überschwappen. Der Staat wird ständig aufgerufen sein, stabilisierend in das Wirtschaftsgeschehen einzugreifen. Er steht unter dem öffentlichen Erwartungsdruck, dass er Maßnahmen ergreifen kann, die schnell die gewünschten Ziele erreichen lassen. Doch wo ist in der dynamischen und interdependenten Wirtschaft, die in ständigem Wandel ist, der Hebel, um zielgerecht intervenieren zu können? Es gibt ihn nicht. Der Staat müsste mögliche Folgewirkungen seiner Eingriffe, beispielsweise auf Instabilität und Ungleichheit, abschätzen können, wenn er von ungewollten Wirkungen nicht überrascht sein will. Dafür fehlt aber die Grundlage.

Die ökonomische Ungleichheit wird als ungerecht erachtet, und diese Einschätzung wird die gesellschaftliche Akzeptanz des kapitalistischen Systems, der freien Marktwirtschaft, schmälern. Ebenso wie die wachsenden Zinszahlungen der fortdauernden

Defizitpolitik so mindern auch die langjährigen Stützungen der Vermögenswerte der Zentralbank die soziale Wirkung der Transferzahlungen. Auch das Bankenprivileg, Zentralbankgeld gewinnbringend in die Wirtschaft schleusen zu dürfen, ist angesichts des Wandels in den Bankgeschäften schwer zu rechtfertigen und zu akzeptieren. Ursprünglich übernahmen Geschäftsbanken Risiken bei der Kreditvergabe und überwachten auch diese Risiken, jetzt verkaufen Investmentbanken durch innovative Wertpapiere diese Risiken und kreieren damit ein systemisches Risiko. Privatbanken machen erst mal Profite und bei Verlusten muss die Gesellschaft einspringen. Und nun übernehmen Zentralbanken bereits im Vorfeld privatwirtschaftliche Risiken.

Die kapitalistische Wirtschaft fußt auf dem Streben nach Gewinn, nach gesichertem Wohlstand, sie ist auf das Erzielen von Gewinn Π und auf das Schaffen von Vermögen Σ ausgerichtet. Sie basiert auf den Erwartungen der Wirtschaftssubjekte, dass sie aus eigener individueller Kraft zu materiellem Wohlstand gelangen und dass sie diesen Wohlstand für sich und ihre Familien dauerhaft bewahren können. Massive und massenhafte Enttäuschungen dieser Erwartungshaltung beeinträchtigen gravierend einen Kernbestandteil des kapitalistischen Wirtschaftssystems. Die ZB-Stabilisierungen in den USA, in Großbritannien, in Japan und im Euro-Raum zielen daher, wie gesagt, weniger auf den *„wealth effect"* des Konsums ab als vielmehr auf die Absicherung dieser für das Funktionieren der kapitalistischen Wirtschaft so wichtigen Erwartungshaltung.

In der aktuellen Krise kommt den Zentralbanken zunehmend die Aufgabe zu, Geldflüsse, Wertbestände und Erwartungen zu stabilisieren. Zentralbanken kommen dabei zunehmend in die Klemme. Auf der einen Seite ist ihre Politik darauf ausgerichtet, die kapitalistische Wirtschaft zu stützen und das Vertrauen in sie zu stärken, auf der anderen Seite schwächt sie die finanzielle Vorsorge in der breiten Bevölkerung und begünstigt die ökonomische Ungleichheit, womit sie längerfristig die gesellschaftliche Akzeptanz der kapitalistischen Marktwirtschaft und damit das Vertrauen in sie gefährdet. Ähnlich wie die permanente Defizitpolitik kann sich auch die Zentralbankpolitik mit ihrer kurzfristig ausgerichteten Politik langfristig um ihre Wirkung bringen.

Die Märkte, insbesondere die Finanzmärkte, werden weltweit zunehmend abhängig von Zentralbanken. Es kommt neben der Interdependenz zwischen Strom- und Bestandsgrößen zu einer verstärkten Interdependenz zwischen Zentralbanken und Märkten. Hierbei drohen der Weltwirtschaft neue Verwerfungen. Erholt sich die US-Volkswirtschaft schneller als die Volkswirtschaften in der EU und in Japan – einiges deutet darauf hin – und beendet die Fed im Zuge der Erholung der US-Wirtschaft ihre Niedrigzinspolitik, dann werden insbesondere der EU neue Spannungen bevorstehen.

Insbesondere die durch den Staat bewirkte Ausweitung der Ungleichheit ruft nach einer staatlichen Korrektur. Zur Milderung der Ungleichheit könnte der Staat die Einkommensbezieher unterer Schichten steuerlich entlasten und die wachsenden staatlichen Ausgaben in verstärktem Maße durch eine effektiv progressivere Einkommensteuer finanzieren. Der Staat sollte dafür sorgen, dass durch kontrollierbare Insolvenzen Risiken wieder stärker vom privaten Bereich getragen werden. Die EU-Bankenunion ist ein erster Schritt in diese Richtung.

Die Begünstigung der Vermögenswerte durch die ZB-Politik ist auch ein Argument für eine stärker progressiv ausgestaltete Erbschaftssteuer. Daraus sich ergebende Steuermehreinnahmen könnten zusammen mit dem Mehraufkommen aus einer progressiveren Einkommensteuer der Fiskalpolitik den dringend nötigen Spielraum zum Intervenieren auf Makroebene zurückgeben, beispielsweise in Form von Staatsfonds wie den ESM-Fond. Mit dieser wieder wirksam werdenden Fiskalpolitik kann der Staat gezielt die Π-I-Dynamik auf dem Gütermarkt anstoßen, ohne selektiv in vielfältiger Weise ins Wirtschaftsgeschehen eingreifen zu müssen.

Die Krise hat auch zu Innovationen im politischen Bereich geführt. Sie hat im Euro-Raum neue Institutionen entstehen lassen, erst temporär die EFSF und dann permanent den ESM. Und bei der weiteren Ausgestaltung des ESM stellt sich die Frage, ob er zu einer schlagkräftigen Institution ausgebaut werden kann, um die heutige und zukünftige Instabilität erfolgreich bekämpfen zu können. Auf jeden Fall tut sich mit einem Ausbau des ESM eine Chance für eine ordnungspolitische Weiterentwicklung der Euro-Zone auf.

Die EZB hat erkannt, dass es den Euro-Staaten an einer nötigen gemeinsamen Wirtschaftspolitik fehlt. Mit ihrem OMT-Programm schafft sie neue wirtschaftspolitische Fakten, die zudem ähnlich wie es die Fed in den USA eine monetäre Haushaltsfinanzierung von Euro-Staaten ermöglicht. Die EZB hat in der Krise das Heft des Handelns an sich gerissen. Gemäß dem Spruch *„necessité fait loi"* hat sie eigenmächtig ihre Kompetenz erweitert und vorerst, und zumindest kurzfristig, den Zusammenhalt zwischen den Euro-Staaten gestärkt. Sie hat ein politisches Vakuum gefüllt. Sie hat die Zuversicht in die EU-Wirtschaft gestärkt und den aufkommenden widersprüchlichen Ruf der Populisten nach gleichzeitiger Solidarität und Souveränität zurückgedrängt. Künftig ist es weiterhin wünschenswert, dass der Staat und seine Institutionen sich kreativ erweisen, denn weiterhin wird Unvorhergesehenes eintreten. Auf diesen Umstand verweist Dostojewski (1992, S. 130): „... wusste ich, dass dieses nur Theorie war und jedenfalls noch die unerwartetste Praxis vor mir erscheinen werde". Auf unerwartete Ereignisse innovativ zu reagieren und die Gesellschaft auf neue Wege mitzunehmen, ist die politische Aufgabe der Zukunft, die sich global stellt.

5.3 Von kompensatorischen keynesisanischen zu innovativen kooperativen Staaten

Wenn der Geldstrom im Wirtschaftskreislauf kurzfristig versiegt, dann soll im keynesianischen Ansatz der Staat durch Zusatznachfrage Geld in den Kreislauf pumpen. Oder wie wir es bereits in Abschn. 4.10.4 *„Formal quantitative, qualitative Analyse"* ausgedrückt haben, der keynesianische Ansatz ist ein Paradigma, das für die Wirtschaftspolitik in Industriestaaten eine zentrale Orientierungshilfe gewesen ist. Keynes hat den Staat als kompensatorischen Agenten geschaffen: Geben im Privaten Bereich die Wirtschaftssubjekte zu wenig aus, sodass die Unternehmer ihre Produktion zurückfahren und Arbeitskräfte entlassen, dann soll der Staat einspringen und durch zusätzliche Nachfrage die Ausgabenlücke im Kreislauf wieder schließen. Damit stimuliert der Staat die Nachfrage nach Arbeitskräfte und mindert so das Übel der Arbeitslosigkeit.

Wie wir auch wissen, resultiert die Idee des Staates als kompensatorischer Agent aus einer isolierenden Betrachtungsweise, aus einer bedingten Sicht. Sie ist zeitbedingt. Wesentlich sind dabei zum einen die Vorstellung, dass die Wirtschaft stabil ist und nur kurzfristig aus dem Gleichgewicht ist, und zum anderen die damaligen ökonomischen Gegebenheiten. Die Ungleichheit und die Verschuldung haben noch nicht die Wirtschaft belastet.

Die andauernde keynesianische Ausgabenpolitik hat die Staatsverschuldung in die Höhe geschraubt. Auch im Privaten Bereich wächst der Schuldenstand weiter. Der Hauptfaktor für die sich allgemein ausdehnende Verschuldung sind die Privatbanken. Sie verstärken die Fremdfinanzierung und machen so die Wirtschaft instabil. Das ist Minskys Botschaft.

Unter den veränderten Rahmenbedingungen kann der Staat nicht mehr den kompensatorischen Agenten spielen. Denn dann müsste er nun seine fremdfinanzierte Ausgabenpolitik drosseln, um den verstärkt fremdfinanzierten Ausgaben im Privaten Bereich entgegen zu wirken. Eine Austeritätspolitik führte aber zu unerwünschten Spannungen in der Gesellschaft und der Wirtschaft. Daher muss der Staat den Zentralbanken die Stabilisierung der Wirtschaft überlassen. Ihre Politik lässt die Verschuldung weiter ansteigen und begünstigt langfristig die Ungleichheit. Und unter diesen Bedingungen ist es nur schwer vorstellbar, dass die Fiskalpolitik wieder wirksam werden kann. Sie muss sich verstärkt um Menschen in prekären Lebensverhältnissen kümmern.

Die lang andauernde Zentralbankpolitik hat keine ausreichenden Wachstumsimpulse setzen können. Insbesondere in Europa verharrt die Beschäftigung auf niedrigem Niveau und die Diskrepanz zwischen Euro-Ländern ist nach wie vor erheblich. In den USA zieht die Inflationsrate an und die Beschäftigungssituation bessert sich, sodass die amerikanische Zentralbank Fed dabei ist, ihre lockere Geldpolitik zu beenden. Das kann zu Umbrüchen führen, vor denen Rajan gewarnt hat. Denn die nach wie vor fragile Situation in Europa bindet der EZB die Hände. Sie wird abwarten müssen.

Und man darf gespannt sein, ob die Euro-Staaten vertrauensvoll kooperieren und sich zu einer innovativen, global gestaltenden Staatengemeinschaft entwickeln können, und zwar nach innen und nach außen beispielsweise mit Afrika. Hier könnte die EU angesichts des Migrationsdrucks ihre Entwicklungshilfe überdenken und ihre Märkte für Afrika öffnen und so verstärkt mit Afrika kooperieren, vgl. den Vorschlag des deutschen Entwicklungsministers in www.tagesschau.de/wirtschaft/afrika-mueller. Wie in Abschn. 2.3 *„Globalisierung versus nationalem Merkantilismus"* ausgeführt ist die Kooperation die Basis des Wirtschaftens und damit die Grundlage für den allgemeinen Wohlstand.

Auch bei der Zentralbank darf man neugierig sein auf ihre Weiterentwicklung. Im Zusammenhang mit dem E-Banking eröffnen sich hier neue Perspektiven. Die innovative schwedische Reichsbank experimentiert mit E-Geld. Sie beabsichtigt Privatpersonen einen direkten Zugang zur schwedischen Zentralbank zu gewähren, indem Privatpersonen dort ein Konto eröffnen können. Der direkte Zugang von Privatpersonen zur Zentralbank wäre in mehrerer Hinsicht revolutionär. Er würde den Privatpersonen den Einstieg ins E-Banking ebnen. Er würde das Privileg der Geschäftsbanken, das wir mit der Kreditgeldschöpfung in 2.7 *„Wirtschaftliche Entwicklung und Kreditgeldschöpfung (Schumpeter)"* kennengelernt haben, aufweichen; die Zentralbank träte in Konkurrenz zu Geschäftsbanken. Das Geld auf dem Zentralbankkonto wäre sicher und es wäre eine sichere Ergänzung zur Einlagensicherung im Privatbankengeschäft. Je nach Ausgestaltung könnte der Staat über das private E-Banking der Zentralbank die Nachfrage in Krisenzeiten stimulieren, eine Stimulierung, die der Fiskalpolitik aufgrund der Überschuldung vielfach verwehrt bleibt. Hierzu führt der *Economist* aus: „Central bankers could be more confident in the stimulative effect of what Milton Friedman termed „helicopter money": distributions to the public of newly minted dosh". Und weiter: „But used well, individual accounts could improve consumer welfare as well macroeconomic policy. It is a prospect that should interest", vgl. The Economist (2018a).

Literatur

Bundesverfassungsgericht: Privilegierung des Betriebsvermögens bei der Erbschaftsteuer, Pressemitteilung Nr. 116/2014 vom 17. Dezember 2014, 1–4

Dostojewski, F.M.: Aufzeichnungen aus einem Totenhaus, München (1992)

Grant, J.: The Forgotten Depression, 1921: The Crash that Cured itself, New York (2014)

Huxley, A.: Schöne neue Welt, Frankfurt am Main (2014)

Koo, R.C.: Escape from Balance Sheet Recession and the QE Trap, Singapore (2015)

Rajan, R.G.: Fault Lines, How Hidden Fractures still Threaten the World Economy, Princeton (2010)

The Economist: The Slumps that Shaped Modern Finance, April 12th 2014a, 47–52

The Economist: All it Needs is Love, Capitalism's Reputation has been Damaged by the Bankers, November 15th 2014b, 64

The Economist: Bank Resolution. Pre-Empting the Next Crisis, March 28th 2015a, 67

The Economist: With Great Power, Markets are Dangerously Dependent on Central Banks, September 5th 2015b, 64

The Economist: Sovereign-Wealth Funds, February 27th 2016, 77

The Econonist: All the People's Money, Central Banks should Consider Offering Accounts for Everyone, May 26th 2018a, 70

The Economist: What Goes Around, The Fed should Bear in Mind how Rate Rises Affect Global Marktets – and Feed Back to America, June 16th 2018b, 66

The Economist: Has Finance been Fixed ? The System ist Safer. But the Right Lessons have not been Learned, September 8th 2018c

www.tagesschau.de/wirtschaft/afrika-mueller

Yellen, J.L.: Perspectives on Inequality and Opportunity from the Survey of Consumer Finances, October 17th, 2014, 1–13